JN199801

現代中国の〈イスラーム運動〉

生きにくさを生きる回族の民族誌

奈良雅史

風響社

まえがき

中国でムスリムというと新疆におけるウイグルの人々を思い浮かべる方が多いかもしれない。しかし、中国にはウイグルを含め、一〇のイスラーム系民族が暮らしており、その人口は二三〇〇万人以上にもなる。単純に人口規模だけでみると、たとえば、中国ムスリムの人口規模とサウジアラビアの総人口約二九〇〇万人とのあいだにはそれほど大きな差はない。中国には多くのムスリムが暮らしている。そのなかで本書が取り上げるのは、中国における最大のイスラーム系民族をなす回族である。

回族の大きな特徴のひとつは、特定の集住地域を持たず中国各地でモスクを中心とした小規模なコミュニティを形成し、漢族を主とする非ムスリムと隣り合って暮らしてきたことである。私が回族の研究を始めたきっかけは実にささいなものであるが、回族のこうした特徴に関連する。大学時代、私にはいくつかの国と地域をぶらぶらしていた時期があり、中国にも立ち寄った。その際、どこに行ってもモスクがあり、どこに行ってもムスリムを見かけた。この時に出会ったムスリムの多くが回族なのだが、中国のムスリムは新疆と西北地方にいるものと思い込んでいた当時の私にとって中国各地に偏在するムスリムは興味を引くものだった。こうしたムスリムたちがいかに漢族を中心とした非ムスリムとの関係の中でイスラームを、あるいはムスリムを実践してきたのかという関心の下、大学院で回族に関する研究を始めた。

　ではなぜ雲南省なのか。それには中国で初めて訪れた場所が雲南であったため愛着があるだとか、卒業論文執筆のために雲南で調査したといったパーソナルな理由も大きい。しかし、学問的には以下の二つがある。第一に、先行研究との関係である。回族は全国各地にいるといっても、西北地方の割合が大きい。そのため、回族に関する先行研究には西北地方の回族を扱ったものが多い。しかし、西北地方には及ばないものの、雲南省も回族が集中する地域となっている。さらに雲南の回族は中国イスラーム史においても一定の役割を果たしてきた。よって、私は雲南での回族研究にニッチがあると考えた。第二に、上述の私自身の研究上の関心である。私は回族が漢族を中心とする非ムスリムと隣接して暮らしながらいかに宗教的、民族的マイノリティであり続けてきたのかということに関心があった。そのため、ムスリムが比較的多い西北地方よりも、非ムスリムと密接に関わりながら暮らしつつ、なおかつある程度まとまりをもった集団を形成していると思われる地域で調査を行いたかった。

　ただし、雲南省といってもその広さは日本のそれに匹敵する。具体的に雲南省のどこで調査を行うのかが問題となる。私にとって調査地を選ぶうえでの必要条件は、二年間継続して滞在できる場所かどうかということだった。回族が集住する地域は都市部にも農村部にも偏在している。よって回族を調査するという点でいえば、どちらかに限定されない。しかし、村落で長期調査を行う場合は当局の調査許可を取得する必要がある。私が調査の準備をしていた二〇〇七年当時、雲南省における調査経験者から農村部での調査許可を取るのに一年以上も待たされる場合があると聞かされていた。加えて、調査許可が取れても調査の際に公安が同行するという話もあった。回族は都市部にも多く暮らしている。そのため、私は都市で調査することを選んだ。

　中国に一年、二年と長居するには、現地の大学などに留学し、学生ビザを取得するのが最も手軽だった。雲南で最も留学しやすいのは、雲南省の首府たる昆明市である。単に滞在しやすいということに加え、昆明市には有名なムスリム街もあった。そこで私は昆明市で調査をすることにした。

しかし、調査を予定していた昆明のムスリム街は塀で囲まれた更地になっていた。二〇〇八年二月二三日のことである。三年半ぶりの昆明市だった。この期間に昆明のムスリム街は都市開発により取り壊されていた。私は昆明には何度か訪れたことがあったため、博士論文執筆に向けた調査を始めるにあたり、昆明で予備調査を行っていなかった。すっかりあてが外れてしまった。昆明市では伝統的な回族コミュニティはその姿を留めていない。調査地を変えることも考えたが、私はひとまずモスクに通い始めた。しかし、ある程度まとまりを持った調査対象をなかなか捉えられなかった。先行研究では「改革・開放」以降の宗教復興が指摘されてきたが、昆明では日常的にモスクに来る者も少なく、宗教活動の活発化は少なくとも表面上は見られなかった。調査をはじめて三か月ほどは雲をつかむような状態が続いた。

しかし、結果的にみれば、この最初のつまずきにより、私は期せずして「モスクを中心とした回族コミュニティ」という前提に固執せず、現地のムスリムたちの現状に合わせた調査を行うことができたのだろうと思う。本書で取り上げる事例の多くは、中国政府の宗教管理制度には収まらないインフォーマルな活動である。そして、アパートや会社の一室で、目立たないように行われているインフォーマルな活動が、昆明市におけるイスラーム復興の基調をなしていた。

イスラーム復興と聞いて何を思い浮かべるだろうか。ここ数年のＩＳ（イスラーム国）をめぐる政治状況やシリア内戦、あるいはイスラーム主義の拡大を目指してきたターリバーンやアルカーイダなどの組織や運動を思い浮かべる人も少なくないだろう。そして、それらは強い他者性や暴力性をはらんだイメージを伴っているのではないだろうか。回族によるイスラームをめぐる運動も、グローバルに拡がるイスラーム言説とは無関係ではなく、中東や南アジア、東南アジアのイスラーム国家で行われてきた運動の影響を大きく受けている。しかし、本書が描く回族によるイスラームをめぐる運動から明らかになるのは、敬虔なムスリムになりきれず悩んだり、婚活をしたり、礼拝をさぼったりもする、そんなムスリムのあり方である。イスラームをめぐる運動は、必ずしも敬虔な信仰心に還元されるわけではない。では、いかにイスラームが復興してきたのか。それを担うムスリムはどうような人びとなのか。

本書の試みが、イスラームとムスリムに対するイメージを更新することにつながり、中国に暮らすムスリムの生活および現代社会における宗教のあり方を理解するうえでの一助となれば幸いである。

●目次

装丁＝佐藤一典・オーバードライブ

凡例

〈中国語の表記について〉

中国語の単語は、特に必要のある場合を除き、常用漢字を用いた。その発音は、丸括弧内に記した。発音は、現在中国で一般的に用いられているピンイン（拼音：*pinyin*）を使用し、アルファベットで表記した。

〈アラビア語の表記について〉

アラビア語の単語は、カタカナで表記した。その発音は、丸括弧内にアルファベットで表記した。カタカナ表記、アルファベット表記ともに『岩波イスラーム辞典』（2002）の転写方式に基づく。

〈中華人民共和国における通貨単位〉

中華人民共和国では、独自の通貨として「元（*yuan*）」、「角（*jiao*）」、「分（*fen*）」が使用されている。一元は、一〇角、あるいは一〇〇分である。主な調査期間中（二〇〇八～二〇一〇年）において、一元は一四～一五円程度の為替レートで取引されていた。

●現代中国の〈イスラーム運動〉——生きにくさを生きる回族の民族誌

序章

二〇〇八年五月三〇日の一九時過ぎ、チェンという六〇代の回族のおじいさんに連れられ、あるモスクでの「アラビア語クラス（阿文班 *awenban*）」に参加した。チェンは、モスクでいつも私にイスラームについて色々と教えてくれる人物であった。チェン曰く、彼がいつも礼拝に訪れるモスクのアラビア語クラスは「ダメだ（不行 *buxing*）」とのことで、その日は別のモスクに私を連れてきた。そこでは留学帰りのアホン（*ahong*, 宗教指導者）がアラビア語を教えているとのことだった。但し、チェンはそのアホンがどこに留学したのかは知らなかった。

私たちがモスクの教室に着いた時、すでに授業は始まっていた。チェンは「アッサラーム・アライクム（あなたがたのうえに平安がありますように）」といって、私を連れて教室に入った。授業をしていた若い男性と受講者たちは、チェンに対し、「ワ・アライクム・サラーム（あなたがたのうえにも平安がありますように）」と返答し、授業はそのまま続けられた。教室では、イスラームの教義に関することを交えながら、アラビア語初級の教科書を使った授業が行われていた。三十数名の若い男女が授業を受けていた。男女は特に分かれて座っているわけでなかった。女性の受講者は十数名で、うちヒジャーブを着用していたのは四名だった。

二〇時頃、アザーンが聞こえてきた。講師の男性は、「礼拝だよ」といって、授業を中断した。しかし、礼拝をするために教室を出て行ったのは、受講者の半数ほどだった。私はチェンについて行き、礼拝を見学した。礼拝後、チェンは講師の男性に私を紹介して帰って行った。教室に戻ると、礼拝に行かなかった男女が談笑していた。礼拝を終えた者たちが全員教室に戻ると、授業が再開された。

私はそれまでモスクには毎日通っていたが、イスラーム教育の場に参加するのはこの日が初めてであった。イスラームを学びに来ているはずの受講者の半数ほどが礼拝を行わなかったことは、私にとって不思議なことであった。

こうした情景は、後述するように、先行研究で描かれてきたその参加者の敬虔さを強調するイスラーム教育などのあり様［e.g. Mahmood 2005; 松本　二〇一〇］や、礼拝などのイスラーム実践を行わない、宗教意識の低下した漢化したムスリムとして描かれてきた回族像［e.g. 馬・金　一九九七、馬寿栄　二〇〇三］とも異なるものだった。また、後に知ることとなるが、この講師は中国政府が定める宗教指導者の資格を持っていなかった。そのため、この活動はインフォーマルなものであった。その後、私は調査を続ける中で、インフォーマルに行われる回族によるイスラーム勉強会や宣教活動などの参与観察も行った。そこでは上述のエピソードのように、礼拝を行わないなど、敬虔にはみえない人びとのインフォーマルな活動への参加が一般的にみられた。後述するように、中国ではインフォーマルな宗教活動は政府からの取り締まりを受ける危険がある。それほどイスラームに対して熱心ではないようにみえる回族の人びとが、政府の取り締まりを受けるリスクを冒してまで、イスラームに関わる活動に参加する状況はどのように理解することができるのだろうか。

本書は、こうしたフィールドでの問いを出発点に、現代中国の雲南省昆明市において回族を中心に行われる上記のようなイスラームに関わる活動の展開過程、および活動に関わる回族のイスラーム実践やムスリムとしてのあり方を記述、分析し、そうした活動が彼らにとっていかなる意味を持つのかを考察することを目的とする。序論では、上記の問いを先行研究に位置づけ、問題の所在を明らかにしたい。

一　問題の所在

1　人類学における宗教に対する視座

上述の私のフィールドでの疑問は、私が六信五行[1]を前提にイスラームを捉え、それ以外のものをイスラーム的でないもの、あるいは非宗教的なものとみなしていたことによるといえるだろう。だからこそ、礼拝をせずにイスラームを学ぶムスリムのあり様は、私の目には矛盾したものに見えたのだ。こうした私の疑問は、一九五五年に出版された『悲しき熱帯』のなかで、レヴィ＝ストロースがカドゥヴェオ族の人びとによる木彫りの小像の相矛盾する扱いについて述べた見解につながるものだと考えられる。レヴィ＝ストロースの記述を引用しながらみていきたい。

子どもたちが木彫りの小像を手にしているのを見ることもあった。それらは、たいていはぼろきれを着せられており、子どもたちにとっては人形の役をしているのである。しかし、他の像は、まえのものに似てはいるが、何人かの老女が、籠の奥にたいせつそうにしまっている。それらは玩具だったのだろうか。神像だったのか。あるいは祖先を表したものだろうか。それらの相矛盾する用途を見ては、なんともいうことはできなかった。ときには、同じ小像が一つの用途から他の用途へと移し変えられるのでなおさらであった［レヴィ＝ストロース　一九六七：四五八］。

レヴィ＝ストロースは、さらにここで述べられたのと同様の像が、パリの人類学博物館にあり、それらが神を象ったものとして宗教的な意味を有することが明らかにされていると指摘する。そのうえで、上記の状況について次のように述べる。

このように聖物をむぞうさに子どもたちに与えてしまっている状態を信仰の零落とみなすのは、あまりに安易であろう。なぜなら、私の目にはたいへん不安定なものに見えたこうした状態が、まったく同じようなことばで、私より四〇年まえにボジアーニによって、ボジアーニより一〇年後にはフリッチによって、記述されているからである。（中略）変化することなく五〇年間たもたれた一つの状態は、ある意味では、正常といってよいであろう。

この状態の解釈は、宗教的な価値の崩壊のなかに求めるよりは——たしかにそうである面もあるが——、むしろ、聖と俗との関係のあり方——それはわれわれが思い込みがちなものより、もっと両者の区別があいまいなものである——のなかに求めなければならないであろう。聖と俗の二者を対置させることは、しばしば人が好んでそうであるとみなしているほどには、絶対的なものでも、持続的なものでもないのである［レヴィ＝ストロース　一九六七：四五八—四五九］。

このようにレヴィ＝ストロースは、カドゥヴェオ族の人びとの木彫りの小像の扱いが矛盾したもののようにみえた原因を西洋社会における聖俗観念に求める。レヴィ＝ストロースが西洋的な宗教と世俗を区別する対立的図式をもって、カドゥヴェオ族の人びとの実践を捉えることを批判的にみたように、人類学では宗教的現象を世俗との対置を前提とする宗教としてではなく、そうした区分を前提としない儀礼として研究してきた。たとえば、モースが、その後の人類学に大きな影響を与えた『贈与論』のなかで取り上げた、ポトラッチと呼ばれる儀礼的贈与交換が挙げられる［モース 二〇〇九］。モースは、その論考において多くの民族誌的事例を取り上げるが、ここではそのひとつとしてニュージーランドのマオリ族の事例をみてみたい。

マオリ族においては、贈り物には森や郷土、土地の「ハウ（*hau*）」と呼ばれる霊的な力が吹き込まれており、それは元の所有者の手に戻ろうとするとされる。贈り物の受領者が返礼しなければ、その力は受領者を死に至らしめるようなものとして働くため、受領者は贈与者に対して、祝宴、祝祭、贈与によって、同等かそれ以上の価値の財産や労働などを返礼しなければならない(2)［モース 二〇〇九：三四―三七］。モースは、こうした儀礼交換のシステムは、法規範、道徳、宗教、経済などの諸領域に還元しえないものだとして、「〈全体的〉社会現象」［モース 二〇〇九：一一三］と呼ぶ。

宗教が他の諸領域から不可分なものとして現れるのは、モースが焦点を当てたアルカイックな社会に限ったことではない。たとえば、一九七〇年代から八〇年代のコロンビアの農村部で調査を行ったグードマンとリベラによれば、そこでは大地から全ての価値が生まれるといわれ、大地は神に与えられた強さ（strength）や力（force）の宝庫だとされる［Gudeman and Rivera 1990:18］。そして、人間が大地に対して、種や肥料をまき、お金や労働を費やし、土地を「手助け」することで、その強さを含んだ作物が育つ［Gudeman and Rivera 1990:25-26］。大地が食物を人間に与えるこうしたコロンビアの農民の実践は、グードマンらが描くように、農作業であると同時に、神が与えた大地の強さに働きかける宗教的な行為でもあり、また同時にそれらの領域に区分することのできない経済的な営みでもある。

以上のように、人類学における儀礼研究では、宗教的な現象を世俗的な諸領域と区別せず、一体のものとして捉えてきた。一方で、人類学を含め、近年の宗教研究においても、宗教と世俗の対立的図式やそれを前提とした宗教概念の自明性に対して疑義が呈されてきた。そうした疑義は、一九七〇年代後半以降、イラン・イスラーム革命に代表される「宗教復興現象」が世界各地、あるいはグローバルな領域で生じたことと関連する。[3]イラン・イスラーム革命によってイスラーム国家が樹立されたように、宗教が政治などの世俗的諸領域において役割を果たすようになったため、世俗と対置される従来の宗教概念の再考が迫られたのである。[4]人類学においても宗教概念批判が展開され、宗教と世俗の区分が問題とされたが、そこでのアプローチは儀礼研究における宗教に対するそれとは異なるものであった。ここでは人類学において宗教概念批判を主導してきたアサドの議論を中心に概観していきたい。[5]

アサドは、ギアツの宗教定義への批判を通して宗教概念批判を展開する［Asad 1993］。ギアツは、宗教を象徴の体系として、人間の「外部」の「情報の源」であると論じ、宗教が人びとの生きる生活世界から独立して存在するものとみなした［ギアーツ　一九八七：一五〇―一六二］。アサドは、ギアツのこうした宗教定義を、世界内の構築行為ではなく、精神の状態としての信仰に偏重したものだとして批判する[6]［Asad 1993: 47］。

アサドが問題視するのは、ギアツを含め、従来の宗教研究において、西洋キリスト教世界で形成された、世俗的諸領域と切り離された固有の領域を前提とし、個人の内面的な信仰に偏重した宗教概念が、超歴史的、超文化的なものとして扱われてきたことである。[7]アサドは、宗教を世俗的領域と切り離して理解することはできないとしたうえで、「自らが『宗教』と翻訳する包括的な概念を、その歴史的な特徴に従って、混成的な諸要素へと展開」［Asad 1993: 54］していかなければならないと論じる。[8]

ここで留意すべきは、アサドが宗教概念を混成的な要素へと解体していくべきだと論じていることに明らかなように、アサドの議論において宗教が前提とされていることである。これはアサドが宗教と世俗を区分する世俗主義を原則とする近代国家を前提とした議論をしているためだといえる⑨。アサドは世俗主義に関する論考で、宗教は世俗主義を原則とする近代国家において、世俗から切り離され、境界線がはっきりとした固有の領域、つまり、国家がコントロール可能な対象とされると論じる［Asad 2003:200-201］。しかし、アサドによれば、上述のように宗教は世俗と切り離せないため、たとえば、ムスリムの活動家が公共施設の不十分な地域に診療所や学校を設立し、社会的条件を改善しようとするなど、宗教は国家の定める領域を横溢する。そのため、国家と人びとのあいだで宗教という領域の境界線をめぐるポリティクスが展開されるとする［Asad 2003:199-201］。

以上のように、アサドは近代国家における宗教と世俗という区分を前提としたうえで、それらの関係に焦点を当てる。それは、モースが提示した「〈全体的〉社会現象」概念に示されるように、儀礼研究において宗教を含めた諸領域が分割不可能なものとして儀礼を捉えようとしていたのとは、前提が異なる。言い換えれば、アサドが近代国家の制度という外在的な視点から宗教を論じるのに対して、儀礼研究では地域の論理に内在する視点から部分的に宗教でもあるような社会的事象を論じようとしてきたのだ。

上記のグードマンらが描いたコロンビアの農民の営みは農作業でもあり、宗教的な行為でもあった。農民たちはそれらを一体のものとして実践しているのであり、その意味でそれらは区別できないものである。それを世俗主義的な視点から、農耕と宗教信仰が関係しているというように分けて捉えてしまうと、彼らの営みを十全に理解することができなくなる。

もちろん国家による宗教の制度化は、特に本書で扱う現代中国のように宗教に対する管理統制が厳しく行われている地域においては等閑視することはできない。しかし、後述するように、先行研究においても現代中国における宗教的現象が必ずしも国家の制度に回収されないことが指摘されてきた。また冒頭のエピソードにおける活動がインフォーマルなものであったように、本書で論じる回族のイスラーム実践の事例も制度に還元しえない側面がある。

以上を踏まえ、本書では、世俗主義を原則とする近代国家において制度的に宗教と世俗が区分されることに留意しつつ、宗教と世俗の区分を前提としない儀礼研究におけるアプローチを採用する。それにより、本章冒頭のエピソードにみられたようなイスラームの教義に直接的に関係しないものをも含む、回族の人びとによるイスラーム実践を記述する。以下、こうしたアプローチを、イスラーム復興に関する先行研究、および中国における宗教復興に関する研究に位置づけてその意義を示したい。

2　イスラーム復興をめぐる議論

イスラーム研究において、一九七〇年代半ば以降のイスラーム復興現象は、相互に関係する二つのタイプの現象、「イスラーム主義」[10]と「イスラーム復興」として概念化されてきた。「イスラーム主義」はイスラームを政治的イデオロギーとしてイスラーム国家建設などの社会改革運動を行おうとするムスリムの活動や集団を指す[11]〔大塚　二〇〇〇a：一三〇〕。一方、「イスラーム復興」は「生活の中でイスラーム的と認識される象徴や行為が以前よりも顕在化し、ムスリムの生き方のさまざまな側面により影響を及ぼすようになる現象」を指し、より包括的にイスラーム復興現象を捉える概念である〔大塚　二〇〇〇a：一三〇、cf. Mahmood 2005:3〕。また、これらの現象は、「イスラーム覚醒」〔小杉　一九九四：一四五〕、あるいは「イスラームの客体化（objectification）」〔Eickelman and Piscatori 1996:37〕と呼ばれる個人レベルでの生活のイスラーム化を前提とする。

しかし、イスラーム主義運動の多くが、「政治的イスラームの失敗」〔Roy 1994〕に至り、「ポスト・イスラーム主義」〔Bayat 1996〕と呼ばれる潮流が生まれた[12]。それは、イスラーム主義運動が政治のイスラーム化から、社会のイスラーム化へと転換したことを意味する[13]〔Bayat 2007: 1-13〕。また、その結果、イスラームの信仰や実践が政治的制度により課せられるものではなくなったため、ムスリム個人の問題としての側面が強くなり、ムスリムはますます自身のムスリムとしてのあり方や「正しいイスラーム」の実践に関心を払うようになったとされる［Otayek and Soares 2007:17; 私市　二〇一二：七二―七四］。

こうした潮流において、先行研究が焦点を当ててきたのは、草の根的なモスク建設運動や慈善団体などのイスラームＮＧＯの設立、ムスリム女性によるイスラームにおける男女平等を目指すフェミニズム運動などのイスラーム的社会運動(14)［Bayat 2007:55-94; 私市　二〇一二：六一―七六］あるいはイスラーム復興運動［小杉　一九九四：一四六］、およびムスリム自身が「正しいイスラーム」を学び、敬虔になろうとする敬虔運動であった［Mahmood 2005; 松本　二〇一〇］。

1　教義としてのイスラームに還元できないイスラーム的社会運動

イスラーム的社会運動として、先行研究で注目されてきたものにダアワ（*da'wa*, 宣教）運動(15)やタブリーグ(16)（*tabligh*, 伝道）と呼ばれる活動がある。これらイスラームの宣教活動には、最終的な目標としてイスラーム国家の樹立を掲げているものもある(17)。しかし、その多くはムスリムを「よりイスラーム的」に変えていくことで、社会的なレベルでのイスラーム化を推進しようとするものである。また、直接的なイスラームの宣教に関わる活動に加えて、イスラーム的なＮＧＯなどを通じた貧困層などに対する医療や社会福祉などの慈善活動が行われることもその特徴のひとつとされる［Eickelman and Piscatori 1996:35-36］。

一九七〇年代末から八〇年代初めにマレーシアで調査を行ったナガタによれば、マレーシアでのダアワ運動の潮流のひとつは、都市部の世俗的エリートである若年層ムスリムよるものであった［Nagata 1982］。彼らによるダアワ運動の契機は、彼らが外国人ムスリムとの接触を通じて、マレー文化の影響による自分たちの「宗教的な欠陥」を自覚し、普遍的な意義を持つ「ムスリム」意識を高めたことであったとされる［Nagata 1982:48-49］。ナガタによれば、そうした宗教意識の高まりを機に、彼らは農村部におけるマレー化したイスラーム実践に異議を唱え、聖典に基づく「純粋な」イスラームを推進した［Nagata 1982:51-53］。同じくマレーシアのマレー村落で調査を行った多和田は、土着化したイスラームを否定し、聖典主義的なイスラームを推進する潮流を、イスラームの「純化」と呼んだ［多和田　一九九三：一二一―一二三］。

また、同じく一九七〇年代以降に活発化してきたインドネシアにおける大学生によるダアワ運動を調査した野中は、この運動の発展の過程をインドネシアの政治状況の変化と結びつけて理解してきた先行研究に対して、学生活動家へのインタビューに基づき、その展開過程を彼らの活動に対する意識から明らかにしようと試みた［野中　二〇〇八］。野中によれば、この運動に参加する「学生たちが目指したものは、個人のイスラームへの覚醒を伴う、長期的展望にたった社会改革」であったという［野中　二〇〇八：一五六］。そして野中は、政治体制の変化という外的要因による影響を認めつつも、この運動は「一人一人のムスリムとしての意識」に支えられてきたのだと論じた［野中　二〇〇八：一五五］。

これらの先行研究では、ダアワ運動は、まずムスリムがイスラーム信仰に目覚め、あるいはそれを客体化し、聖典に基づく「正しいイスラーム」を宣教し、また彼らを取りまく社会的状況を変えていこうとする運動として捉えられてきたといえる。

しかし、こうした研究に対し、バヤットは、これまでのイスラーム主義運動やイスラーム的社会運動に関する研究の多くが、その運動の指導者たちの支配的な言説に基づき、その運動を教義としての固定的な「イスラーム」に還元してきたと批判した［Bayat 2005:899］。そこには、ムスリムとしての宗教意識の高まりをイスラーム復興の前提としているために、運動を担うムスリムの宗教的アイデンティティを過度に強調してしまうという問題がある。バヤットは、そうした運動には、活動の目的や目標の認識を異にする多様なアクターが関与しており、流動的で多義的な特徴があるということを主張した(18)［Bayat 2005:897-901］。そこで彼は「活動の目的や目標の認識を異にする支持者のレイヤー」、および多様なアクターによって「部分的に共有される利害」、流動的で分裂的な運動の実態に目を向けるべきだと論じた［Bayat 2005:897-902］。たとえば、一九九〇年代のイランにおけるポスト・イスラーム主義的潮流は、学生組織や女性グループ、さらには保守的な宗教指導者からリベラリスト、世俗主義者など、異なる目標を持った諸集団が、民主主義、法の支配、市民社会、寛容さなどの理想を共有することによって展開された［Bayat 2005:902-903］。

バヤットが論じるように、イスラーム主義運動やイスラーム的社会運動は、教義としてのイスラームやムスリムの宗教意識の高まりに必ずしも還元しうるものではない。そのため、これらの運動をそこに還元してしまっては、運動がはらむ矛盾や多義性を等閑視することになってしまう。よって、運動がいかなる多様なアクターによって担われているのか、さらにそうした多様なアクターの連帯が、特定の地域的な文脈においていかに可能になっているのかに目を向ける必要がある。こうしたバヤットの議論は、大塚の言葉を借りれば、イスラーム主義運動やイスラーム的社会運動を「不変で普遍的な宗教＝文明システムと想定される『大文字で書かれた単数のイスラーム（Islam）』」［大塚　二〇〇〇b：九］に還元せず、それに規定されながらも「時代や地域の状況に応じてさまざまな現れ方をしてくる『小文字で書かれた複数のイスラーム（islams）』」［大塚　二〇〇〇b：九］として捉えることの重要性を指摘するものであるといえるだろう。

2　敬虔運動とアンビバレントなムスリムのあり方

一方で、人類学者のマフムードは、上述のようにイスラーム的社会運動を扱った先行研究において、イスラーム復興がリベラルで進歩主義的な言説、あるいはそこで暗黙のうちに社会的理想とされる自由や個人的自律性を前提としたアイデンティティ・ポリティクスとして捉えられてきたことを批判した[19]［Mahmood 2005:1-39］。一九九〇年代のエジプトのカイロにおいて調査を行ったマフムードは、彼女が「モスク運動（mosque movement）」と呼ぶ、モスクで行われるムスリム女性によるイスラーム勉強会を中心的な事例として取り上げた。彼女は、その運動の参加女性たちが聖典に基づく「正しいイスラーム」についての知識を身につけ、それを実践することで、積極的にイスラームの規範に従属し、敬虔な自己を形成しようと試みると論じた[20]。マフムードは、モスク運動の参加女性たちのこうした試みを「敬虔運動（piety movement）」と呼び、イスラーム復興に位置づける［Mahmood 2005: 3］。

マフムードは、モスク運動の参加女性のより敬虔になろうとする実践は家父長制など彼女らを取り巻く支配的構造への抵抗を企図したものではなく、その意味でアポリティカルなものであるとする。しかし、彼女らが夫への従属義務を含む現代エジプトにおけるイスラーム規範に従い、敬虔になろうとする試みは、イスラームを実践しない夫に対する彼女たちの発言力を強め、結果としてイスラーム的な正しさをめぐる問題において夫の主張を退けるなど、イスラーム規範における夫の権威に挑戦することを可能にするという［Mahmood 2005:174-180］。マフムードは、こうした議論を通じて、抑圧と抵抗という枠組み、あるいはアイデンティティ・ポリティクスを前提としない、敬虔さによるエージェンシーの様式を提示する[21]。

しかし、マフムードは敬虔さを強調するあまり、ムスリムのあり方を敬虔と不敬虔という二項対立的な図式で理解する傾向にある。マフムードは、敬虔なムスリム女性のムスリムとしてのあり方を、不敬虔で世俗的なムスリム女性との対比によって描き出す［Mahmood 2005: 167-174］。そのため、敬虔なムスリムと不敬虔なムスリムが、あたかも本質的に異なるかのように描かれてしまうという問題がある。

シャルケは、マフムードが敬虔なムスリムのあり方を「完璧すぎる（too perfect）」［Schielke 2009:36］ものとして描き出し、運動を含めた彼女らの生活世界におけるムスリムとしてのあり方を理解することを妨げてしまうと批判する［Schielke 2009:25-26］。エジプト北部の農村部で調査を行ったシャルケは、現代エジプトにおける若年ムスリムのサラフィー主義的な厳格なイスラーム言説[22]と、否応なくそうした言説と矛盾する非イスラーム的な部分を含み現実世界とのあいだでのアンビバレントなムスリムのあり方を提示する［Schielke 2009:26-29］。シャルケは、ラマダーン期間中にだけイスラーム規範に従い、敬虔に過ごす若者たちの実践に焦点を当てる。彼らはラマダーンを敬虔に過ごすことによって、彼らがラマダーン期間以外で飲酒や喫煙、さらには異性との性的な関係によってイスラーム規範を逸脱してきた罪を軽減するのだという［Schielke 2009:26-32］。シャルケは、彼らがこのような実践を行うのは、彼らが不敬虔なためでは必ずしもないとする。シャルケによれば、彼らもムスリムとしてイスラーム規範に従うことの重要性を認識している。しかし、彼らはそれを彼らの生活全般に及ぶ包括的なプロジェクトとしては実践しないのである［Schielke 2009:36］。なぜならば、聖典を重視するサラフィー主義的イスラーム言説における完璧なムスリムのあり方には、ハラール（*ḥalāl*, イスラーム法において許容されたものごと）とハラーム（*ḥarām*, イスラーム法における禁止行為）しかない。そのため、そうした言説に基づいた敬虔な自己の形成は、徴兵などによってその実践を断念せざるをえない現実世界とイスラーム規範のあいだの矛盾を皮肉にも強化してしまうのである。多くの若者はラマダーン期間のみを神のために、一年の残りを自分のために生きるというアンビバレントな実践を行うことで、宗教的道徳や名声を守ることなどと消費主義や恋愛とのあいだで折り合いをつけるのだ［Schielke 2009:32-34］。

シャルケが論じるように、世俗主義的な近代国家に生きるムスリムのあり方を理解するためには、敬虔さや敬虔な自己の形成という聖典主義的なイスラームの側面だけに焦点を当てるだけでは不十分である。むしろ、シャルケが描いたエジプトの若者のアンビバレントなムスリムとしてのあり方が示すように、影響力を増すサラフィー主義的なイスラーム言説に還元せずに、彼らの矛盾をはらんだ生活世界とそこでの実践に目を向ける必要がある。

以上のように、イスラーム的社会運動や敬虔運動を扱った先行研究に共通する問題として指摘されてきたのは、端的にいえば、それらの運動が教義としてのイスラームに還元されてきたことだといえるだろう。そのため、教義としてのイスラームには必ずしも合致しない当事者たちの実践のあり様を十分に捉えきれていなかった。人類学者のオタイェックとソアレスは、そうしたこれまでのイスラーム研究における問題点を指摘したうえで、現代におけるムスリムのあり方を理解するための概念として「俗世のイスラーム（*islam mondain*）」という概念[23]を提示した。彼らはこの概念を用いることによって、これまで概観してきた先行研究にみられたように教義としてのイスラームを特権化することなく、「必ずしも世俗的になることなく、世俗的な諸社会や諸領域に生きるムスリムのあり方」［Otayek and Soares 2007: 17］、あるいは彼らのイスラーム実践を捉える必要があると論じた［Otayek and Soares 2007: 17; cf. Soares and Osella 2009: 9-12］。

以上を踏まえると、従来の研究においてイスラーム復興に位置づけられてきた諸運動を、教義としてのイスラームにおいてのみ理解するのではなく、教義としてのイスラームと矛盾する非イスラーム的なものをも含み込む人びとの実践のあり方から捉える必要があるといえる。また、先行研究において、ここでいうイスラームと非イスラームの区分が、宗教と世俗の区分として捉えられてきたことを踏まえれば［e.g. 大塚　二〇〇四、多和田　二〇一〇］、宗教と世俗を区分せずにイスラームに関わる諸運動を捉える必要があると言い換えることができるだろう。

3　中国における宗教復興をめぐる議論

世界的なイスラーム復興の進展と同時期に、中国でも急速な宗教復興が起こった［cf. Ashiwa and Wank 2009］。一九七八年に導入された「改革・開放」政策に伴い、文革期までの宗教に対する暴力的な宗教政策が緩和され、法的な信教の自由が回復されると、イスラームを含め、様々な宗教が急激に復興してきた。それは本書が扱う回族の社会においても例外ではない（詳しくは、第一章第四節で論じる）。

「改革・開放」政策の導入にあたって、宗教政策が緩和されたことにも示されるように、文革期に比べ、リベラルな社会政策が採られるようになり[24]、中国が「階級闘争を推進する毛沢東主義国家から、経済成長を追求する市場経済先導型の発展開発主義国家へと大転換」［足羽　二〇〇〇：二四二］したとみなされるようになった。こうした政策転換に伴い、それまで抑圧されていた「社会団体[25]」の活動が活発化し[26]、中国における市民社会の台頭とみなされた［e.g. 王・李・岡室　二〇〇二、李光国　二〇〇六、古賀　二〇一〇］。

宗教復興も、そうした動向と軌を一にするものと捉えられてきた。たとえば、一九九〇年代初めに天津市とその周辺の河北省のカトリック教徒集住地域で調査を行ったマドセンによれば、「改革・開放」政策への転換以降、それまで抑制されていたカトリック・コミュニティによる宗教活動が活発化してきた［Madsen 1998］。マドセンは、こうした状況を国家の支配から脱した自律的な市民社会の萌芽と論じた［Madsen 1998:107-125］。

しかし、一九八九年の天安門事件以降、再び宗教政策が強化されるようになった［cf. 澤井　二〇〇二：四一―四二、新免　二〇〇三：四一―四四］。但し、第三章で詳しく述べるが、ここでいう宗教政策の強化は、文革期のように宗教活動を全面的に禁じる暴力的なものとは異なる。それは政府がモスクや教会、寺院などの宗教組織を宗教管理制度に取り込み、それらの宗教組織に宗教活動の自由をある程度認め、懐柔することで、宗教を中国共産党による支配の安定のために利用するようになったことを意味する。たとえば、当時の胡錦濤国家主席は、二〇〇七年一二月一八日のスピーチで、中国共産党の宗教政策の基本路線は、宗教的な人びとが「経済的、社会的発展のために積極的な役割を果たせるようにすること」であると表明した［Goossaert and Palmer 2011:327］。実際、二〇〇七年一〇月に開催された中国共産党第一七次全国代表大会では、中国共産党章程に「党の宗教工作の基本方針を徹底し、宗教を信仰する人びとと連帯し、経済的、社会的発展に貢献する」という文言が加えられた［中国人民共和国中央人民政府　二〇〇七］。そのため、政府が公認した特定の宗教[27]の、特定の場所における宗教活動は比較的自由に行うことができるようになった。しかし、一方で政府が規定する宗教の境界を逸脱するインフォーマルな宗教団体や宗教活動は依然として厳しい取締の対象となっている［e.g. Kindopp 2004; Madsen and Fan 2009］。その意味で、現在の中国において宗教と世俗の区分は制度的に厳格に境界づけられている。

宗教セクターへの弾圧から、共産党支配の安定への宗教セクターの活用という政策転換と同様の変化が、上述の社会団体に対する政策にもみられる。本書では、第二章で回族によるＮＧＯ設立運動の事例を取り上げる。そのため、中国におけるＮＧＯをめぐる政治的状況についても概観しておきたい。

「改革・開放」以降、上述のように社会団体は急増し、そこには政府未認可のものも少なくなく、「非営利のカオス」［王・李・岡室　二〇〇二：六八―六九］とも呼ばれる状況が生まれた。しかし、天安門事件後の一九八九年一二月には「社会団体管理条例」が公布され、政府による社会団体への管理統制が強化された[28]［王・李・岡室　二〇〇二：七三、岡室　二〇〇八：三―四］。また、一九九〇年代半ばからは、「草の根ＮＧＯ[29]」が台頭してきたが[30]、国家レベルでのＮＧＯに関する法制度は未整備なままであり、政府が草の根ＮＧＯを恣意的に扱うことが可能な状態にある［古賀　二〇一〇：四八―四九］。政府は制度上、非営利組織としての草の根ＮＧＯを認めず、反政府的な未登録の組織を取り締まる一方で[31]、政府に資する公益活動を行う組織を放任している［古賀　二〇一〇：五六―五九］。そのため、草の根ＮＧＯにとって、政府との連携を構築することがその活動を持続していくための最も重要な条件のひとつとなっている［李光国　二〇〇六：一七八、古賀　二〇一〇：六〇―六二］。その意味で、宗教団体がそうであったように、中国のＮＧＯも政府の強い影響下にあるといえる。

こうした九〇年代以降の宗教団体や社会団体に対する政策の転換に呼応し、宗教復興を単純に国家から自律した市民社会の台頭とみなすことへの批判がなされた。そして、社会的利益や権威を巡って宗教集団と国家とのあいだで展開されるポリティクスに焦点が当てられることとなる。

ひとつの立場は、国家と宗教集団を対立的図式で捉えようとするものである。たとえば、九〇年代末に西安市で調査を行ったジレットは、回族集住地域からアルコールを一掃しようとするなど、消費の面でのイスラーム化により、国家主導の近代化とは異なる近代化を試みることによって、回族が共産主義イデオロギーに抵抗すると論じた［Gillette 2000］。たとえば、ジレットが主要な事例のひとつとして取り上げたアルコール不買運動があげられる。彼女によれば、その運動は飲食店の店主らが、回族の飲酒問題に危機感を覚えたアホンの呼びかけに応じ、アルコールの販売をやめ、宗教意識を高めるための集会を通じて、賛同者を拡大することで展開されたという［Gillette 2000:168-186］。

しかし、このように国家権力の外部に抵抗の領域を措定する既往研究の枠組みは、抵抗と権力を不可分なものと捉えるフーコーの議論を踏まえたアブー・ルゴドにより、「抵抗のロマンス」［Abu-Lughod 1990］として批判された。フーコーは権力を人びとを抑圧する外在的な力とはみなさない。彼によれば、必要なのは「権力を、抑圧機能しかもたない否定的な力だと考えるのではなく、社会体の全域にわたって張り巡らされた生産網」［フーコー 二〇〇六：三四六］として捉える視座である。この視点に立ったとき、我々は「権力のある所には抵抗があること、そして、それにもかかわらず、というかむしろまさにその故に、抵抗は権力に対して外側に位するものでは決してない」［フーコー 一九八六：一二三］ことを理解できる。換言すれば、抵抗とは、権力関係の網の目のなかでの作用のあり方のひとつなのである。フーコー以降、自律性に関しても、権力への抵抗の過程において勝ち取られる、あるいは拡大されるもの［e.g. Williams 2008: 77］として想定することが困難になった。

中国における宗教復興に関する研究でも、それを安易に国家と宗教集団とのあいだの抵抗や抑圧といった対立的な図式から理解することへの批判がなされてきた。足羽とワンクは、ジレットの議論におけるような国家と宗教集団という二分法的な枠組みは、「改革・開放」以降の市場経済の浸透やそれに伴う急激な社会変化により複雑化する宗教を取り巻く状況を単純化してしまうとして批判した〔Ashiwa and Wank 2009:3-6〕。彼女らは、現代中国における宗教を理解するためには、国家と宗教という二つのアクターだけでなく、複数のアクターに目を向けるべきとした。彼女らによれば、肝要なのはそれらのコンフリクトや競合、適応、協調などの複数の政治的プロセスによる宗教の「制度化（institutionalization）」を明らかにする必要性があると指摘する〔Ashiwa and Wank 2009:4-6〕。

たとえば、法的には宗教活動が認められていない陝西省の民間宗教の寺院について調査したチャウの研究がある。彼は、「改革・開放」以降、その寺院がその地域において最も有力な寺院へと発展した要因を分析した。その結果、彼は寺院の発展は人びとが国家への抵抗により自律性を獲得したことによるのではなく、様々なアクター間の利害が一致したことによると主張した〔Chau 2005:251〕。チャウによれば、この寺院は国家の公認を得たものではなく、寺院のリーダーの地位も法的に保証されてはいなかった。そのため、政府から「迷信（*mixin*）」として批判を受ける可能性があった[32]。寺院のリーダーたちはこうした危険性を排除するために、地方政府の役人に寺院が文化財であると主張し、さらに寄付金などを公益活動に使うことで、その正当性を訴え、政府に道教の寺院として認められるにいたる〔Chau 2005:257-261〕。結果、この寺院は、政府からの法的な保護を受けることで、安定した発展が可能になった。

しかし、中国の宗教的マイノリティは、国家やその他の諸アクターとの政治的な交渉を通じて、宗教活動を拡大できるとは限らない。上述のように、二〇〇〇年以降、中国政府は共産党による支配を安定させるために宗教セクターを利用するようになってきた。上述のジレットが事例として取り上げたアルコール不買運動もこうした権力の働きを理解する上で示唆的である。この運動は、回族集住地域の一部においてアルコールを一掃することに成功した。そのため、彼女が分析するように、一見すると回族は運動を通じて国家に抵抗することによって自律性を拡大したようにみえる。しかし、その後、当局から運動のインフォーマルな組織のあり方が問題とみなされたため、中国共産党員をメンバーに加えたうえで、政府公認の組織として活動が継続されることとなる。その結果、当局による活動への干渉が容易になり、運動は一気に衰退した。そして、再び当該地域においてアルコールが販売されるようになった［Gillette 2000: 168-189］。

この事例からも国家と宗教集団を単に対置するのではなく、両者の共犯的でもある複雑な権力関係に目を向けることは有用であるといえるだろう。しかし、これら先行研究に共通する前提に注意しなければならない。それは、いずれも国家と宗教集団とのあいだのポリティクスを議論の前提としているということである。上述の宗教の「制度化」という概念は、実のところ国家が制度的に定める「宗教」という領域を議論の対象としている。上述のアサドによる世俗主義批判のなかで指摘されたように、近代国家において、宗教は世俗から切り離され、境界線がはっきりとした固有の領域となり、国家がコントロール可能な対象とされた［Asad 2003: 200-201］。しかし、人びとによって実践される宗教は、必ずしもそうした制度的に囲い込まれた領域に還元されるものではないため、そこには必然的にズレが生じる［Asad 1993: 47-54; 2003: 199-200］。上述のように、アサドはこの実践と制度のズレによって「宗教」領域の制度化をめぐる国家と宗教集団とのポリティクスが展開すると指摘する［Asad 2003: 199-201］。宗教の「制度化」はこうしたポリティクスのプロセスの一部だといえる。

しかし、ここで留意すべき点は、こうした制度上の「宗教」と人びとによる実践とのあいだのズレが、国家と宗教集団とのあいだのポリティクスに回収されるわけでは必ずしもないということである。実際、「改革・開放」以降、中国では国家の宗教管理制度には必ずしも回収されないインフォーマルな活動が行われてきた。特に顕著なものに、一九八〇年代半ばから活発化した「家庭教会（*jiating jiaohui*）」などと呼ばれるインフォーマルなプロテスタントの教会活動がある〔e.g. Kindopp 2004:128; 村上 二〇一〇：三一—三五〕。キンドップは、既存の教会に依らない家庭教会の活動は、中国共産党国家による既存の教会を通じたプロテスタントへの管理統制を形骸化するものであると論じる〔Kindopp 2004:133〕。しかし、キンドップは、それを政府の宗教管理制度に対する大きな挑戦と捉え、政府からの弾圧とそれに対する抵抗に焦点を当てているため、インフォーマルな活動ゆえの制度的に曖昧なありようを十分に捉えられていない〔Kindopp 2004:140-141〕。

対して、上海市の非公認教会について論じた村上は、宗教管理制度の内外を動く人びとの実践に焦点を当てた。村上によれば、外国人による宗教活動が制限される中国の一般的状況と異なり、外国人滞在者が多い上海市では政府公認のものだけでなく、非公認の外国人教会が増加しているとされる〔村上 二〇一〇：三二〕。そして、こうした状況を一因として、中国人信者が教義への理解や信仰を求め、公認教会と家庭教会などの非公認教会とのあいだを行き来することが可能になり、結果として政府の宗教管理制度を揺るがしていると論じる〔村上 二〇一〇：四七—四八〕。

また、川口は、中国共産党の宗教政策において公認宗教とみなされない民間宗教を取り上げ、それが制度に組み込まれていないがゆえに可能になる自律性のあり方を論じる〔川口 二〇一〇〕。川口は、広州市近郊の農村部における廟やそこでの儀礼の復興に関する事例から、国家に対する抵抗や、宗教の制度化などの「派手なポリティクス」〔川口 二〇一〇：五〕を引き起こさない実践に着目する。川口は、通常の村人たちのみで行われる儀礼と役人の関与した儀礼とを比較し、前者で基調をなしていた儀礼的要素が後者では失われ、公的色彩の強い豪華な宴に変わってしまったことを指摘する〔川口 二〇一〇：一四—二二〕。さらに川口が焦点を当てるのは、後者において、儀礼を担う村人たちが不満を口にしながらも、儀礼の変質をことさらに問題化せず、表向きは和やかに儀礼を執り行ったことである。川口は、村人たちがそうすることで役人とのあいだに問題を起こさず、廟が「政策の射程」

に入ることを回避しえたとする［川口　二〇一〇：一二三］。川口は、こうした事例から、廟が公認宗教として認められないままであること、あるいは「ポリティクスの枠外にあること」［川口　二〇一〇：一二四］によって、人びとが逆説的に廟における活動を自律的に行うことが可能になっていると論じるのである。

これら二つの議論から、現代中国において宗教的実践が制度に組み込まれないことによって、人びとが自律性を持ちうることが伺える。こうした国家とのポリティクスを避ける、あるいはポリティクスに向かわない人びとの実践を理解するうえで、スコットが提示した「統治されない技法（the art of not being governed）」［Scott 2009］は示唆的である。スコットは、近現代以前の東南アジアの山岳地帯における山岳民族たちを対象とし、国家との関係における彼らの自律性のあり方を論じる。そこで彼は、文明を担う低地国家を中心とした進歩主義的な歴史において周縁化されてきた山岳民族の人びとの社会や文化のあり方に新たな光を当てる。スコットによれば、彼らが定住化せず、焼畑や狩猟を中心とした移動性の高い生業を営み、その移動性を可能にする社会構造を有するのは［Scott 2009: 187-219］、彼らが未開で文化的に遅れているためではない。そうではなく、山岳民族は意図的に低地国家における文明化の規範に従わず、自己を「野蛮化」するのだと指摘する［Scott 2009: 122-126］。それによって、山岳民族は、国家権力から地理的にも、文化的にも距離を置くこと、あるいは国家権力から逃げることが可能になり、社会的な自律性を持ちえたという［Scott 2009: 174-177］。

これらの議論は、宗教をめぐるポリティクスに必ずしも還元されない宗教復興、あるいは自律性のあり方を捉えるうえで示唆に富んだものである。しかし、ここで再びフーコーの議論に立ち返えろう。フーコーは「人は必然的に権力の『中に』いて、権力から『逃れる』ことはなく、権力に対する絶対的外部というものはない、何故なら人は否応なしに法に従属させられているから」［フーコー　一九八六：一二三］と指摘する。この指摘を考慮に入れるならば、国家と距離を置く、あるいは国家とのポリティクスを回避することによって人びとが自律性を持ちうると単純に論じることはできない。ましてや、本論でとりあげるのは、現代中国の都市部における回族であり、スコットが取り上げた近現代以前の山地民のように国家から逃げることを可能にするアナーキーな空間を想定することは難しく、人びとは否応なく国家の政策の影響を受けざるをえないと考えられる。本論で取り上げるイスラームは、中国共産党政府の公認宗教であり、もとより政府の管理統制下に置かれている。また、本書の主な調査地である昆明市には上海市のように外国人滞在者が多いわけではない。

以上の議論を踏まえるならば、次の問いが立てられる。人びとが逃れられない権力関係の網の目のなかにあることを十分に了解したうえで、必ずしもそうした権力関係のなかでの抵抗や交渉に依らない宗教復興、あるいは自律性のあり方はいかに可能か。本書で取り上げる回族によるイスラームに関わる活動も、政府の管理統制下にありながら、インフォーマルな活動として政府から距離を置くことがその基調となっている。そのため、この問いにこたえることは、回族社会におけるイスラーム復興のあり様を理解するうえで有用だといえるだろう。

4　本書の視座

以上の先行研究の検討を踏まえ、改めて本書の視座を提示したい。本書では、人類学における儀礼研究において、人びとの実践を諸領域に分割せず、本書に関心に沿って言えば、宗教と世俗の区分を前提とせず、人びとの実践を記述、分析してきたアプローチを採用する。それには二つの意義がある。

第一に、従来のイスラーム研究においてイスラーム復興に位置づけられてきたイスラーム的社会運動や敬虔運動などの現象を、聖典に基づいた本質主義的な「イスラーム」、あるいは教義としてのイスラームに還元せずに記述しうる点である。本書では、教義としてのイスラームと、それと合致しないという意味で非イスラーム的なものとの区分を前提的な視点として設定せず、回族の人びとによるイスラームに関わる諸運動、およびそれらの運動に関わる回族のムスリムとしてのあり方を記述する。

第二に、中国の宗教復興に関する研究において世俗主義を原則とする国家とのポリティクスとして論じられる傾向にあった宗教復興を、国家が管理統制の対象とする制度上の宗教に還元せずに記述しうる点である。本書では、宗教と世俗を区分する国家の制度による影響を受けながらも、制度的に規定された宗教を越えて展開される回族によるイスラーム実践のあり方を記述する。

言い換えれば、本書では、回族によるイスラームに関わる運動や回族のムスリムとしてのあり方を、必ずしも教義としてのイスラームに還元できない、また国家の制度上の宗教に還元できない、二重に曖昧なものとして描き出すことを試みるということである。これは後述するように、厳格なイスラーム言説の影響力により敬虔さが求められる一方で、急激な社会変化により漢族を中心とした中国社会との関与を一層強め、また政府による宗教活動に対する管理統制を受ける回族の人びとの複雑な現状を踏まえれば、有用なアプローチであると考えられる。

最後に本書で用いる「イスラーム運動（Islamic movements）」という用語の説明をしておきたい。本書が以下で取り上げる事例は、ダアワ運動やイスラーム勉強会、イスラーム的な社会福祉活動などである。上述のようにこれらの活動は、先行研究において、イスラーム復興に位置づけられ、イスラーム的社会運動、イスラーム復興運動、敬虔運動などと呼ばれてきた。イスラーム的社会運動やイスラーム復興運動は、社会的なレベルでのイスラーム化を志向する運動として、敬虔運動はムスリムが敬虔な自己を形成しようとする運動として位置づけられてきた。すでに述べたように、これらはいずれも教義上のイスラームを前提とする傾向にあった。そのため、冒頭で提示したエピソードにみられた教義としてのイスラームと矛盾する状況を捉えようとするうえで、本書で取り上げる回族によるイスラームに関わる諸運動にそれらの用語を援用するのは必ずしも適切ではないといえる。そこで、本書では「イスラーム運動」という用語を採用する。

イスラーム運動という概念は、イスラーム主義運動のような政治的なイスラームを指して使用される場合もあれば［e.g. 渥美 二〇〇一、Eickelman and Piscatori 1996:45; Aburaiya 2004］、一方で政治的なイスラームを志向しないイスラーム的社会運動のような意味で使用される場合もある[33]［e.g. Soares and Osella 2009: 9; 私市 二〇一二：六七］。さらに、政治的、宗教的、社会的なイスラームに関わる運動としてより包括的な意味で使用される場合もあり［e.g. Abu-Lughod 1990:52; 川島 二〇一二：六―七］、研究者ごと、あるいは研究対象のコンテクストによってさまざまな意味で使用されてきた[34]［Delibas 2009:91-92］。その意味で、イスラーム運動は、学術用語として、それほど明確に定義づけられていないといえるだろう。

本書では、上述の回族によるイスラームに関わる運動を、教義としてのイスラームに還元されない曖昧さを含んだ現象として包括的に捉えるために、あえてこのようにさまざまな意味づけをされる「イスラーム運動」という用語を使用する。

二　調査地の概要

雲南省は、中国に三一ある省級の行政区画の一つであり、中国西南部に位置し、東に位置する貴州省に連なる雲貴高原に属する山地の省である。また、雲南省は、ミャンマー、ラオス、ベトナムと国境を接する地帯に位置する。その面積は三九・四万平方キロメートルで日本よりやや広く、東西は八六四・九キロメートル、南北は九九〇キロメートルである。雲南省は、山地が全体の約八四％、高原が約一〇％を占め、農耕に適した壩子（はし）と呼ばれる山間盆地と河谷盆地は六％に過ぎない［石島 二〇〇四：四―六］。本書で提示する資料は、この壩子と呼ばれる山間盆地に位置する昆明市を中心に行った実地調査に基づくものである（図1―1）。昆明市は元代から

表 1-1　昆明市市街地モスク一覧（2010 年 3 月 31 日の時点、筆者作成）

モスクの名称	教派	建築様式	ハリーファ（学生）数	アホンの数
崇徳清真寺	ジャフリーヤ（哲赫林耶）	アラビア風	11 人	3 人
順城街清真寺	カディーム（格底目）	中国風	10 人	4 人
南城清真寺	カディーム（格底目）	アラビア風	なし	3 人
金牛街清真寺	カディーム（格底目）	中国風	なし	3 人
迤西公清真寺	カディーム（格底目）	アラビア風	なし	4 人
永寧清真寺	カディーム（格底目）	アラビア風	なし	2 人

現在にいたるまで、雲南省の首府として雲南省の政治経済の中心を担ってきた。

　雲南省の特徴の一つとして、多くの少数民族が暮らしていることがあげられる。雲南省には、中国の五五の少数民族のうち五一の少数民族が居住している。雲南省の総人口は、最新の二〇一〇年のセンサスでは、約四五九六・六七万人で、うち少数民族の人口は約一五三四・九一万人であり、雲南省の総人口の約三三・三九%を少数民族が占める。全国における少数民族の人口比率が約八・四〇%であるのに比べると、この比率の大きさがわかる。本書が対象とする回族の人口は約六九・八二万人で、雲南省総人口の約一・五二%、少数民族総人口においても約四・五五%と雲南省全体でも、雲南省の少数民族のなかでもマイノリティを形成している［国務院人口普査辦公室・国家統計局人口和社会科技統計司編　二〇一二］。

図 1-1　雲南省地図（雲南省地図院『雲南地図冊』〈2010〉より筆者作成）

　但し、全国的にみれば、回族人口は約一〇五八・六〇万人で、少数民族のなかで三番目の人口規模を有しており、中国に居住する一〇のイスラーム系民族人口約二三〇〇万人[35]の半数近くを占めている。雲南省も他の行政区画と比較すれば、寧夏回族自治区、甘粛省、青海省、新疆ウイグル自治区、河南省などに次いで全国で六番目に回族人口の多い地域である。

そうであるにも関わらず、雲南省において回族が圧倒的なマイノリティであるのには、「大分散、小集中」と呼ばれる回族の居住分布の特徴が関係している。これは、回族が中国の全国各地に分散して居住し、居住地域ごとに小規模のコミュニティを形成して生活しているという特徴を指すものである。こうした特徴は、回族の歴史的な形成過程に関係する。この点については、次章で詳しく述べる。

昆明市の回族は約一五・八三万人で、昆明市総人口約六四三・二二万人に対する比率は約二・四六％に過ぎない。但し、雲南省全体の回族人口に占める昆明市の回族人口の比率は、約二二・六八％であり、昆明市は雲南省のなかでは回族人口の多い地域である〔雲南省人口普査辦公室・雲南省統計局編 二〇一二〕。

昆明市全体には、一三三か所のモスク（清真寺 *qingzhensi*）がある〔昆明市人民政府主編 二〇〇八：一六七―一六八〕。本書の中心的な調査地である昆明市の「市街地（城区 *chengqu*）」には、そのうち六か所のモスクがある（表1―1参照）。モスクの教派は、一か所のみスーフィー教団のジャフリーヤに属し、他の五か所は全てカディームに属する。スンニ派ハナフィー学派に属するカディームは、中国に最も早く伝えられた教派だとされ、中国におけるイスラームの教派のなかでマジョリティを形成している。ジャフリーヤは、中国の四つの「スーフィー教団（門宦 *menhuan*）」の一つで、清代中期にイエメンで学んだ馬明心により伝えられた教派である〔昆明市宗教事務局・昆明市伊斯蘭教協会編 二〇〇五：二〇―二三〕。本書で扱うのは、基本的にカディームに属する回族のムスリムたちである。

三　調査について

本書で提示する民族誌的資料は、中国雲南省昆明市の都市部を中心に、二〇〇八年二月から二〇一〇年三月までの現地調査と、二〇一〇年一二月から二〇一一年一月、二〇一二年一月から二〇一三年二月、二〇一三年一二月、二〇一四年二月にかけての補足調査、計約二八か月間にわたって実施した現地調査に基づく。調査時の身分は、二〇〇八年二月から二〇〇九年二月にかけては昆明理工大学国際交流学院の漢語進修生、二〇〇九年二月から二〇一〇年二月にかけては雲南大学留学生院の漢語進修生であった。昆明理工大学に留学していた期間は、大学の宿舎に住み、雲南大学に留学していた期間は、昆明市の市街地にある順城街モスクの近くにアパートを借りて、基本的にモスクや回族の家などに通いながら、参与観察とインタビューによる調査を行った。

雲南省では、少数民族ごとに様々な言語が話されている。しかし、回族は礼拝やイスラームの祝祭、あるいは日常的な挨拶でアラビア語を用いる以外、基本的に漢語を話す人びとである。そのため、本書の実地調査でも漢語を使用した。

次章で論じるように、先行研究において回族はモスクを中心に集住し、モスクごとのコミュニティを形成しているとされていた。そのため、私はモスク中心の回族コミュニティを想定して、調査をはじめた。しかし、一九八〇年代以降の都市開発により、昆明市の都市部でモスクを中心としたコミュニティはほぼみられない状況にあった。そして、モスクでは、それほど活発な宗教活動は行われていなかった。しかし、モスクに通い、三か月ほど経つと、毎日礼拝にやってくる回族の老人たちとある程度の信頼関係を築くことができてきた。そのひとりが本章の冒頭で挙げたチェンである。そうしたなかで、インフォーマルなイスラーム教育活動を紹介されたのである。そこから、私は活発に行われているインフォーマルな活動へと調査範囲を広げていった。本書で取り上げる事例のほとんどが中国の宗教管理制度からすればインフォーマルなものである。これは私の現地調査における限界だといえるかもしれない。しかし、後述するように、それはインフォーマルな活動が活発に行われる調査地における政治的、社会的、宗教的な状況を反映してもいる。

外国人であり、ムスリムでもない私が政府から取り締まりを受ける危険のあるインフォーマルな活動をまがりなりにも調査できた要因のひとつは、彼らの宣教への意欲である。チェンも、私にクルアーンやイスラームの教義に関する小冊子を買い与え、イスラームについて説き、私にイスラームを布教した。彼がインフォーマルな活動を紹介してくれたのも、そこで私がイスラームを学び、最終的にイスラームに改宗することを期待したためであろう。また、同様に私がインフォーマルな活動で参与観察を行えたのも、その活動を担っている人びとが私の改宗を期待したことによる部分がある。

このような改宗への期待のなか、私は彼らと共にイスラームを学び、実践しながら調査を行った。私は、調査期間中、基本的にハラールのものしか食べず、酒も飲まず、日常的に彼らと同じように生活することを心がけた。また、ラマダーン期間中の断食や礼拝のための浄め（ウドゥー）も彼らと一緒に行った。調査の終盤には、私はクルアーンのいくつかの章句を諳んじることもできるようになっていた。そのため、現地の回族のあいだで「準ムスリム（准穆斯林 *zhun musilin*）」といわれることもあった。しかし、私は最後まで改宗することなく、あくまで「準ムスリム」の立場で調査を行った。そのため調査中、私は一度も礼拝を行わなかった。礼拝の時間、私はモスクの礼拝堂の外でそれを見学した。本書は、回族と共に行動しながらも、外から礼拝を眺める、そうしたアンビバレントな調査者の立場から書かれたものである。

なお、中国において宗教が政治的に敏感な「問題」であることを考慮し、本書ではインフォーマント、モスクなどの名称や地名には仮名を用いる。

四　本書の構成

本書は、雲南省昆明市の都市部における回族によるダアワ（宣教）運動やイスラーム教育活動などを事例として取り上げる。そのうえで、その運動の展開とその運動に関わる人びとのイスラーム実践を記述する。そこから、回族によるイスラーム運動が矛盾をはらみつつ展開されていく過程およびそこから立ち現れる回族にとってのイスラームのあり方を明らかにすることを試みる。

第一章では、本書が対象とする現代中国において回族と呼ばれている人びとが歴史的にいかに形成されてきたのかを概観する。まず、唐代から元代にかけて中国に移住した外国人ムスリムが、外国人ムスリムから中国のムスリムへとそのあり方を変えていった過程を概観する。さらに、清代における大規模なムスリムの反乱にいたるムスリムと漢人の対立の激化に焦点をあて、漢人とムスリムのあいだの境界が実体化する過程を明らかにする。次いで、それまで必ずしも民族とはみなされていなかったムスリムが「回族」と呼ばれるようになる過程を、一九三〇年代の政治状況と中国共産党の民族政策との関連から概観する。清末に実体化してきた漢人とムスリムとの境界は、中国共産党の民族政策により、漢族と回族という民族の違いとして制度化されることとなる。最後に、現在の昆明市の回族社会の状況として、敬虔になっていく回族と漢化していく回族という二極化の傾向、「敬虔なムスリム」と「漢化した回族」という新たな境界が問題とされる現状を概観する。

第二章では、二つのイスラーム運動の事例から、その対照的な展開の様態を描くことで、回族による運動が教義としてのイスラームに還元しうるものではなく、世俗的な要素を組み込むことで展開してきたことを明らかにする。ひとつは大学生を中心に行われるダアワ運動である。昆明市では、近代教育に基づく漢語能力や教養がイスラームを理解するうえで不可欠なものとみなされ、世俗的エリートである大学生が宗教的権威を発揮しうる状況が生まれている。そうしたなか、大学生がダアワ運動の主要な担い手となっている。しかし、宣教を目的として始められた活動は、普通教育の普及による民族の振興、異性との出会いなど様々な目的を持った人びとの部分的な利害の共有により規模を拡大させていく。結果、ダアワ運動は、民族運動でもあり、レクリエーション活動でもあるようなものとして展開される。もうひとつの事例は、回族のインターネット・コミュニティを媒介とした公益活動である。回族の伝統的コミュニティが解体するなか、昆明市の回族によりインターネット・コミュニティがつくられ、それを媒介に回族のレクリエーション活動が行われるようになる。結婚や就職が回族社会で広く懸念事項とされるなか、それは異性との出会いや就職活動の場も兼ね、敬虔さの度合いを問わず回族が集まる場となる。敬虔さの度合いの異なる回族が集まるなか、レクリエーション活動に教養としてのイスラームと直接関係する要素も加わり、宣教を兼ねたお見合いパーティーや高齢者慰問などの公益活動が行われるようになる。結果、そこでの活動は、娯楽でもあり、宣教でもあるような、それらのあいだに線引きがしがたい活動として展開される。

第三章では、二つのインフォーマルな宗教活動を事例とし、それらの活動が国家の宗教管理制度に規定されながらも、制度化されず、周縁的であることによって、それらの活動を担う人びとがある程度自律性を保つことを可能にしていることを明らかにする。ひとつは、地域を移動して行われるイスラーム学習活動である。昆明市は雲南省の首府であり、当局の宗教への締め付けが比較的厳しい。しかし、政治経済的状況あるいは歴史的背景の異なる地域では、政府の宗教への管理統制の度合いは大きく異なる。昆明市の人びとは、そうした地域のあいだを移動することで、昆明市では実施が難しい活動を行う。もうひとつの事例は、昆明市内でのアホン資格を持たない回族によるイスラーム教育活動である。昆明市ではモスクやアホンは政府の統制下にあり、政府寄りとみなされ、その権威が衰退しつつある。そうしたなか、既存のモスクによらないイスラーム教育活動が行われる。政府による宗教の管理統制が厳しい昆明市では、インフォーマルな宗教活動は、政府の取り締まりを受ける危険性を常にはらんでいる。ここでは、そうした活動に関与する人びとがいかに取り締まりに対処するのか、その一連のプロセスを描く。彼らは取り締まりを受ける度に、当局に抵抗するのではなく、活動を一時的に中断し、活動場所を変え、あるいは活動のあり方自体を変えていく。そうすることで、彼らは断続的ながら活動を継続していく。

第四章では、運動に関与する人びとを取りまく重層的な社会的関係に焦点を当て、敬虔さを基準とした「ムスリム／回族」という二分法では捉えられない回族のムスリムとしてのあり方を描くと共に、敬虔さの強調がもたらしつつある回族と漢族との関係の変化について論じる。「敬虔なムスリム」は、厳格なイスラーム言説を前提として、それに則ってイスラームを実践することでムスリムであろうとする。しかし、彼らは漢族を中心とする学校や職場などの社会的文脈で必ずしも厳格にイスラームを実践することができない。そのため、彼らはムスリムであることと彼らの生きる現実世界とのあいだで生きにくさを経験する。一方、「漢化した回族」と否定的に評価される日常的にイスラームを実践しない回族も、故郷や自宅などの社会的文脈では厳格にイスラームを実践する。また、彼らにとって「漢化」したとされる状況は、進学や就職のための一時的なこととみなされる。彼らは「敬虔なムスリム」とは異なり、厳格なイスラーム言説を前提とするというよりも、それと矛盾する部分をはらむ社会的つながりのなかでイスラームを実践する。彼らは、部分的に敬虔でも不敬虔でもあるアンビバレントなムスリムを実践し、中国社会との折り合いをつけようとする。このように敬虔さを重視するイスラーム言説は、回族に生きにくさを経験させる傾向にある。しかし、その一方でこうしたイスラーム言説は別の可能性を開いている。敬虔さがムスリムであることの条件とみなされることで、漢族を潜在的なムスリムとみなしうる状況が生まれている。そのため、清末以降、忌避される傾向の強かった回族と漢族との通婚が許容されるようにありつつある。その意味で、歴史的に形成された回族と漢族の境界に変化をもたらしている。

終章では以上の民族誌的記述を踏まえ、教義としてのイスラームとの関係においても、国家の制度との関係においても曖昧さを持った運動の特徴を、回族のムスリムとしてのあり方との関連から考察する。加えて、本書で取り上げた回族のイスラーム運動を歴史的な文脈に位置づけ、その意味について考察する。

注

（1）ムスリムがその存在を信じることが義務であるとされる六つの信仰箇条と果たすべき義務としての五つの信仰行為。漢語では、五功六信（*wugong liuxin*）と呼ばれる。六信は、アッラー、天使（マラーイカ）、使徒（ルスル）、啓典（クトゥブ）、来世（ラーヒラ）、定命（カダル）である［大塚ほか編 二〇〇二：一〇六七―一〇六八］。五行は、信仰告白（シャハーダ）、礼拝（サラー）、義務的喜捨（ザカート）、断食（サウム）、巡礼（ハッジ）である［大塚ほか編 二〇〇二：三六六］。

（2）本書では贈与論が主要なテーマではないため深く立ち入らないが、サーリンズは、モースの「ハウ」解釈には誤解があることを指摘する。サーリンズによれば、贈り物の贈与交換の義務的な循環は、モースがいうような贈与者と受領者の二者間のものではない。マオリ族の狩りは、祭司（贈与者）が森に鳥の供犠を捧げ、森の豊穣性が鳥を増やし、狩人（受領者）がそれを狩り、さらにその一部を祭司（贈与者）に返礼するという交換のサイクルである。サーリンズは、贈り物の交換も同様に三者間の交換だと指摘する［サーリンズ 一九八四：一七五―一二二］。

（3）但し、近年の宗教概念をめぐる議論に先鞭をつけたのは、一九六〇年代に神学者キャントウェル・スミスによってなされた宗教概念批判であるといわれる［e.g. McCutcheon 1995; 磯前 二〇〇〇、深澤 二〇〇四、外川 二〇〇九］。スミスの議論は、宗教概念が西洋において歴史的に形成されたとして、その構築性を明らかにする点で［Smith 1991: 15-48］、以下で述べる近年の宗教概念をめぐる議論に通ずる部分がある。しかし、一方で、彼の議論では、近年の宗教研究において批判の対象とされる内的な信仰に偏重した宗教の本質的定義は放棄されていない［Smith 1991: 50, 127］。

（4）宗教社会学においては、その主要なテーゼのひとつである世俗化論の見直しを伴って宗教概念批判が展開された。世俗化論は、近代化における社会の機能分化に伴い、社会全体を覆う「聖なる天蓋」［バーガー 一九七九］であった宗教から、世俗的諸領域（政治、法、科学など）が分化し、その結果、宗教が公的領域から私的領域に後退し、教会出席率の低下などに示されるように衰退していくものとみなす［cf. バーガー 一九七九：一六五―一六六、ウィルソン 二〇〇二：一六八―一七四、ドベラーレ 一九九二］。しかし、一九七〇年代後半以降の「宗教復興現象」に伴い、たとえば、世俗化論の主要な論者のひとりであったバーガーは、それまでの立場を撤回し、「脱世俗化（desecularization）」を論じた［Berger 1999］。また、カサノヴァは、宗教が「脱私事化（deprivatization）」し、市民社会において公的な役割を果たしうる「公共宗教（public religion）」として再登場すると論じた［Casanova 1994］。

（5）宗教概念をめぐる議論の概括的なレビューに関しては、マッカチオン［McCutcheon 1995］、磯前［二〇〇〇］、深澤［二〇〇四］を参照。

（6）ブロックは、アサドとは異なる観点から、宗教を世俗と区分し、象徴の体系としてその意味を解釈しようとしてきた従来の人類学における宗教研究を批判する［Bloch 2007: 19-45］。たとえば、ブロックによれば、マダガスカルのメリナ族などの儀礼的なスピーチにおいて使用される言語は、形式化されたものであり、何かを説明する表象ではなく、また日常的な言語のような柔軟な使用は強く制限される［Bloch 2007: 22-29］。その意味で、宗教的領域は世俗的領域から区分され、社会的な変化を受けにくい安定的なものである。ブロックによれば、儀礼における言語は、形式化され、言語的な意味をなさないことで論理を超えた力を持ちうるとされる［Bloch 2007: 32］。しかし、そうした言語の形式化は、政治的なリーダーが使用する伝統的な権威の言語にも見いだされるものであり、その説明不可能な力は政治的な領域と切り離せない［Bloch 2007: 32］。そのため、ブロックは、宗教的な現象と政治的な現象に境界線を引くことは不可能だとする［Bloch 2007: 44-45］。

（7）こうした「宗教」概念の形成過程において、神学から独立した「科学的」な学問領域のひとつとして、近代的な宗教学の出発点である比較宗教学が生まれてきたとされる［Sharpe 1986］。

（8）アサドと同様の試みとして、マッカチオンは「社会的編成」という概念を提示し、宗教がいかに社会的に構成されているのかに目を向けるべきだと論じた［McCutcheon 1998］。

（9）こうした前提は、近年の宗教概念をめぐる議論において共通してみられるものである［e.g. Smith 1998; McKinnon 2002］。

（10）イスラーム主義は、日本や欧米のマスメディアにおいては「イスラーム原理主義（fundamentalism）」とも呼ばれてきた。しかし、ファンダメンタリズムは、元来、二〇世紀前半のアメリカのプロテスタント社会における神学的モダニズムへの抵抗として展開された宗教運動を指すものとして使用され始めた用語である［大塚　二〇〇〇ａ：一九六］。また、ファンダメンタリストを自称するムスリムはおらず、その意味でイスラームにはファンダメンタリズムはないとされる［大塚　一九九四：七〇―七三］。さらに、ファンダメンタリズムと呼ばれるアメリカのプロテスタントの運動を推進した人びとは、「頑迷」、「反近代的」などとみなされたため、マスメディアにおける「イスラーム原理主義」という呼称は否定的な意味合いを含むものだとされる［小杉　二〇〇一：三二―三三］。そのため、特に研究者のあいだでは「原理主義」という用語の使用は避けられる傾向にある。以上を踏まえ、本書でも同様に「原理主義」ではなく、「イスラーム主義」を採用する。

（11）運動としての側面が強調される場合は、イスラーム主義運動とも呼ばれる［e.g. 見市　二〇〇四、Mahmood 2005; Bayat 2007; 私市　二〇一二］。

（12）この潮流は、宗教と政治が自立した領域となるという意味で、国家的な世俗主義の出現と捉えられる［私市　二〇一二：六三］。また、バヤットは、ポスト・イスラーム主義の核心は、「その政治的なミッションを『宗教的な民主主義』とする、共和主義の理想と宗教的倫理の混合にある」［Bayat 2007: 49］と論じる。

(13) たとえば、ホメイニー師の死後、一九九〇年代のイランでは、イスラームと国家とを結合することへの限界が露呈し、イスラームと民主主義や男女平等などに代表される西洋的なモダニティとの両立を目指す思想的潮流が生まれた［Bayat 1996; 2007: 49-105］。また、エジプトでは一九九〇年代以降、急進的なイスラーム主義運動が大衆の支持を失い、一九九六年にムスリム同胞団の若手メンバーが、コプト教徒と共に、民主主義を重視し、合法的な政治活動を目的とする「ワサト党」を結成した［cf. 飯塚 二〇〇一、横田 二〇〇六：一一〇―一四七、私市 二〇一二：二二―六〇］。

(14) バヤットは、イスラーム革命を志向しない、以下で述べるダアワ（宣教）運動やイスラーム的な社会福祉活動を包括する概念として「イスラーム的社会運動（Islamic social movement）」を使用する［Bayat 2007: 12］。これは日本のイスラーム研究においては、小杉が社会的なレベルでのイスラーム化を集団的に推進しようとする現象として定義した「イスラーム復興運動」に相当するといえる［小杉 一九九四：一四六］。

(15) 「ダアワ」は「イスラームへの呼びかけ」を意味するアラビア語であり、宣教や布教の意味で使われる［大塚ほか編 二〇〇二：五八九―五六〇］。中国では、「達瓦（*dawa*）」などと音訳される。

(16) タブリーグは、「イスラームを伝達すること」を意味するアラビア語であるが［大塚ほか編 二〇〇二：一二二］、一般に国際的なダアワ団体である「タブリーギー・ジャマーアト（*Tablighi Jama'at*）」の活動を指すものとして使われることが多い［e.g. Nagata 1982; Eickelman and Piscatori 1996: 148-155; Dickson 2009; 小河 二〇一二］。タブリーギー・ジャマーアトはウルドゥー語で、アラビア語圏では、ジャマーア・アッ＝タブリーグ（*Jamā'a al-Tablīgh*）と呼ばれる。タブリーギー・ジャマーアトは、一九二〇年代、植民地期の北インドで始められ、グローバルに展開されているイスラーム宣教運動である。現在、この運動は、インドに限らず、東南アジアや北米、アフリカなどグローバルに展開されている［e.g. Janson 2005; 小河 二〇〇八；二〇一二、Dickson 2009］。この運動の特徴は、イスラーム主義運動のように性急に政教一致を求めるのではなく、当面そうした政治問題から距離を置き、ムスリムのイスラーム信仰を高めることを目指す点にある［Nagata 1982: 50; Sikand 2006］。また、その際、教派間の相違にとらわれないということもこの運動の特徴のひとつである［Sikand 2002: 69］。

(17) たとえば、一九七〇年代以降、インドネシアの大学で盛んになったダアワ運動は、エジプトのムスリム同胞団をモデルとしたもので、個人から社会へと遡及的にイスラーム化を拡大し、最終的にイスラーム国家の樹立を目指すものであった［見市 二〇〇四：六九―七一、二〇一二：二一八］。

(18) 同様の批判は、社会運動に関する人類学的研究でもなされており、社会運動の凝集性やそこに参加する人々の均質性が過度に強調されてきたことが批判されている［Edelman 2001: 309-311; Nash 2005: 12-13］。但し、社会運動を推進する人びとによって、様々なグループを統一するため、本質主義的な言い回しがなされる場合もある［Nash 2005: 11］。

(19) こうしたマフムードの問題意識は、下述する人類学者のアブ＝ルゴッドが「抵抗のロマンス」と呼ぶ問題に基づく[Abu-Lughod 1990]。アブ＝ルゴッドは、エジプトのベドウィン女性に関するそれまでの彼女自身の研究も含め、従来の研究において研究者が人びとを抵抗者とみなし、彼らの実践に過度に抵抗を読み込んできたことを批判した[Abu-Lughod 1990: 41-42]。

(20) 宗教社会学者のターナーは、こうした敬虔な自己を形成するプロセスを「敬虔化(pietization)」と呼ぶ[Turner 2008; 2010: 17-20]。

(21) 松本は、回族社会におけるイスラーム女子学校を事例にマフムードのエージェンシー論を応用し、回族女性が敬虔になることで家父長制などに働きかけうると論じた[松本 二〇一〇]。

(22) サラフィー主義とは、アラビア語のサラフ(先人)から派生した言葉である。ここでのサラフは預言者ムハンマドとその教友(サハーバ)をはじめとする初期イスラームの時代を生きたムスリムたちを指す。サラフィー主義は、サラフの時代に実現していた模範的なイスラーム共同体に近づくために、その後の歴史的過程において添加された異端的夾雑物を排除し、イスラーム法(シャリーア)に基づくイスラーム国家を実現しようとするイデオロギーである。また、サラフィー主義は、ムスリムとしての自分たちの生き方に対する厳しい自己反省をはらむものであるとされる[大塚 二〇〇〇b:二三八―二三九]。

(23) この概念は、英語では「現世のイスラーム(Islam in the present world)」と訳されるが、「mondain」というフランス語は、英語では「secular」とも訳されるため[Otayek and Soares 2007: 17]、本書では「俗世のイスラーム」という訳語をあてる。

(24) 一九七八年三月の全国人民代表大会では、社会福祉、社会団体登録などの民政事業を担う民政部が中央官庁に設立された[古賀 二〇一〇:四二―四三]。

(25) 「社会団体」は「社団」とも呼ばれ、「民間性、非営利性、組織化、自立性、自発性など」を特徴とする社会組織とされる[李光国 二〇〇六:一七九―一八〇]。一九九〇年代以降、中国に「NGO」や「NPO」といった外来語が入ってくると、「法定NGO」と分類されるようになった[徐・李 二〇〇八:一一]。社会団体には、業界団体、学術団体、スポーツ団体、公益財団法人などが含まれる[王・李・岡室 二〇〇二:六五―七三、李光国 二〇〇六:一八二]。

(26) 一九七八年から一九八九年にかけて、全国レベルの社会団体は一六倍に増加し一六〇〇団体を越え、地方レベルの社会団体は三三倍に増加し二〇万団体に達したとされる[古賀 二〇一〇:四三]。こうした状況が、以下で述べる一九九〇年代半ば以降の「草の根NGO」の活動の活発化につながっていったとされる[王・李・岡室 二〇〇二:七五]

(27) 中国共産党に公認されている宗教は、仏教、道教、イスラーム、プロテスタント、カトリックの五つである[足羽二〇〇三：一〇二]。中国共産党の宗教政策については、第三章第一節で詳しく論じる。

(28) この条例により、社会団体は、登録管理を行う民政部門とその業務主管部門との「二重管理制」に置かれ、さらに「一行政区一領域一団体」という原則が課せられた［王・李・岡室　二〇〇二：七三］。前者についていえば、業務管理を担う機関が存在しなければ、社会団体の登録申請が不可能になり、政府が社会団体の申請を恣意的に操作することが可能になったことを意味する［古賀　二〇一〇：五〇］。また、後者については、既存団体が独占的に活動を継続することを可能にし、競争原理が働かなくなったことを意味する［古賀　二〇一〇：五一―五二］。その結果、一九九一年には、全国レベルの社会団体は、八三六団体、地方レベルの社会団体は、一一万六〇〇〇団体へと激減した［古賀　二〇一〇：四三］。

(29) 徐宇珊と李妍焱によれば、中国のNGOには、政府がその設立に関わった、あるいは政府の強い影響下にある官製の「NGO」が多く含まれる［徐・李　二〇〇八：一〇］。そのため、先行研究では、それらと民間の「NGO」を区別するために「草の根NGO」という用語が使われる傾向にある［李光国　二〇〇六、徐・李　二〇〇八、劉培峰　二〇〇八、古賀　二〇一〇］。

(30) 一九九〇年代半ばに環境保護分野のNGOが設立されたのを皮切りに、エイズ患者、女性、出稼ぎ者、同性愛者、身体障害者などの社会的弱者支援、コミュニティ・サービスなどの分野へとNGOの活動は拡大した［徐・李　二〇〇八：三―六］。たとえば、エイズ関連では一〇〇団体近くの草の根NGOが活動しているとされる［徐・李　二〇〇八：五］。

(31) 二〇〇〇年に「取締非法民間組織暫行辦法」が制定され、政府の許可を得ていない組織、行政当局へ未登録の組織、許可を取り消された組織を「非法民間組織」として取り締まることが決定された［古賀　二〇一〇：五六］。

(32) 中国における「迷信」と「宗教」の関係については、第三章で詳しく論じる。

(33) 小杉によれば、アラブ世界の当事者たちは、イスラーム主義運動、イスラーム復興運動、イスラーム復興などさまざまな用語で表現されてきた運動の総称として「イスラーム運動」という用語を用いるとされる［小杉　一九九四：一四八―一四九］。

(34) トルコにおける学術やマスメディアにおいてイスラーム運動がどのように概念化されてきたかについて論じたデリバスによれば、イスラーム運動の概念は、九・一一以前は反近代的なものとして、そして九・一一以降はイスラーム的なテロリズムや狂信を指すものとして、その歴史的な状況によってその位置づけを変えてきた［Delibas 2009: 94-96］。

(35) その内訳は、漢語を母語とする回族、テュルク諸語を母語とするウイグル族、カザフ族、クルグズ族、ウズベク族、タタール族、サラール族、ペルシア語系の言語を母語とするタジク族、モンゴル語系の言語を母語とする東郷族、保安族である。また、人口については、最新のセンサスを参照した［国務院人口普査辦公室・国家統計局人口和就業統計司編　二〇一二］。

第一章　ムスリムから「回族」へ

昆明市の回族男性にとって、金曜礼拝（ジュムアの礼拝⑴）は日ごろ顔を合わせることのない回族の親族や友人と交流を深めることのできる重要な機会のひとつとなっている。礼拝を終えた後、時間のある者は、そのままモスクで雑談をしたり、お茶を飲みに行ったりする。二〇〇八年一一月一九日の金曜礼拝でも、礼拝後いつものように、私は回族の友人らと雑談をしていた。そこで、昆明市在住のある回族男性（二〇代）が「雲南ムスリムの半分以上は、『預言者（先知⑵ *xianzhi*）』の末裔なんだよ」と語った。こうした言説は、雲南の回族のあいだでは、よく知られたものであり、その場にいた回族の友人らは確かにそうだと首肯していた。ただひとり、その場にいた漢族ムスリム（三〇代男性）は、それに反対した。彼は、「俺はそういう考え方は好きじゃない。ムスリムがみな兄弟だというのなら良いけど」と批判した。

このエピソードには、回族、特に雲南における回族の歴史的背景と現状を説明する上で重要な要素が含まれている。第一に、外観も漢族とほぼ変わらず、漢語を母語とする回族が、預言者ムハンマドの末裔だと自称しているということである。これは、一見すると荒唐無稽なことのように思える。しかし、雲南における回族あるいはイスラームの歴史を振り返るとそれはあながちおかしな話ではないことが分かる。というのも、現在回族と呼ばれている人びとの祖先は、中国に移住した外来ムスリムとされているからである。第一節では、中国への外来ムスリムの移住の歴史を概観し、第二節では、その外来ムスリムが中国に定着する歴史的過程とその過程での弾圧の歴史を概観する。

現在回族と呼ばれている中国ムスリムは、歴史的に中国社会における宗教的マイノリティであったが、中国共産党の民族政策によって制度的に「民族（*minzu*）」と位置付けられることとなった。第三節では、特に日中戦争期からの中国共産党の民族政策と当時の政治的状況を概観し、回族が「民族」と認定されるに至った経緯を明らかにする。

最後に第四節では、本書の対象である雲南の回族の現状について概観する。雲南の回族を取り巻くイスラームをめぐる状況は、上述のエピソードのなかでの「ムスリムはみな兄弟」だという語りに示唆される。それは特に一九七〇年代末の「改革・開放」政策の導入をきっかけとした宗教復興に伴い、サラフィー主義に代表される厳格なイスラーム言説が回族社会に影響を及ぼすことになってきたことに関連する。

一　預言者ムハンマドの末裔としての雲南回族

1　中国へのイスラームの伝来

中国にイスラームが伝わった時期について、中国ムスリムのあいだでは[3]、隋の開皇年間（五八一―六〇〇年）、隋の大業年間（六〇五―六一六年）、唐の武徳年間（六一八―六二六年）、唐の貞観二年（六二七年）［金吉堂　一九四〇］、貞観六年（六三二年）と諸説あるとされる［田坂　一九六四、中田　一九七一、傅統先　一九七五］。雲南省の回族のあいだでも、預言者ムハンマドが「知識は遠い中国にあっても探求すべきだ（学問、雖遠在中国、亦当求之 *xuewen, suiyuanzaizhongguo, yidangqiuzhi*）」と語ったというハディース[4]があるとされ、彼がメッカ郊外のヒラー洞窟で天啓を受けて以降の存命中（六一〇―六三二年）に使節が派遣されたと考える者も少なくなかった。しかし、歴史学者の田坂はそれぞれの説をアラビア史との関係から批判的に検討し、これらの説が年代的な矛盾をきたしていること、さらに明代あるいは清代に現れた説であると主張した［田坂　一九六四：一四四―一四九］。但し、遅くとも唐の永徽二年（六五一年）には当時中国で「大食」と呼ばれていた第三代カリフ・ウスマーンが治めるイスラーム帝国から使節が派遣され、国家間の外交が始められたと考えられる。単純に唐朝とイスラーム帝国との外交関係の成立をもって、中国へイスラームが伝来されたとみなすことはできないが［田坂　一九六四：二五九］、唐代には、「蕃商」、「胡商」、「商胡」と呼ばれるアラブ人やペルシア人などの外国人商人が多く中国にやって来て、首都の長安や広州、海南島、揚州、泉州などに居留して商業を営んでいたとされる[5]［田坂　一九六四：二五〇―二五六、傅統先　一九七五：三六―三八、邱樹森主編　一九九六：八―九、DeAngelis 1997: 153; Jones-Leaning and Pratt 2012: 310］。当時のムスリムは、居留地域内で日々の礼拝や金曜礼拝を行い、さらに中国皇帝が任命した法官司祭[6]によってイスラーム法に則った裁判が行われ、自治的な共同体を形成していたという［田坂　一九六四：二六三―二六四］。

さらに、五代十国時代を経て、宋代になっても、「大食」との通商は継続し、益々盛んになっていった。宋代には、ムスリム商人は、広州や泉州、杭州などの沿岸部の主要な都市だけではなく、北宋の首都であった開封など中国内地の主要都市にまでその商業網を拡げていったとされる［田坂　一九六四：四二七―四三二］。北宋時代の広州、南宋時代の泉州は、東西貿易の一大中心地であり、そこに居留するムスリム商人の勢力は強大であったとされ、彼らの生活ぶりは、その土地に住む漢人を驚嘆させるほどであったという［中田　一九七一：二一］。それに伴い、ムスリムなどの外国人商人の自治的共同体も拡大し、「蕃坊」と呼ばれる外国人居留区が形成された。そして、この蕃坊は、唐代からあった官職の蕃長が管理する「蕃長司」という役所の管轄下に置かれた。この時代、外国人商人との通商が奨励され、外国人商人は優遇されていたとされる。たとえば、唐代にも在留外国人のあいだで起こった犯罪は、その外国人の祖国の法律によって処分する原則であったが、宋代にはこの範囲を拡大し、外国人商人と中国人とのあいだで起こる犯罪にも、重大事件以外は、外国人の法律によって処分することとされたという。また、蕃坊の外国人の大部分は、ムスリムであったとされ、彼らはこうした治外法権的な特権の下、豚肉禁忌や礼拝などの宗教活動など宗教的な生活も保証されており、蕃坊はさながら蕃長をリーダーとする「一個の小なる回教世界」であったといわれる［田坂 一九六四：三九七―四〇三］。しかし、唐代から宋代にかけては、宗教信仰に関していえば、外国人ムスリムから中国人への伝道が試みられた形跡はなく、中国人へのイスラームの影響は限定的であったと考えられる[7]［中田 一九七一：二一〇―二一二］。

2 元代における外国人ムスリムの大量移入

このように唐代から宋代にかけて、中国におけるムスリムの発展の基盤が形成されたが、ムスリムが中国各地に広く居住するようになり、中国でイスラームが宗教としてその存在を認められるようになるのは、元代を待たねばならなかった。そして、現在、回族と呼ばれる人びとの祖先の多くもこの時期に中国に移住した外国人ムスリムであると考えられている［金吉堂 一九四〇：一一〇、田坂 一九六四：五五七］。一三世紀初めにモンゴル帝国によって中央アジア、西アジア諸国が征服され、東西アジアが統一されたことにより、陸路での東西交通の重要性が高まった。その結果、イスラーム世界は壊滅的打撃を受けたが、その一方で、関税などの障害が取り除かれ、駅伝制度が整えられることで、陸路での東西交通が容易になり、ムスリムの中国への移動も増加した。そのなかには、新たな商機を求め、自発的にやって来たムスリム商人もいたが、その多くがモンゴル軍によって強制的に移住させられた工匠などの技術者や奴隷であったとされる[8]〔田坂　一九六四：五八九、中田　一九七一：一二一—一二三、邱樹森主編　一九九六：一二四—一二八〕。自発的、あるいは強制的に中国にやってきたムスリムたちの民族は多様であったが、「回回人」あるいは「色目人」と呼ばれた。彼らは、唐宋時代のように治外法権を認められた居留区の「客人」ではなく、モンゴル帝国の戸籍に「回回戸」などの名称で組み込まれた〔邱樹森主編　一九九六：一二四—一二八〕。このように元代において、外国人ムスリムは中国の政治制度に組み込まれ、「中国人」として中国に根付くこととなり、現在の中国の回族などのイスラーム系民族を形成することになる〔余振貴　一九九六：七九—八〇〕。この時代、主にムスリムから成る色目人は、社会的にはモンゴル人に次ぐ階級で漢人より高い地位にあった[9]。さらに、ムスリムは経済的にも優遇されており、ムスリム商人は、特権的な商業組合を組織し、モンゴル人貴族と結託して利益を独占したとされる。また、彼らのなかには、政府の財政を担う者もいたといわれる。モンゴル人に次ぐ政治的地位を与えられていたこともあり、ムスリムは中央から地方まで広く官僚として重用された。さらに、ムスリムは軍においても重用され、彼らは全国各地に駐留することとなった〔中田　一九七一：一二三、賴存理　一九八八：九七—一〇八、王霊桂　二〇一〇：一二九—一三三、Jones-Leaning and Pratt 2012: 312-313〕こうした状況を指して、「元代において回回は天下に遍し（元時回回遍天下 *yuanshi huihui bian tianxia*）」といわれ、ムスリムは中国の至るところに居住することとなった〔楊兆鈞主編　一九八九：一五、張承志　一九九四：一六〇〕。こうして形成されたムスリムの分布状況が前章で述べた現在の回族の「大分散、小集中」と呼ばれる分散居住につながっていく。

3　ムスリムに統治された雲南

雲南回族の歴史も、この時代に始まったとされる[10]。一二五三年に当時、雲南地域を治めていた大理国がモンゴル軍とそれに従うムスリムの軍勢により征服された。一二七六年に、雲南の行政の中心が、大理国の都だった大理から、その副都であった昆明に移された［石島　二〇〇四：一六］。雲南が元朝の版図に組み込まれると、ムスリムが次々と派遣されるようになった。その回数も、その後七〇年ほどのあいだに十余回に及び、人数も少なく見積もっても数千人、多ければ数万人に及んだといわれる。そして、その多くはムスリムの兵士たちであった。元朝は、中国支配に際して、軍戸屯田を全国に行き渡らせた。ムスリムはそのなかで重要な役割を果たしたとされる。それは雲南においても同様で、彼らはモンゴル軍が交通の要衝に駐留するのに従い、そこで屯田兵として、有事の際には、兵士として戦い、平時は農業や牧畜に従事したという。これらの地域には、現在の雲南省でも回族が多く暮らす地域として知られる昆明、玉渓、尋甸、大理、昭通などの地域も含まれていた［今永　一九六六：二九―三二、楊兆鈞主編　一九八九：一五―一八］。また、元代のムスリム商人は、全国の大都市で活発に活動していたとされ、首都の大都（現在の北京）、沿岸部の杭州や泉州だけでなく、雲南の昆明などを含め、全国を股にかけ、唐宋時代よりも広い範囲で商業活動を展開していたとされる［頼存理　一九八八：一〇八―一〇九］。また、雲南はミャンマー経由でのアラブ世界との交通において重要な地位を占めており、ムスリム商人がミャンマーやインドとの貿易を行っていたとされる[11]［今永　一九六六：三七、田坂　一九六四：六四二―六四三］。

さらに、先述のように、元代のムスリムはモンゴル人に次ぐ政治的地位を有しており、官吏として雲南にやって来た者も多かったとされる。そのなかでも特に注目すべきは、雲南行省の初代平章政事を務めたサイイド・アジャッル（賽典赤・贍思丁 *Saidianchi Shansiding*）である。彼は、現在のウズベキスタンのブハラ出身の人物とされる。サイイドは預言者ムハンマドの直系子孫および一部の傍系親族に対する尊称であり[12]［大塚ほか　二〇〇二：三八六］、サイイド・アジャッルも預言者ムハンマドの後裔と見なされている［楊兆鈞主編　一九八九：四八］。彼は、チンギス・ハーンによる中央アジア遠征の際に投降し、モンゴル帝国に仕え、中央や四川、陝西で要職を歴任し、その手腕を買われ、雲南に派遣された。彼は、善政をしいたとされ、その死後には「咸陽王」の称号を与えられた。彼には、五人の息子がおり、うち三人は父の後を継ぎ、雲南の統治にあたり、その後も彼の一族が長く雲南の軍政で要職に就いたといわれる［楊兆鈞主編　一九八九：一六、四二—四九、Atwill 2006: 34-35; 堀池　二〇一二：七六—七七］。本章冒頭のエピソードにおける「雲南回族の半分が預言者ムハンマドの末裔」だという回族の語りは、このサイイド・アジャッルの存在によるものである。雲南回族のあいだでは、サイイド・アジャッルの子孫を「五子十三孫と言い、賽・納・哈・馬・胡・穆・沙・王・楊・李の諸姓」［田坂　一九六四：六四二］は皆その子孫であるともされる[13]。

以上のように、元代のムスリムが政治的に高い地位にあったため、彼らの信仰するイスラームも、政治的に優遇されていた。そのため、元朝政府によりイスラームの宣教師（教士 *jiaoshi*）には活動の自由が認められ、免税特権も与えられていたという［邱樹森主編　一九九六：三〇八、《回族簡史》編写組　二〇〇九：九八—一〇〇］。さらに雲南では、サイイド・アジャッルなどのムスリムによる統治の影響を受けて、かなり多くの中国人がイスラームに改宗したと考えられる[14]［今永　一九六六：三一、中田　一九七一：一二三］。このような元代におけるイスラームの発展は、「外国人ムスリム」としての特権的な地位に基づくものであった。しかし、明代に入ると、彼らを取り巻く政治的、社会的状況が大きく変わり、彼らの中国における位置付けも大きく変わっていくこととなる。

二　外国人ムスリムから中国のムスリムへ

1　ムスリムの中国への定着とイスラーム教育改革

元代には中国におけるムスリムの定住が拡大したため、唐宋時代に比べ、ムスリム男性と漢人女性との通婚が増加したとされる。明代に入ると、そうした傾向はより一層強まった。明朝政府による漢化政策によって、ムスリムは一層漢族との関係を強めることとなった。明の初代皇帝である朱元璋の統治下では、当初モンゴル人や色目人が姓氏を中国風に改めることが禁止され、「華夷の分」が厳格化された。しかし、そうした政策はすぐに放棄され、色目人などが中国風の姓氏に改めることが促進された。さらに、明代にはモンゴル人や色目人は同じ民族同士の婚姻が禁じられ、これまで以上にムスリムと漢人との通婚が増加した〔中田　一九七一：二四、邱樹森主編　一九九六：三七四〕。こうしたモンゴル人や色目人などのマイノリティに対する漢化政策は、明朝がこれらのマイノリティの勢力増大を抑制するために実施したものとされる。但し、ムスリムに限っていえば、基本的にムスリム男性がイスラームに改宗した漢人女性を娶り、ムスリム女性が漢人男性に嫁ぐことは抑制されていたため、ムスリムと漢人との通婚は、ムスリム人口の増加をもたらしたとされる〔中田　一九七一：二六―二八、邱樹森主編　一九九六：三七三―三七四〕。それは、少なくとも清代前期まで続き、ムスリム社会は拡充していった〔邱樹森主編　一九九六：五四〇〕また、姓氏の変更や漢人との通婚だけでなく、明代には、元代までは漢人と異なっていたムスリムの服装にも変化がみられ、漢人と変わらない衣服を着用するようになったとされる〔邱樹森主編　一九九六：三六三―三六五〕。

さらにムスリムの使用する言語についても、明代に入ってから漢語がムスリムの共通語になったといわれる。宗教上の教典も漢語で表記されるようになり、さらにイスラーム思想を表現する際にも儒教の用語を使用するようになった[15]〔田坂　一九六四：一三二九―一三四七、中田　一九七一：二三―二五、邱樹森主編　一九九六：三六一―三八二〕。漢語によるイスラーム思想に関する著作の登場は、中国に暮らすムスリムたちが、漢語を日常的に使用するようになり、アラビア語の習得が困難になったことを示している。つまり、中国に暮らす多くのムスリムが礼拝や儀礼で使用するアラビア語の意味を理解できなくなり、彼らの宗教生活に支障をきたし始めたということだ。こうした危機感は、漢語によるイスラーム教育の展開だけではなく、明代における経堂教育（*jingtang jiaoyu*）の全国的な展開にもうかがえる。経堂教育は、アホン[16]と呼ばれるモスクの宗教指導者を育成するためのアラビア語やペルシア語に基づく専門的な宗教教育である。漢語によるイスラームの教義や思想に関する著作が登場したのは、経堂教育の普及によっても当時のムスリムの信仰を維持することが難しくなっていたためだと考えられる[17]〔田坂一九六四：一三五八―一三六〇、Lipman 1997: 49-50; 堀池　二〇〇五：六三、二〇一一：一一八―一二一〕。

この時期に起こったイスラーム教育を巡る問題とその改革は、続く清代に形を変えて現れることとなる。清末期の馬聯元という雲南省玉渓出身の著名なアホンは、イスラーム教育に力を入れ、そのカリキュラムの改革に尽力した人物として知られる。当時、「雲南では漢文を読むムスリムはアラビア語をあまり解せず、他方アラビア語文献を読むムスリムは漢文を理解しない状態」〔松本耿郎　一九九九：二〇九〕にあったため、漢文でイスラームを学んだ者とアラビア語でイスラームを学んだ者とのあいだの相互理解が困難になっていたとされる。馬聯元は、こうした状況を改善するために、学生が漢語とアラビア語の両方を習得することを重視した教育方針を採っていた〔松本耿郎　一九九九〕。また、次節や次章でも述べるように、イスラーム教育における漢語とアラビア語を巡る問題は、近代以降の回族社会においてもその形を変えて現れる。いずれにせよ、この時代における漢語によるイスラームの教義に関する著作の登場は、中国に暮らすムスリムたちに漢語によるイスラーム理解への道を開くものであり、明代以降の中国におけるムスリムを取り巻く状況の変化を象徴するものであったといえる。

このように明代に入ると、ムスリムは漢人との通婚によって人口が増加すると共に、漢化あるいは中国化することで、外国人としてではなく、中国の定住民として、中国で暮らすようになった。また、この時期に、「教坊[18](jiaofang)」と呼ばれるモスクを中心としたコミュニティを形成するようになったといわれる〔《回族簡史》編写組　二〇〇九：一五六―一五九〕。モスクを中心としたコミュニティは、後述するように、現代中国における回族社会においてもみられ、同様に教坊と呼ばれる。このように、明代において、中国に暮らすムスリムは、中国のムスリムとして中国に根付いていくこととなる。外来のムスリムおよびその子孫たちは、様々な面で中国化あるいは漢化することで、それまでの「中国におけるムスリム(*Muslims in China*)」ではもはやなくなり、「中国のムスリム(*Chinese*

Muslims)」となったのである［Jones-Leaning and Pratt 2012: 313］。

2　ムスリムの貧困化とムスリムへの弾圧

1　ムスリムに対する抑圧的政策とムスリムの貧困化

明代においてムスリム社会は漢人との通婚により拡大したが、その一方で、ムスリムは元代までの身分制度により保証されていた政治的な特権的地位を失った。さらに、経済的にも、明朝政府が重農政策を採り、商業を抑制したため、ムスリム商人への優遇措置は採られなくなり、元代には全国を股にかけて活躍していたムスリム商人の活動は縮小することとなった。さらに上述の漢化政策にもうかがえるように国粋主義的、排外的な政策が採られたこともあり、漢人を中心とする社会において蔑視、排斥される立場に置かれるようになった［中田一九七一：二四、堀池　二〇〇五：六二］。そのため、明代初期のムスリムの功臣たちであっても、そのムスリムとしての出自やイスラーム信仰を隠し、隠れて礼拝をするようになったともいわれる。たとえば、明代初期に雲南に残る元朝の残存勢力を制圧するために、多くのムスリム兵士からなる大軍を率いた沐英というムスリムの将軍でさえもイスラーム信仰を表に出していなかったとされる[19]［邱樹森主編　一九九六：三六二］。

ムスリムは元代までの特権的な地位を失い、漢人を中心とする社会においてマージナルな地位に置かれた。そうしたなか、彼らが通婚などを通して取り込んでいった漢人は、漢人社会における貧しい人びとであったといわれる。そのため、明代の重農主義政策の影響による商業活動の制限も相まって、明代にはムスリム社会全体が貧困化していった。こうしたムスリム社会の貧困化により、特に明代中期以降、「回賊」と呼ばれるムスリムの流賊が中国各地に現れるようになった。この回賊の発生は、貧困化が主な原因とされるが、上述のような漢人によるムスリムに対する蔑視や排斥に伴うムスリムと漢人との対立が、回賊による反乱を助長したともいわれる。但し、この時期には、回賊に限らず、貧しい漢人が盗賊化することも多く、回賊と漢人の盗賊が手を組むこともあったという[20]［田坂　一九六四：一一八四、中田　一九七一：二六、邱樹森主編　一九九六：四四五―四六二］。

清代になると、明代においてもみられたムスリムの政治的地位の低下や漢人によるムスリムの排斥・蔑視がより一層深刻化することとなる。それは、清朝政府の採っていた民族政策によるものと考えられる。清朝政府は満洲人というマイノリティが興した王朝であった。そのため、彼らは中国国内の各民族が団結することを恐れ、民族毎に異なった政策を実施することで民族の分断を図った。また、同一民族内での団結を阻止するために、各民族のエリートを登用した。ムスリムについても、清朝の統治が確立した後、科挙に合格した者を多く登用した。その点においては漢人と大きな違いはなかったとされる［邱樹森主編　一九九六：五三九―五四〇、《回族簡史》編写組　二〇〇九：一六二―一六六］。

一方で、エリート以外の一般のムスリムは、政府の差別的な政策の影響もあり、明代に比べ、一層、漢人から侮蔑視されるようになったとされる。たとえば、明代末期に作られた「回」に「犭」を付け加えた漢字［田坂　一九六四：九〇一―九〇二］を使って、現在、回族と呼ばれている人びとの呼称として流通していた「回回」や「回民」を書き表したものが政府文書の一部でもみられるようになった[21]［《回族簡史》編写組　二〇〇九：一六二］。また、こういった侮蔑的な表現がなされるだけでなく、清代の回民は法的にも他の民族から差別されていた。たとえば、この時代、何らかの武器に類する器具を持った回民が三人以上集まると謀反の疑いありとみなされ、処罰された。また、同じ罪状であっても回民は一般の犯罪人よりも重い刑に科せられた。さらに経済的にも、回民は多くの負担を課せられた。たとえば、清朝政府は新疆において綿花栽培に従事する漢人と回民の双方に税を課していたが、それらのあいだに差別を設け、回民からは額外の税も徴収していたとされる[22]［今永　一九六六：五〇、中田　一九七一：七三―七四、片岡　一九七六：六八―七〇、《回族簡史》編写組　二〇〇九：一六二］。

2　回民蜂起と回民と漢人との境界の形成

清朝政府の民族政策は、このように民族間に差別を設け、民族間の対立を煽り、それらを団結させず、各民族を弱体化させることで「漁夫の利」を得ることを基本としていた。しかし、こうした民族分断を図る政策は、一九世紀半ば、清代後期における大規模な「回民蜂起」[23]を引き起こす遠因となっていった。この時期の回民蜂起は、同時期に起こった太平天国の乱など各地域の反乱と同様に、清朝が列強の脅威にさらされたことによる民族危機と国内の封建体制の危機、双方の産物であるとされる［里井　一九七二：一四―一六］。しかし、回民蜂起には、そうした反封建闘争といった意味合いに加え、上述のように清代になってより顕著になった民族差別や偏見に対する抵抗運動としての性格があるとされる[24]［神戸　一九七八：二四三］。この時期に起こった回民蜂起で大規模なものは、一八五六年から一八七三年まで続いた雲南と貴州を中心とする西南における回民蜂起[25]、一八六二年から一八七三年まで続いた陝西と甘粛を中心とした西北における回民蜂起である[26]。ここでは雲南回族に直接的に関係する西南における回民蜂起に焦点を当てて概観したい。

西南における回民蜂起は、一八五六年から一八七三年までの約一八年間にわたって雲南省全域で展開された。この回民蜂起の起点となったのは、一九世紀に入ってから増加した回民と漢人の対立であった[27]。その背景には、清代には人口が大きく増加し[28]、鉱山開発や交易活動の機会を求めて、当時「辺疆」であった雲南に多くの貧しい流民が集まり、社会的に不安定な状況が生まれていたことがあった。そして、外来人口の集中する鉱山開発や交易の拠点となる地域で、漢人と回民との衝突が発生したとされる［神戸　一九七〇、安藤　二〇〇二］。西南における回民蜂起も、鉱山での回漢の衝突がきっかけとなった［Atwill 2006: 64-67］。一八五〇年から一八五六年にかけて、回民が開発したいくつかの鉱山が漢人に奪われ、また一〇〇名ほどの回民が殺され、村が焼かれた。一八五六年、それに対抗するため、「武挙」という武官の地位にあった回民が他の回民を引き連れ、昆明に入った。すると、地方当局が回民を殺すよう命を下し、その結果、昆明において回民の大量虐殺が起こったとされる[29]。こうした回民虐殺は、「洗回」や「滅回」とも呼ばれる。それが雲南省各地の回民に伝わり、各地でいっせいに回民が蜂起することとなった。一八五六年九月には、雲南省西部で蜂起した杜文秀率いる反乱軍が大理を占領し、政権を樹立した[30]。この政権が、一八七二年に陥落し、その後まもなく西南における回民蜂起は終息した〔中田　一九七一：六四―六八、邱樹森主編　一九九六：五八一―五八七、Atwill 2006: 84-115, 161-184〕。

この反乱の失敗の結果、回民の人口は大きく減少したといわれる[31]〔中田　一九七一：六八〕。さらに虐殺を免れた回民も清朝政府からの弾圧を受け、土地や財産を没収され、回民社会は大きく弱体化した。回民蜂起が終息して以降、雲南では回民の反乱はまったく起きなくなったとされる。このように反乱後、回民は社会的にも、経済的にも厳しい状況におかれることとなった。そこで生活の活路として見出されたのが、「馬幇（*mabang*）」と呼ばれる馬を輸送手段とするキャラバンであった。回民は、この頃から遠距離交易で目立った活動を行うようになったという。一八七五年頃から、回民は、未開拓のルートでのタイ・ビルマとの貿易を始めたといわれる。そのルートは、気候が蒸し暑く、疫病の流行や野獣に襲われる危険が高いもので、漢人も避けるルートであった〔栗原　一九九一：一三九―一四二〕。その後もこの馬幇交易は、中華人民共和国建国後は馬車運送、そして「改革・開放」後は自動車運送とかたちを変えて、回民にとっての重要な産業となっていった[32]〔馬維良　一九九九〕。

また、西南における回民蜂起にいたる一連の回民と漢人との対立の過程は、回民と漢人の関係にも大きな変化をもたらした。そのことを理解するうえで、回民蜂起のような大規模な回民反乱の起こる背景にある回漢対立が構造化していくプロセスを明らかにしようとした安藤の研究は示唆的である。

安藤によれば、この時期の初期の紛争においては、回民と漢人という対立軸は明確ではなく、漢人も漢人一般というよりは出身地ごとに分節化された集団であり、また回民の武装集団にも少数民族や漢人が含まれていたとされる。回民に関していえば、それは明代における回賊と漢人盗賊との共同と通底するものと考えられる。しかし、このように明確ではなかった回漢の境界が鉱山開発における集団編成において、制度的に明確化されることとなった。さらに、こうした制度的な区分が、経済的意味と宗教的意味をおびることで回漢の境界が実体化していった。元代から雲南に定着していた回民は当地で農業や商業の面で経済的基盤を持っていた。また、宗教的紐帯による相互扶助的な関係によって、回民移住者は出身地の別なく結束していたといわれる。一方、漢人は、当地で経済的優位性を持った回民の結束に対抗するなか、地方行政の脆弱さから作られた自警組織が漢人移住者の受け皿となり、出身地の地縁的なつながりを越えた集団を形成していったとされる。こうして回漢の境界が実体化することで、他のさまざまな対立関係が回漢対立に読み替えられていく状況がうまれたといわれる［安藤 二〇〇二］。

こうした回民と漢人とのあいだの境界の形成は、回民蜂起をもたらす土壌となったというだけではなく、中国における回民社会のあり方に大きな変化をもたらしたといえる。これ以降、回民と漢人の通婚が忌避され、「族内婚」が行われるようになったためだ。特に明代から清代にかけて顕著なように、回民と漢人との通婚が増加し、それが回民社会を拡大させていたにも関わらず、「解放前、一般の回族は同じ民族の人と結婚し、漢族とは結婚しなかった」［黄庭輝　一九九六：九］といわれる状況が生まれたのである。このことから、前章で概観した回族研究においても、あるいは第二章でも述べるように昆明市においても、回族の「族内婚」への選好は、所与の前提とされているが、それは清朝末期に形成された比較的新しい「伝統」だといえる[33]。

この回民と漢人とのあいだの境界は、さらに民国期を経て、中華人民共和国が建国される過程において、「民族」として制度化されていった。つまり、宗教的マイノリティであった「回民」が、民族としての「回族」となったのだ。次節では、このプロセスを追っていこう。

三　宗教的マイノリティから「民族」へ

1　中国イスラーム新文化運動

一九一一年に起きた辛亥革命により、翌年に清朝が倒れ、中華民国が成立した。国民政府には、清朝の版図を継承するにあたって、満州人（「満」）の住む東北地域、モンゴル人（「蒙」）の住む現在の内モンゴル自治区とモンゴル国、ウイグル人（「回」）の住む新疆地域、チベット人（「蔵」）の住むチベット地域をいかに中華民国に組み込み、統一された国民国家を作るのかという問題があった。これらのエスニック集団が多く暮らす辺疆に対する政策として出されたのが、これらに漢を加えた五族が一体であるとする孫文の「五族共和論」であった。しかし、この五族共和論は、「大漢族主義」的な意味合いが強く、五族それぞれのエスニック集団が平等に共和国を支えるというよりも、漢族以外の四つの民族を漢族に同化させ、単一の民族をつくることにより、国民国家を実現しようとするものであった。こうした国民政府の民族政策にみられる大漢族主義は、日中戦争の勃発に伴い、抗日ナショナリズムが称揚されるようになると、より露骨なかたちで表れるようになった。孫文の死後、国民政府で主導権を握った蒋介石は、中国に暮らす各民族はすべて中華民族であり、各民族はその中華民族というひとつの民族の宗族、支系だとする漢族中心の「中華民族」概念を打ち出した［毛里　一九九八：一六―二四、松本ますみ　一九九九：八二―八五］。

こうした国民政府の民族政策のなかで、回民はひとつの民族としては扱われなかった。国民政府は、回民をあくまで「イスラームを信仰する漢人」とみなした。そのため、今日の台湾でも、回民は宗教的マイノリティであり、「少数民族」には入らない。国民政府が信教の自由を認めていたこともあり、回民のなかには国民政府のこうした見解に呼応するものも少なくなった[34]〔松本　二〇〇〇：一〇八―一一八、安藤　二〇〇九：一三三、《回族簡史》編写組　二〇〇九：一六二、木村　二〇〇九：七六〕。

そのなかでも特に重要な役割を担ったのは、日本への留学経験のある回民知識人[35]とメッカ巡礼を果たしたアホンであった。清末から民国初期にかけての海外渡航の自由化により、留学やメッカ巡礼が可能になった。彼らは、清朝末期から民国期にかけて起こった「中国イスラーム新文化運動[36]」と総称される思想的、文化的、社会的、宗教的な運動の主要な担い手となり、彼らの一部は国民政府の民族政策を支持していった。

中国イスラーム新文化運動の核心は、中国が国民国家形成へと向かう過程において、回民が自分たちの「集団的アイデンティティをどう定位するか」〔安藤　二〇〇九：一四三〕という問題であったとされ、漢と回の共存、ナショナリズム、イスラーム復興、近代的教育をその特徴とした〔松本　二〇〇〇、安藤　二〇〇九〕。回民知識人[37]とアホンとで共有されていた問題として注目したいのは、上述のように明代から問題とされていたアラビア語教育と漢語教育の乖離である。そのため、この時期、宗教的な教育課程を加味した普通小学校、中等学校が全国の回民社会で設立され、イスラーム教育と普通教育の両立、さらに高度な宗教知識とアラビア語能力を有する普通小学校教師、および近代的知識と漢語能力を兼ね備えたアホンの育成が目指された〔馬松亭　一九三六、趙振武　一九三六：一五―一九、cf. 安藤　二〇〇九：一三〇―一三二〕。また、この時期には、クルアーンの漢訳も試みられた〔松本　二〇〇〇：一一二〕。

また、西アジアやエジプトでのイスラーム復興運動においてみられた「ワタン[38]（*waṭan*, 祖国）への愛」が信仰の一部であるとする言説が、メッカ巡礼を果たしたアホンたちにより中国にもたらされ、愛国心の発揚とイスラーム信仰が結びつけられていった。回民にとってのワタンは中国であり、そのマジョリティは漢人であったため、漢人との共存が信仰を内在するナショナリズムに組み込まれていくこととなった［松本　二〇〇〇：一〇五―一一四］。

しかし、その一方で、一九三〇年代から一九四〇年代にかけて、「回族は民族か」という問題が回民知識人のあいだで[39]［木村　二〇〇九：七五―七六］、さらには中国共産党内でも議論された［Gladney 1996: 88-89］。そうしたなか、一九三〇年代半ばに中国共産党が回民を「民族」として認めていくこととなる。中国共産党の回民政策は、回民を単独の「民族」と認め、新国家の建設を担うべき一員として統合を図るものであり、上述のナショナリズムをその特徴とする中国イスラーム新文化運動の論理を取り込んだものであった［安藤　二〇〇九：一四四］。では、中国共産党がいかに回民を「回族」とみなすにいたったか、以下では、その経緯をみていきたい。

2　創られた「民族」としての「回族」

中国共産党は、スターリンの民族定義の四原則、（一）言語、（二）地域、（三）経済、（四）文化（心理状態）に則って民族識別工作を行った[40]［《当代中国的民族工作》編輯部編　一九九三：二七七、毛里　一九九八：六六―六八］。民族識別工作を通じて民族と認定された集団の全てがこの原則を満たしているわけではないが、なかでも回族はイスラーム信仰のみで民族と認定されたという点で、その特異性が際立っているといえる。そのように例外的に、回族が民族として認定されるに至る過程には、日中戦争期の政治状況が大きく影響している。一九三〇年代半ば、長征を経て陝甘寧辺区において日本軍、国民党、回民軍閥と覇権を争っていた中国共産党は、「民族自決権」を唱えることで、回民の支持を得ようとした。その過程で回族は「民族」として認定されることとなった［毛里　一九九八：三三―三七、松本ますみ　一九九九：二一五］。

中国共産党の対回族政策は、一九四一年に民族問題研究会によって編集された『回回民族問題』という小冊子にまとめられた。そこでは回族がスターリンの民族定義を満たさないことを認めた上で、それでも民族であるという主張がなされる。ここではスターリンの民族定義は、資本主義の産物としての「現代的民族」を指すものだとされる。これに対し、中国は半植民地・半封建国家であり、漢族をはじめとした諸民族は、そうした「現代的民族」へ向かっている段階にあると位置づけた。それにより、「回族」はスターリンの定義する「現代的民族」ではないが、民族であり、「現代的民族」への過程にあると主張された［民族問題研究会編 一九八〇：九六―一〇〇］。このような回族の民族認定の経緯は、「上からの国民形成」として中国共産党の民族識別工作の政治性を示すものだといえる［Heberer 1989: 30-34; 毛里 一九九八：七一―七三］。

一九三八年には、少数民族の分離権を含む民族自決権は否定され、「民族区域自治」政策が採られることとなる。しかし、当時の中国共産党の民族政策は、回民に「民族」としての文化的自治の権利を認め、そこには民族平等、信教の自由の保証、イスラーム教育の推進などが含まれた。上述のように、中国イスラーム新文化運動の推進者たちは、もともと独立国家の設立を目指したわけではなかった。さらに、こうした中国共産党の政策は彼らの利害とも一致していたため、彼らは中国共産党を支持するようになったとされる［松本 二〇〇〇：一一八―一一二］。

このように清末から民国期を経て、中華人民共和国建国に至るまでの過程で、清代には民族政策で差別され、社会的劣位に置かれ、さらに清末の弾圧によって大きく弱体化した宗教的マイノリティとしての回民は、中国共産党の民族政策において、漢族とも平等な「民族」とされ、一定の自治権をも認められることとなるのである。ここに至って、清末に醸成された回民と漢人の境界は、「対等な」民族の境界として制度化されることとなる。しかし、中華人民共和国建国以降、中国共産党の民族政策は、ときの政治的状況に大きく左右されていき、回族は結果として再び弾圧を経験することとなる。

3　再びの弾圧

一九四九年の中華人民共和国建国後、一九五〇年代半ばまでは、民族区域自治が実施され、少数民族の自治の権利として、言語・文字の使用、民族幹部の養成、財政管理、経済発展、公安部隊の組織などが規定された。また、土地改革を主とした民主改革や社会主義改造は、少数民族地区では、他地域に比べ、緩やかに始められた。たとえば、寧夏回族自治区では、土地改革の際に、清真寺の土地や財産は保存され、その対象とならなかった。また、地方政府における回族幹部の採用が増加したとされる。このように、中華人民共和国建国当初は、少数民族の言語、宗教、風俗習慣を比較的尊重した民族政策が行われた。［毛里　一九九八：九一―一〇二、高橋　二〇〇〇：六九―七〇］。

しかし、一九五七年からの反右派闘争を契機にそれは一変し、急進的な民族政策がとられることとなる。農業の人民公社化といった経済統合に加え、民族問題が階級問題に読み替えられていき、その急進的な政策を支えることとなった。こうしたなか、イスラームやチベット仏教の宗教指導者の特権を廃止する新たな宗教政策がとられることとなる。大躍進政策が決定された一九五八年五月の党大会（第八回第二回会議）で、国家民族事務委員会副主任・楊静仁によりイスラームに対する政教分離政策が提示された。それは以下の五つの項目から成る。（一）民族と宗教の分離、（二）宗教信仰と宗教制度の分離、（三）宗教と行政の分離、（四）宗教と教育の分離、（五）党内外の分離（党員の宗教信仰の禁止）［《当代中国的民族工作》編輯部編　一九九三：一一七］。

（二）では、宗教信仰は思想問題であり、「信教の自由」を長期的に堅持するとする一方で、イスラームの宗教制度はその大部分が封建的教会制であり、変えていく必要があると補足される。また、（三）については、宗教が法律、行政、司法に干渉するのを禁ずると説明が加えられる［《当代中国的民族工作》編輯部編　一九九三：一一七］。

また、これを受けて、アホンなど宗教業務従事者の特権が廃止されていくこととなる。同年同月に中共中央統一戦線部主催の回族イスラーム問題座談会が開かれ、さらに「回族の中で宗教制度を改革することについての意見」において「一一条の改革意見」が出された。そこでは、モスクの管理制度やモスクの土地や家畜などの財産所有、強制的な宗教負担、女性差別や婚姻への干渉、児童への教義や経典の強制、信徒に対する宗教的処罰などの廃止が指示された［馬通 一九九二：一六四］。

次いで同年一二月には、以上の宗教制度や宗教的特権の廃止を盛り込んだ、国家民族事務委員会党グループの「当面のイスラーム・ラマ教工作問題に関する報告」が、党中央に批准され、各地に通達された［《当代中国的民族工作》編輯部編 一九九三：四〇八—四〇九］。なお、これら一九五〇年代後半に実施された宗教政策は、「改革・開放」以降も基本的に継続されている［毛里 一九九八：一〇八］。

これらの急激な宗教制度改革の結果、たとえば、寧夏回族自治区にあった一八七七か所のモスクは、合併・再編運動により、一九六一年までに一〇九か所に激減したとされる［澤井 二〇〇二：二九］。また、この時期、農村では、回族農民に豚の飼育を強制する政策も実施され、一部の回族農民はそれを受け入れざるを得なかったという［高橋 二〇〇〇：七〇］。

さらに、一九六六年に文化大革命が始まると、回族を取り巻く状況は一層悪化することとなる。この時期には、少数民族、漢族を問わずすべての宗教活動が禁止された。また、モスクや拱北[41]（*gongbei*, ゴンベイ）は破壊または工場や倉庫に転用され、さらにムスリム共同墓地も破壊され、土葬を実施する場所がなくなったとされる。そのため、この時期、大部分の回族は周囲からみえにくい果樹園などの中に入ってイスラームの儀礼を行い、また一部の回族は秘密裏に自宅でアラビア語やクルアーンの学習を続けたといわれる。また、モスクが破壊され、人民公社が建設されたため、漢族が徐々に移り住むようになり、この時期に漢族と回族の雑居化も進展した［高橋二〇〇〇：七一、澤井 二〇〇二：三〇、二〇一三：一三八）。さらに、文革末期には、雲南省の沙甸という回族集住地域で、人民解放軍によって多くの回族が虐殺された「沙甸事件」も発生した。沙甸事件については、第三章第二節で改めて取り上げる。

以上のように、中華人民共和国建国以降、文革期までのあいだ、民族や宗教に対する弾圧が全国規模で行われた。そのなかで、日中戦争期に制度上は一定の自治を認められ、漢族との対等な「民族」となった回族は、まさにその弾圧の対象となったのである。その意味で、清末に実体化された回民を劣位に置く漢人と回民の境界は、中国共産党の民族政策によって民族の境界として制度化され、この期間の一連の弾圧によって、一層強化されてきたといえる。しかし、文化大革命の終息により、こうした暴力的な民族・宗教政策は修正され、回族を取り巻く状況は一変する。次節では、昆明市に焦点を当て、文革期以降から現在までの回族社会の変化をみていきたい。そこでは、特に清末以降、実体化し、中華人民共和国建国以降、制度化されてきた回と漢という宗教的でもあり、民族的でもある境界よりも、回族のなかでの宗教的境界が問題とされるようになってきた。

四　回族社会の現在

1　イスラーム復興の進展

一九七六年に文化大革命が収束し、一九七八年に「改革・開放」政策が導入されると、宗教政策が緩和された。まず、一九七八年一二月の中国共産党第一一期中央委員会第三回全体会議において信仰の自由が回復された。これを受けて、宗教事務を担当する行政機関が整備されることとなった。昆明市では、一九七九年五月に昆明市民委宗教処が活動を再開し、さらに一九八〇年一月には昆明市イスラーム教教務委員会が活動を再開し、昆明

写真 1-1　2009 年の雲南省メッカ巡礼団（2009 年 11 月 12 日筆者撮影）

市イスラーム教協会に再編された（宗教管理制度については第三章第一節で詳述する）。また、一九八〇年代前半、昆明市では文革期に右派とされたアホンの名誉回復や文革期に接収されたモスクの不動産の返還がなされ、モスクの活動が再開された［昆明市宗教事務局・昆明市伊斯蘭教協会編　二〇〇五：一三五―一三七］。

このように一九八〇年代以降、基本的な宗教活動が法的に認められるようになると、モスクが再建され、宗教教育や宗教儀礼が活発化した［DeAngelis 1997: 162］。この時期の急激な宗教復興は、前章で取り上げたジレットの研究におけるアルコール不買運動［Gillette 2000］などの活動の台頭だけではなく、公的な統計からもみてとれる。たとえば、昆明市のメッカ巡礼者数は、一九八九年にはがわずか二名だったが［昆明市人民政府主編　一九九〇：一〇八］、二〇〇七年には一一八名に増加した［昆明市人民政府主編　二〇〇八：一六七―一六八］（写真1―1）。

このような宗教活動の活発化に伴い、回族社会ではより厳格な宗教言説が影響力を持つようになり、厳格にイスラームを実践することが求められるようになってきた。たとえば、あるアホン（六〇代男性）は、一般信徒に対する説教において、「礼拝は私たちひとりひとりのムスリムに対するアッラーの命令であり、いかなる条件においても行わなくてはならないものである」と語った。こうした語りは、厳格にイスラームを実践する一般信徒のあいだでも頻繁に聞かれるものであり、日常的に礼拝を行わない者やヒジャーブを着用しない者が「偽のムスリムだ」などと批判されることもしばしばある。

一九八〇年代以降になると、イスラーム関連の書籍が相次いで出版され［西澤　一九九九］、さらに二〇〇〇年代以降には、漢語のイスラーム系ウェブサイトが相次いで開設された〔西澤　二〇一二：一三〇―一三二〕。こうしたメディアを通じて、一般信徒も宗教的知識にアクセスすることが容易になっている。

さらに次項で述べるように、昆明市のような都市部では、漢族との接触の機会も多く、宗教信仰を共有しない漢族との対比において、ムスリムとしての自覚を強める者もいる。たとえば、大学進学を機に昆明市に移住したある回族学生（二〇代男性）は、出身村ではイスラームをそれほど厳格には実践していなかったが、大学の宿舎で喫煙や飲酒をする漢族学生との生活に嫌悪感を覚え、回族の集まりに参加するようになった。その結果、彼は「自らイスラームについて学ぶようになり、回族の同級生とイスラームについて議論するうちに『認識安拉（*renshi anla*, アッラーを知る）』した」と語った。現地では、それまで厳格にイスラームを実践していなかった、あるいは意識的には実践していなかった回族が、意識的に厳格にイスラームを実践するようになる契機が「認識安拉（アッラーを知る）」と呼ばれる。これは中国の文脈における「イスラームの客体化」〔Eickelman and Piscatori 1996: 37〕あるいは「イスラーム覚醒」〔小杉　一九九四：一四五〕といえる。このように「認識安拉」に至った回族は、生活全般において内面的な信仰と外面的な実践が一致していることが、ムスリムであることの条件とみなす傾向が強い。

こうした宗教的な変化には、サラフィー主義(42)的な宗教言説による影響があると考えられる。本書の主な調査地である昆明市にはないものの、雲南省には中東への留学経験のあるアホンによって運営されるサラフィー主義のモスクが数か所ある(43)。昆明市においても、サラフィー主義とみなされるやり方で礼拝を行っているムスリムはしばしばみられる(44)。

以上のように、「改革・開放」以降の宗教政策の緩和による宗教復興は、回族社会における厳格なイスラーム言説の影響力を強め、その結果、回族の敬虔化を引き起こしている。しかし、その一方で、「改革・開放」以降の急激な社会変化は、回族社会における宗教的な影響力の低下を同時に引き起こしている。

2　漢化する回族社会

回族は、先述のように伝統的にモスクを中心とした教坊と呼ばれるコミュニティを形成してきた。中華人民共和国建国前の報告によれば、教坊はモスクを政治的、宗教的中心として、漢人社会からある程度の自律性を保っていた。そこでは、たとえば、アホンがイスラーム法に基づく刑罰制度を実施していたという［岩村　一九四九：一六―一八、一二一―一二四］。こうした伝統的な回族コミュニティの社会構造は、一九五〇年代までは昆明市でもある程度みられた［宋恩常　一九八五］。

しかし、「改革・開放」以降の急速な経済発展に伴う都市開発が、伝統的なコミュニティにおける回族の集住度の低下、および回族と漢族との雑居の顕著化をもたらし、伝統的な回族コミュニティの社会構造は基本的に解体したといわれる［周・馬　二〇〇四、白友涛　二〇〇五：一一七―一四〇、良警宇　二〇〇六：二六〇―二九八］。

また、昆明市においても中華人民共和国の成立から文革期までのあいだの一連の政治運動によって、回族の宗教信仰は大きく弱まり、「改革・開放」以降、都市部では教坊のモスクを中心とした社会構造も解体した［馬寿栄　二〇〇三：三六］。特に一九九〇年代以降、昆明市では、都市部の再開発により、市街地に集中していたモスクの建て替えやモスク周辺の商業地区化が急激に進んだ［昆明市宗教事務局・昆明市伊斯蘭教協会編　二〇〇五：一五〇―一五二］（写真1―2）。その過程で、昆明市に限らず、都市部では、回族と漢族の雑居率が増加し、回族と漢族とのあいだに学校や職場での関係や交友関係が築かれる一方で、逆に回族内の関係は希薄化していったとされる［馬寿栄　二〇〇三：三五］。たとえば、昆明市のAモスクでは、礼拝に来る回族が少なく、アホンがひとりで礼拝を行う場合もある。そうした状況に対して、そのモスクのアホンは、「モスクの近くに回族が住んでいないから仕方ない」と語った。

伝統的な回族コミュニティの解体に伴い、漢族とのつながりが深まったことによる漢族との通婚の増加や漢文化の影響は、回族の宗教意識の弱体化などの「漢化[45]（*hanhua*）」を引き起こしているとされる［Gladney 1996: 208-227; 虎有澤　一九九七、馬・金　一九九七：三〇、西澤　二〇〇一：二六九］。昆明市においても、同様の傾向がみられ、多くの回族が漢化しているといった語りが頻繁になされる。こうした状況を指して、日々の礼拝を欠かさないある回族男性（五〇代）は「昆明の回族で礼拝ができるものは三割もいないだろう」と語った。また、第三章で取り上げるイスラーム教育活動に参加していた昆明市のあるハラール・レストランで働く回族男性（二〇代）は、二〇〇九年のラマダーンの時期に「自分の職場には、四〇人ほどの回族が働いているが、断食をしているのは二人しかいない。とても嘆かわしいことだ」と語った。さらに、昆明市においても中華人民共和国建国以降、回族と漢族との通婚が増加している。回族と他民族との通婚が中華人民共和国建国以前ほとんどみられなかったとされる昆明市のある地区では、二〇〇〇年代初めの時点で、四五歳から六〇歳の回族住民の約二〇％に他民族（うち九五％が漢族）との通婚がみられた［馬寿栄　二〇〇三：三五］。

写真 1-2　道路拡張工事のため、門だけが残るモスク（2008 年 4 月 19 日筆者撮影）

このように回族が社会構造的にも、文化的にも漢族中心の主流社会に取り込まれていくなか、回族の価値観にも変化がみられる。ある回族男子学生（二〇代）は、「これまで一度も礼拝をしたことがないし、断食もしたことがない。親にもそうすることを求められたことがない」と語った。また、昆明市、さらに雲南省の回族のあいだでは、普通教育が宗教教育よりも重視される傾向があり、普通教育を通じて中国社会で社会上昇を果たすことが望まれるようになってきた（この点に関しては第二章で改めて論じる）。

以上のように、昆明市の回族社会では、より厳格な宗教言説が影響力を増す一方で、改革・開放以降の急激な社会変容により、回族の実際の生活では、漢族を中心とする社会との関与が強まり、結果として漢化が進展している。つまり、当該地域では、敬虔になる回族と漢化する回族という二極化の傾向がみられるのだ[46]。

3　回族とムスリムの分化

昆明市では、人びと自身がムスリムと回族という二つのカテゴリーを区別するかたちで、上述の回族の二極化が起こっている。私が昆明市での調査を始めた当初、現地の回族の人びとからまず初めに尋ねられたのは、「お前は回族か、漢族か」、「日本には回族はいるのか」ということだった。私が「日本にはムスリムはいるが、回族はいない」というと、彼らに「回族とはムスリムのことだろ」と返されることがしばしばあった。しかし、そうした場面に居合わせた別の回族が、「回族は中国の少数民族で、ムスリムは国家や民族とは関係ない」と、私に質問をした回族を批判することがあった。

回族とムスリムに対する認識のこうしたズレは、前項で概観した回族社会における宗教的状況の変化に関連している。聖典に基づいたハラールとハラームの境界を厳格化するサラフィー主義的な宗教言説が影響力を増すなか、特に「認識安拉（アッラーを知る）」した回族のあいだでは、意識的に厳格にイスラームを実践することが、ムスリムであることの条件とみなされるようになってきた。つまり、敬虔化した回族のあいだでは、「ムスリムであること」は、後天的に宗教実践を通して獲得される属性とみなされている。一方で、「認識安拉」していない、すなわち、意識的にイスラームを実践していない回族にとって、回族とムスリムは不可分なカテゴリーであり、彼らにとって「ムスリムであること」は、先天的に決定する所与の事実、つまり民族籍で確認される「回族であること」と同義である。

昆明市におけるイスラームをめぐる状況の変化は、回族のあいだにこうした認識のズレを生じさせている。本章の冒頭のエピソードで漢族ムスリムが、外来ムスリムとの系譜的なつながりに言及した回族を批判し、「ムスリムはみな兄弟」というべきだというのも、こうした民族的属性と宗教的属性の区別に関連することであったといえる。

さらに、敬虔化した回族が、そうではない回族を「偽のムスリム」だと批判することからも明らかなように、この認識のズレは価値判断を含むものである。先述の昆明市での大学進学を機に「認識安拉（アッラーを知る）」したという回族学生（二〇代男性）は、「ムスリムと回族は別のものであり、回族は中国の少数民族のひとつに過ぎない。彼ら（敬虔ではない回族）は、回族だけど、ムスリムではない」と語った。この回族学生の語りにみられるように、彼らは漢化した回族を否定的に評価する傾向にある。トラックの運転手で、頻繁にモスクへ礼拝をしに訪れる回族男性（四〇代）は、「信仰のある回族は悪いことをしないけど、信仰を持っていない回族は悪いことをする。そうすると、回族全体が悪いと思われ、ひいてはイスラームが悪いと思われてしまう」と語った。彼は「認識安拉」したとは明言してはいなかったが、若いころは礼拝などのイスラーム実践をしていなかったと語っており、敬虔になったムスリムと考えられる。この語りに示されるように、敬虔な回族から、「漢化した回族」は、中国社会におけるムスリムやイスラームに悪影響を及ぼすものとみなされる傾向にあるのだ。

他方、当該地域の回族のあいだで、回族など「生まれながら」のムスリムではない他民族のイスラームへの改宗者は宗教的に高く評価される。ムスリムとの婚姻で半ば強制的にイスラームに改宗したのではなく、自主的に改宗した他民族のムスリムは、「認識安拉（アッラーを知る）」に至ったからこそ改宗したとみなされ、一般の回族よりも敬虔であるとされる。たとえば、第二章第三節の事例では、そうした漢族ムスリムが回族によるイスラーム運動の主要なメンバーのひとりとなっている。また、冒頭のエピソードの漢族ムスリム男性も昆明市の回族のあいだで敬虔なムスリムとみなされていた。

こうした敬虔な回族による回族とムスリムのカテゴリー上の区別が示すように、「改革・開放」以降の社会的、宗教的状況の変化に伴い、少なくとも言説レベルにおいて回族のあいだには、より厳格にイスラームを実践するようになる敬虔化、あるいはイスラーム復興と、漢族社会に取り込まれイスラームを実践しなくなる漢化の二極化が起こっているようにみえる。しかし、こうした言説から離れて、彼らの実践に目を向けると、これらの現象が必ずしも対立的な図式によって理解されるべきものではなく、むしろ両者が密接に関係していること、さらにはこうした敬虔さに基づくカテゴリーの区別に還元されない回族のムスリムとしてのアンビバレントなあり方が明らかになる。次章では、まずイスラーム運動の事例から、この一見矛盾してみえる二つの現象がいかに密接に関係しているのかを明らかにしていきたい。

注

（1）ジュムアは金曜日を意味するアラビア語で、漢語では「主麻（*zhuma*）」、「主麻天（*zhuma tian*）」などと呼ばれる。イスラームの教義において、ムスリム男性は、金曜日にモスクで集団礼拝をすることが義務づけられている。この金曜日の集団礼拝は、現地では「聚礼（*juli*）」と呼ばれる。

（2）「先知」はアラビア語のナビー（*nabi*）に相当し、預言者を意味する。雲南省では、単に「先知」とだけいった場合は、その多くが預言者ムハンマド（穆罕默徳 *muhammode*）を指す。この場合も同様である。

（3）中国ムスリムは、以下で概観する歴史において、王朝により異なる名称をあてられている。そのため、本章では特に断りのない場合、現代中国において回族と呼ばれているムスリムの祖先と考えられている人びとを便宜的にムスリムと総称することとする。

（4）ハディースは、預言者ムハンマドの言行録である。漢語では「聖訓（*shengxun*）」と呼ばれる。

（5）但し、これらの外国人商人には、ムスリム以外に、景教徒、ゾロアスター教徒、マニ教徒などもいたとされる［田坂 一九六四：三六五―三六八、中田 一九七一：二〇、邱樹森主編 一九九六：一七―一八］。

(6) この官職名は、中国側では「蕃長」あるいは「都蕃長」、ムスリム側では *Qāḍī* と呼ばれていたとされる［田坂　一九六四：三六四］。

(7) 宋代には、多くのムスリム商人が中国に居留しており、その期間も長期的であったとされる。人数についての記録はないが、広州ではその墓の数が数千に及んだとされることから、相当数のムスリム商人が居留していたと推測される。また、居留期間についても五代に渡って居留した者もいるとされ、中国人女性との通婚が進んだと考えられる。さらに、上述のようにムスリム商人の豪富は中国人が驚くほどでもあったため、それに惹かれてムスリム商人の家に仕えようとする中国人も多かったとされる。また、奴隷として使役する中国人もいたという。以上のことから、中国人のあいだにもイスラームへの改宗者がいたことが推測される［田坂　一九六四：四四三―四五一］。

(8) たとえば、現在のウズベキスタンやトルクメニスタンの地域にあったホラズム・シャー朝の首都サマルカンドが陥落した際には三万人の工匠が捕虜となり、三万人の青壮年が軍に吸収された。さらに古都ウルゲンチが滅ぼされた際には一〇万人の工匠が捕虜として、中国へと移住させられたとされる［余振貴　一九九六：八〇］。

(9) この時代は、四段階の身分制度が実施されていた。モンゴル人をトップに、その次にムスリムなどの色目人、その下に漢人（金朝の地域、雲南、四川、高麗に居住する人びと）、最下層に「南人（モンゴル帝国が最後に征服した南宋の領域に居住していた人びと）」が置かれた。この階級の違いによって、役人への登用、法的地位、科挙での優遇などに差が設けられたとされる。この身分制度は、モンゴル人貴族が特権的地位を持ち、色目人を使って漢人を、漢人を使って南人を抑制し、さらに南人を使って漢人の勢力を弱めることを意図した政策であったとされる［頼存理　一九八八：九九―一〇〇、余振貴　一九九六：八二―八三］。

(10) 中国へのイスラームの伝来時期と同じく、現在の雲南地方にイスラームが伝わった時期にも諸説あるが、少なくともムスリムが多く居住するようになったのは、元代以降である［楊兆鈞主編　一九八九：一、Atwill 2006: 34］。

(11) 雲南は、中国と東南アジア・南アジアを結ぶ交易の重要な中継地であった。しかし、雲南は山岳地域であったため、これらの地域を結ぶルートでは、「馬幇（*mabang*）」と呼ばれる馬を輸送手段としたキャラバンが活躍していた。次節でも述べるように、そこで回族は重要な役割を果たしていたとされる［栗原　一九九一、王・張　一九九三、石島　二〇〇四：二一―二三］。

(12) 行省は、元代の行政単位であり、平章政事はその最高責任者の官名である。

(13) また、明代にアフリカまで航海したとされる鄭和は雲南出身のムスリムであり、サイイド・アジャッルの六世代後の子孫であるといわれる［姚継徳　二〇〇五］。但し、私の現地調査においては、現地の回族のあいだで、本章冒頭のエピソードにあるように雲南回族全体を指して、預言者ムハンマドの子孫であるといった語りはみられたが、具体的な姓を挙げた語りはみられなかった。

(14) サイイド・アジャッルの統治下で、昆明には一二のモスクが建造されたという［楊兆鈞主編　一九八九：一八］

(15) そうした漢文でイスラームの教えに関する著述を行い、儒教に関する知識を持った者は「回儒（*huiru*）」と呼ばれ、明末から清代に活躍した。著名な者として、明末清初に王岱輿、清初に劉智、清末に馬復初、馬聯元などがいる［田坂　一九六四：一三五三、堀池　二〇〇五、二〇一二］。

(16) アホンは、専門的なイスラーム教育を受け、モスクで宗教業務に就くことのできる資格を取得した者を指す［岩村　一九四九：九一］。現在の中国では制度化され、政府公認のイスラーム学校やモスクで教育を受け、政府発行の免状を取得した者を指す。アホンの語源は、イスラーム諸学の学者や教師を意味するペルシア語 *ākhund* であるとされる［大塚ほか編　二〇〇二：六三］。

(17) 但し、この時代の経堂教育と呼ばれるアラビア語によるイスラーム教育にも、中国化の現象がみられる。たとえば、アラビア語を漢語風に発音するようになった。アラビア語で平和などを意味意味する *salām* という単語は、漢字で「色倆目（*seliangmu*）」と表記され、その漢字表記に基づいて発音されるようになった［Lipman 1997:50-51］。こうした漢語風のアラビア語の発音は、後述するように、サラフィー主義的な宗教言説の影響もあり、現在、昆明市の回族社会においては否定的に評価されるようになりつつある。

(18) 調査地である雲南省の回族のあいだでは、現在、モスクを中心とした回族コミュニティは、「教坊」の他に、「寺坊（*sifang*）」、「坊（*fang*）」、「哲瑪提（*zhemati*）」あるいは「哲麻爾提（*zhemaerti*）」とも呼ばれる。「哲瑪提」あるいは「哲麻爾提」は、アラビア語で「集団」などを意味するジャマーアト（*jama'at*）の音訳である［中国伊斯蘭百科全書編輯委員会編　二〇〇七：七四一］。

(19) そのムスリム兵士たちは、その後、雲南に定住したといわれる。この明代初期の雲南へのムスリム兵士の移住は、元代に次ぐ大規模なものであったとされ、雲南が中国全土において回族が多い地域となった原因とみなされている［楊兆鈞主編　一九八九：五二―五六］。

(20) 明朝を滅ぼし、順王朝を打ち立てた李自成の一党には、「老回回」とも呼ばれ、ムスリムとされる馬守応という人物の率いる流賊集団も加わっていたという［田坂　一九六四：一二〇八―一二一二、邱樹森主編　一九九六：四五五―四六二］。また、漢人が回賊に加わる、あるいは強制的に組み込まれるような場合には、漢人のイスラームへの改宗も行われていたと考えられる［中田　一九七一：三〇］。

(21) 以下、現代中国で回族と呼ばれている人びとを、当時通用していた「回民」と呼称する。
(22) 但し、清朝政府のムスリムに対する政策は、清代を通じて一貫していたわけでは必ずしもない。清代初期には、皇帝を頂点とする清朝政府上層部は、ムスリムに対して寛容な政策を採用していた。しかし、地方官や一般の漢人は、ムスリムを蔑視しており、一般の漢人の支持を受けた地方官漢人とムスリムとの対立が激化するに伴い、ムスリムに対する抑圧的な政策が採られるようになった［片岡　一九七六］。
(23) 「回民起義」とも呼ばれる［神戸　一九七八、邱樹森主編　一九九六、《回族簡史》編写組　二〇〇九］。「起義」は「武装蜂起」や「一揆」を意味する漢語で、大義のある反乱というニュアンスを持つ。
(24) 今永は、西南の回民蜂起を、清朝の国内統治政策において差別的地位に置かれていた回民による「部落解放運動」と捉えている［今永　一九六六］。また、アトウィルは、西南の回民蜂起の原因が回民の反抗的な行動にあるというよりも、回民と漢人を中心に多発した暴力事件やその対立を合法的なものとしてしまう当時の民族政策など複数の要因によって回民の虐殺が容認可能な行動として認識されるようになったことにあるとする［Atwill 2006:114-115］。
(25) 雲南のムスリムは、ビルマでは「パンセー（*panthay*）」と呼ばれていた。さらにビルマを植民地として統治したイギリスで、この呼称が採用され、一般に用いられるようになった。そのため、西南の回民蜂起は、「パンセーの乱」とも呼ばれる［中田　一九七一：一六―一七、Atwill 2006］。パンセーは、漢語では「帕西（*paxi*）」と呼ばれる。
(26) 西北の回民蜂起については、中田［一九五九］、邱樹森主編［一九九六：五九一―六三一］、黒岩［二〇〇二］を参照されたい。
(27) 西南における回民蜂起に至るまでの道光年間（一八二一―一八五〇年）末期の歴史的状況については今永［一九六六］、アトウィル［Atwill 2006: 48-83］を参照されたい。
(28) 一八世紀初めのおよそ二〇〇万人から、一八五〇年には一〇〇〇万人近くにまで増加したと推定されている［安藤二〇〇二：四八］。
(29) 正確な人数は定かではないが、多いものだと二万人余［楊兆鈞主編　一九八九：一一二］から、八〇〇〇人［Atwill 2006: 91］、数千人［邱樹森主編　一九九六：五八二］、少ないものだと七〇人という説がある［中田　一九七一：六四］。
(30) この政権は、回民である杜文秀を指導者としたが、杜文秀は漢人を多く登用し、また回民と漢人の連携を重視していた。その意味で、回漢連合政権であったといえる。さらに、杜文秀らの反乱に少数民族が呼応するようになると、回民、漢人と少数民族を平等に扱う政策がとられ、少数民族も政権に取り込んでいった［神戸　一九七八］。
(31) 統計がないため、定かではないが、雲南省の回族のあいだでは、現在の回族人口は、この清朝末期の反乱前の回民人口よりも少ないといわれることがある。つまり、現在でも回族のあいだでは当時それほど多くの回民が殺されたとの認識があるということだ。また、昆明市のモスクでは、清代に起きた虐殺事件を記念して、毎年「亡人節（*wangrenjie*）」が執り行われ、モスクでクルアーン朗誦が行われる。

（32）清朝末期にこうした危険なルートでタイ・ビルマとの馬帮交易を行ってきたとされる雲南省玉渓市峨山彝族自治県のある回族村では、「改革・開放」以降、運輸業が村の発展を支えてきた。運輸業が村の全収入に占める割合は、一九八五年二〇％、一九八九年に五六・三七％、一九九一年に五九・三六％、一九九六年に五二％と成長し、その半分以上を占めている［馬維良　一九九九：二六〇―二六一］。

（33）昆明市以外でも、族内婚への選好はみられる。たとえば、河北省の回族自治村では、族内婚が回族アイデンティティの主要な参照枠となっているとされる［Gladney 1996: 229-259］。

（34）たとえば、一九三八年に国民党の軍事エリートであった回民の白崇禧を理事長として発足した中国回教救国協会が挙げられる［馬平主編　二〇〇六：二五五］。また、その他に宗教的エリートでは、一九〇六年にメッカ巡礼を果たした王寛アホン、一九二一年にエジプトのアズハル大学に留学した王静齋アホンなどが挙げられる［松本　二〇〇〇：一〇八―一一四］。

（35）清末の一九〇五年には、一万人以上の清国学生が日本に留学していたとされる［松本　二〇〇〇：一〇六］。

（36）ほかに、「イスラーム近代主義、イスラーム復興運動、回教改革運動、回教昌新運動」［松本　二〇〇〇：一〇〇］、「ムスリム新文化運動（穆斯林新文化運動）」［馬平主編　二〇〇六：二五五］などとも呼ばれる。また、この中国イスラーム新文化運動は、一九二〇年代初頭から急速に拡大し、一九三〇年代前半にピークを迎えたとされる［安藤　二〇〇九：一四五］。

（37）たとえば、日本への回民留学生は一九〇七年に東京で「留東清真教育会」を組織した。また、雑誌『醒回篇』を発刊し、国家振興のために近代的国民教育を振興し、それに合わせてイスラームを改革することを回民に訴えた。会員は、一四の省の出身者三六名であり、そのなかには本書で扱う雲南の回民四名も含まれていた［松本ますみ　一九九九：二九三］。

（38）ワタンは、アラビア語で故郷、郷土、祖国などを意味する［大塚ほか編　二〇〇二：一〇八〇］。

（39）薛文波や金吉堂は、イスラームに基づいた婚姻関係や生活規範による漢族との違いから回民が民族であることを主張した［薛文波　一九三二、金吉堂　一九三六、一九四〇］。また、王日蔚は、回族という呼称は「回鶻」や「回紇」と呼ばれた民族集団に由来するものであり、回教という名称は彼らがイスラームに改宗したことによって生まれた名称であるとする。そのため、イスラーム信仰とは無関係に回族がひとつの民族集団であると主張した［王日蔚　一九三六］。一方、傅統先は、回民は中東などからの外来ムスリムや、イスラームに改宗した漢人などとのあいだで混血が進んでおり、ひとつの民族とはいえないとした［傅統先　一九七五：二三一―二一五］。

（40）但し、このスターリンの民族定義の原則は、中国に住むエスニック・グループの実情に合わせて、プラグマティックに解釈されていった［毛里　一九九八：六一―七〇］。

(41)　回族のスーフィー教団の指導者や聖者の墓を指す。雲南省にはジャフリーヤというスーフィー教団の拱北が四か所ある［奈良　二〇〇九：四〇］。

(42)　サラフィー主義は、イスラーム初期世代における原則や精神への回帰をめざす思想潮流を指す（第一章注二二参照）。中国では、音訳で「賽莱菲耶派（*sailaifeiye pai*）」と呼ばれる。サラフィー主義は、一九三六年にメッカ巡礼を果たした馬得宝アホンらによってはじめて中国に伝えられたとされ、一九四〇年代以降、中国西北部でその支持者を増やし、「改革・開放」以降は、雲南省も含め、全国的に影響力を拡大しているとされる［中国伊斯蘭百科全書編輯委員会編　二〇〇七：四八〇、楊桂萍　二〇一三］。

(43)　正確な数は不明だが、私の知る限り、雲南省には三か所のサラフィー主義のモスクがある。現地の回族のあいだで、サラフィー主義は、中国の宗教政策では認められておらず、インフォーマルな教派だとみなされている。

(44)　昆明市のモスクの教派は、前章で述べたように、スンニ派ハナフィー学派に属するカディームとスーフィー教団ジャフリーヤであり、礼拝の一ラクア（礼拝の最小単位）で一度しか手を挙げないが、サラフィー主義では三度、手を挙げる。そのため、サラフィー主義は、既存の中国イスラームの教派の人びとから「三抬（*santai*）」とも呼ばれる［cf. 中国伊斯蘭百科全書編輯委員会編　二〇〇七：四八〇、楊桂萍　二〇一三］。

(45)　昆明市の回族のあいだで「漢化」は、宗教意識の低下やイスラームを実践しなくなることなど「世俗化」の意味で使われることが多い。その際、具体的な「漢文化」の受容や漢族としてのアイデンティティを持つことは必ずしも想定されない［cf. 小嶋　二〇一〇：二二八］。回族研究においても、同様の傾向にある。これらに即して、本書でも便宜的に「世俗化」の意味で「漢化」を使用する。但し、ウイグル族の「漢化」を巡る議論において小嶋が指摘したように「漢化」には近代化イデオロギーが内包されていることに注意する必要がある［小嶋　二〇一〇］。

(46)　これは昆明市に限ったことではなく、他の都市部の回族社会でもみられる。江蘇省南京市で調査を行った西澤は、敬虔化する回族と漢化する回族の「二極分化」が起きる可能性を指摘している［西澤　二〇一二：一一八］。

(47)　ハラールは、イスラーム法において合法なものや行為を意味し、現地では「清真（*qingzhen*）」あるいは「合法（*hefa*）」と呼ばれる。ハラームは、反対にイスラーム法において非合法なものや行為を意味し、現地では「非清真（*feiqingzhen*）」、「非法（*feifa*）」と呼ばれる。但し、近年ではアラビア語の音訳が使用されることもある。その場合、前者は「哈俩里（*haliali*）」、後者は「哈拉目（*halamu*）」と表記される。

第二章　イスラーム復興と漢化のあいだ

前章で概観したように現代中国の回族社会では、ムスリムがより厳格にイスラームを実践するようになり、敬虔になっていくイスラーム復興と、漢族社会に取り込まれイスラームを実践しなくなる漢化の二極化が起こっている。しかし、これらの現象は必ずしも対立的な図式によって理解されるべきものではない。むしろ、両者は密接に関係しているのだ。

本章は、具体的な回族による活動の事例から、このような一見すると矛盾してみえるイスラーム復興と漢化という現象がいかに関係しているのかを明らかにすることを目的とする。第一節では、本章で取り上げる民族誌的事例を理解するための前提として、中国雲南省昆明市の回族社会における宗教的権威の変容について概観し、伝統的な宗教的権威が衰退する一方で、世俗的なエリートが宗教的権威を発揮しうる状況が生まれてきたことを示す。

第二節では、こうした背景のもと、回族大学生が中心的な担い手となって行われるダアワ運動の事例を取り上げる。この事例では、宣教を目的に始められたダアワ運動が、利害の異なる様々なアクターを巻き込み、教養としてイスラームとは直接関係しない要素を組み込みながら発展する過程を描く。

続く第三節では、喜捨を集めて慈善活動を行うムスリムたちによる公益活動の事例を取り上げ、ダアワ運動とは対照的なプロセスを描く。この事例では、昆明市の回族を中心としたインターネット・コミュニティを媒介として実施されていたレクリエーション活動が、敬虔なムスリムを巻き込んでいくなかで、宣教活動でもあるような教義としてのイスラームの意味も持った公益活動へと展開していく。

一　宗教的権威の変容

1　「文化」のないアホン

第一章で述べたように、回族社会では、歴史的に、アホンと呼ばれる宗教指導者が宗教的権威として大きな影響力を持っていた。それは、少なくとも戦前まで、アホンが教坊と呼ばれる伝統的な回族コミュニティにおいて、イスラーム法に基づく裁判や科刑を実施してきたことにも示される〔岩村　一九四九：一四―一五〕。現代中国においては、アホンはそのような司法権を持ってはいない。しかし、調査地である雲南省においても、アホンは一般信徒のあいだで敬われる存在であり、宗教的権威を保っている。たとえば、私が調査を始めた当初、回族ムスリムの人びとが第一に私に勧めたことはアホンを訪ね、イスラームについて学ぶことだった。また、一般信徒のあいだでは、ハラールかハラームかの判断がつかないなどの宗教的問題に直面した場合、アホンに相談することが一般的である。

しかし、その一方で、昆明市では一般信徒のあいだでアホンに対する批判を耳にすることも少なくない。それは、一九八〇年代以降の回族社会の変化に関連している。前章で概観したように「改革・開放」政策の導入により、宗教活動が活発化してきたが、この時期、活発化したのは宗教活動だけではない。一時的に全ての学校が閉鎖されるなど、文化大革命により大きな損害を被った学校教育〔笹島 一九七二〕も活発化し、雲南省の少数民族のあいだにも浸透してきた[1]。それに伴い、回族社会においても高等教育を受け、公務員や大手企業の職員となり社会上昇を果たすことが望まれるようになった。結果、学校教育が宗教教育よりも重視される傾向がみられる[2]。たとえば、次節で取り上げるダアワ運動に参加し、そこで主導的な役割を果たしていた大学生マ・レイ〔二〇代回族男性〕は、彼の幼少期における家庭での宗教教育について次のように語った。

僕は小さい頃、両親にモスクに行くのを禁じられていたよ。両親は学校での勉強の妨げになるから〔モスクに〕行ってはいけないといっていた。だから、僕は大学に入って他のムスリム学生と交流し、自分でイスラームを学ぶようになるまでイスラームについてほとんど何も知らなかったよ。

回族社会における学校教育を通じての社会上昇への期待は、第一章で述べた「改革・開放」以降の社会変化に関連しているといえる。モスクを中心とした伝統的な回族コミュニティの解体により、回族はより一層漢族社会にコミットしなければならない状況に置かれている。こうした状況を反映して、昆明市の回族の一般信徒のあいだでは、「回族は見込みがなければ〔学校教育でうまく行かなければ〕イスラームを学びに行き、漢族は見込みがなければ軍に入る」といわれる[3]。つまり、一般信徒は、モスクなどで実施されているアホンを養成するための専門的なイスラーム教育を、普通教育での進学に失敗した者が受けに行くものとみなす傾向にあるのだ。このことは専門的なイスラーム教育を修めたアホンたちの宗教的権威も相対的に衰退していることを示している。

たとえば、第三章第三節で取り上げるインフォーマルなイスラーム教育活動を主導していたマ・タオ〔三〇代回族男性〕は、雲南省のアホンが学校教育を重視しないことを批判し、「アホンが〔学校〕教育を重視しないのはいけない。イスラームは、礼拝や断食（サウム）[4]だけをすれば良いというものじゃないんだから。（イスラームは）あらゆる方面にわたっている。（中略）だから、クルアーン[5]やハディースを表面的に理解するだけではいけないんだ」と語った。

専門的なイスラーム教育と学校教育とが乖離した状況を表しているのは、一般信徒のあいだでよく語られる「文化がない（没有文化 *meiyou wenhua*）」というアホンに対する評価である[6]。一般信徒の多くは、アホンをアラビア語は出来ても、「文化がない」ためにイスラームを深く理解できていないと批判する。ここでいう「文化」は、広義には学歴や教養などを含意するが、より直接的には漢語能力の意味で使用される。一般信徒のあいだでは、漢語能力およびそれに代表される読解力がなければ、アラビア語原典であろうと漢訳であろうとイスラームの聖典を解釈することも、それを一般信徒に説くこともできないとみなされる傾向にある。実際に、昆明市のモスクにおいても、イスラームを専門的に学ぶハリーファ[7]（寄宿学生）には、中学や高校を中退している者が多い[8]。よって、このように学校教育を十分に受けていないハリーファに対処するため、モスクによっては、退職した回族の元学校教員を雇って漢語の授業を開設している。昆明市のモスクで、ハリーファに漢語を教える元教師の回族男性（六〇代）はモスクで漢語の授業が行われる理由について、「ハリーファはアラビア語の読み書きができるようになっても、『文化がない』ので、イスラームを深く理解することが出来ないんだ。だから、彼らはもう一度きちんと漢語を学ばなければならないんだよ」と語った。

また、昆明市のあるモスクの二〇代の若いイマーム[9]であるハ・ウェイも、同様の認識を持っていた。彼は、「教長[10]の七〇%ほどが中卒以下の漢語レベルで、大専（専門学校）卒レベルは一〇%ほどに過ぎないんだよ。だから、彼らは『宗教的教養（宗教修養 *zongjiao xiuyang*）』はあっても、それを表現することができないんだよ。（中略）チベット仏教やキリスト教は、そうではないから、発展が早い」と語った。彼は昆明市のイスラーム教経学院[11]（昆明伊斯蘭教経学院）を卒業しており、アラビア語の学士号を持っているため、アホンの中では学歴の高い人物であった。

このように昆明市の回族のあいだでは、アホンの多くが学校教育の落伍者であり、「文化」を持っていないと考えられている。さらに、「文化がない」ために、アホンはイスラームを理解できないうえに、イスラームの教えを一般信徒に説くこともできないとして一般信徒から不満を持たれる。しかし、ここでいう「文化」は漢語能力を指しており、アホンがそれを十分に兼ね備えていないからといって、彼らがイスラームを理解できないと批判されるのは一見すると奇妙なことに思える。なぜならば、アホンは、アラビア語とそれに基づくイスラームの専門教育を修めているからである。第一章で概観したように、明代には、中国に定着するようになった「外国人ムスリム」が「中国のムスリム」へと変わっていく過程において、アラビア語に基づいてイスラームを学んだ者と漢語に基づいてイスラームを学んだ者との相互理解を促進するうえで、アラビア語と漢語の教育の両立が問題とされた。さらに民国期の「中国イスラーム新文化運動」においても、それは克服されるべき問題であった。しかし、現代中国では、このアラビア語と漢語の両立という問題が、明代や民国期のそれとは異なるかたちで現れている。それは、アラビア語能力のあるアホンがイスラームを理解できないと一般信徒にみなされることに示される、当該地域におけるイスラームのあり方の変化に関係している。

2　イスラームのあり方の変化

前項で概観した一般信徒が抱くアホンへの不満は、回族社会におけるイスラームに対する一般信徒の考え方の変化と関連している。少なくとも昆明市の一般信徒のあいだでは、アホンはクルアーンをアラビア語で読誦でき、日々の礼拝やイスラームの祝祭を主宰できるだけでは不十分だとみなされる。アホンは、クルアーンをより深く理解し、その意味を一般信徒が納得のいくように説明できなければならないのだ。つまり、イスラームの知識は、アホンだけが知っていれば良い知識、あるいはアラビア語能力のあるアホンに独占されたアラビア語に基づく、一般信徒には理解不可能な知識ではなく、一般信徒たちも自ら理解しなくてはいけないものとなっているのである。言い換えれば、一般信徒は、アホンが一般信徒の理解できないアラビア語でクルアーンの章句を朗誦することだけでは満足せず、そのクルアーンの章句が彼らにとってどのような意味を持つのかを知ることを望む傾向にあるということである。これは、第一章第四節で述べたように、「認識安拉（アッラーを知る）」を通して敬虔になる回族たちのムスリムとしてのあり方に通ずるものである。

回族社会におけるイスラームのあり方の変化は、アホンの語りからもうかがえる。上述の昆明市のイマームであるハ・ウェイは、彼のアホンとしての仕事について話していた際に次のように語った。

「老年班（*laonianban*, モスクにおける高齢者向けのイスラーム学習クラス）」では基本的なアラビア語の文字とクルアーンの唱え方を教えれば良いだけだから簡単だよ。でもね、若者（にイスラームを教えるの）は難しいんだよね。若者の抱える問題は、複雑過ぎるんだよ。

こうした語りがなされる背景には、彼が二〇代と若く、日常的に同郷の回族大学生などと交流があったことがある。次章で詳しく取り上げるムスリム大学生のイスラーム学習活動において問題とされるのは、クルアーンの唱え方やアラビア文字の書き方よりも、漢族を中心とする非ムスリムとの生活レベルでの付き合いのなかで彼らが感じるイスラームに対する疑問（たとえば、男女平等という理念とイスラームとの関係、学校教育で学ぶ科学的知識とイスラームとの「矛盾」など）をいかに解消するのかということなのである。アホンが直面するこうした「若者の抱える問題の複雑さ」は、上述の回族社会におけるイスラームのあり方の変化を表している。その変化のなかで、アホンには、アラビア語に基づくイスラーム的知識を一般信徒に教授するだけではなく、一般信徒が抱える「複雑な問題」に即して、彼らのイスラームに対する理解を手助けすることが求められている。

さらに、ここで重要なことは、前項のアホンに対する一般信徒の不満に示されるように、より良くイスラームを理解し、それを説くためには、近代的な学校教育を通して習得される「文化」が不可欠だと考えられている点である。学校教育の落伍者がアホンになるという状況下、多くのアホンは、近代的な学校教育を通して習得される教養や漢語能力という意味での「文化」を十分に習得できてはいないと、一般信徒からみなされる。そのため、一般信徒の目からみれば、このように「文化」のないアホンは、彼らが抱える「複雑な問題」に十分に答えることができないのだ。結果として専門的なイスラーム教育を受けたアホンの多くは、一般信徒が宗教的権威に求める資質を持ちえないという状況が生まれるのである。これは一九八〇年代以降の学校教育の普及や前章で述べた回族のあいだにみられる漢族中心の主流社会での上昇志向だけではなく、中国共産党の宗教管理制度とも関連しているが、後者については次章で詳しく述べたい。

こうした宗教的権威の衰退、さらにイスラームに対する考え方の変化により、「文化」のある大学生が、回族社会において宗教的な影響力を発揮しうる状況が生まれている。一九八〇年代以降、学校教育が普及してきたとはいえ、回族の大学進学率は、まだそれほど高くはない[12]。そのため、大学生は、「文化」のある「読書人（*dudshuren*, 知識人）」であり、より深くイスラームを理解しうる存在とみなされる。次節で述べる回族大学生の宣教活動を支援する小学校教員スオ・サイ（二〇代後半男性）は、ハリーファや若年のアホンたちの多くが、学校教育の落伍者で、行き場がなくなった結果としてイスラームを学ぶ状況を憂いていた。彼は、回族大学生をアホンと比較し、次のように語った。

彼ら（アホンやハリーファ）はアラビア語ができても、漢語の能力がないんだよ。だから、彼らは、イスラームを理解する能力も、それにイスラームを人々に語る能力にも欠けている（中略）そうしたハリーファやアホンに比べたら、大学生の方がよっぽどクルアーンの精神を理解しているよ。

スオ・サイは、この語りにみられるように大学生の宗教的な影響力を認め、彼らの宣教活動を支援していた。このように回族大学生は、近代的な知識人としてだけではなく、宗教的権威としても影響力を持ちうる。このような宗教的権威の変容が示唆するのは、前章で述べた回族社会の二極化が、必ずしも対立的な現象ではなく、密接に関係している点である。つまり、少なくとも一般信徒のあいだでは、イスラームをより良く理解して「認識安拉（アッラーを知る）」、すなわち「イスラーム覚醒」するためには、アラビア語によるイスラーム教育よりも普通教育を通して近代的知識、あるいは「文化」を身につける必要があるとみなされる傾向にあるのだ[13]。こうしたイスラームのあり方の変化に伴い、回族大学生が宣教活動における重要なアクターとして立ち現れてくる[14]。

二　ムスリム大学生によるダアワ運動

1　ダアワ運動の概要

中国の学校では、一般に九月から新学期が始まり、大学では七、八月と一、二月に長期休業期間が設けられている。この長期休業期間が近づき、金曜礼拝などでムスリムの集まる機会があると、ムスリム大学生のあいだで、「支教いくの？」「どこで支教やるの？」といったことが話題にのぼる。調査を始めてばかりの頃、「支教」という聞きなれない単語を耳にした私がそれは何かと尋ねると、支教を話題にしていた大学生たちからは「農村に行って、モスクで子どもたちに数学や英語を教えたり、イスラームを教えたりすること」だという説明が返ってきた。しかし、支教に参加すると述べている学生のなかには、礼拝やヒジャーブの着用などを行わない者も少なからずいた。本節では、イスラームを実践しない、必ずしも敬虔ではない回族大学生がイスラームを教える活動に参加するという一見すると矛盾しているようにみえる現象を扱う。

回族を中心としたムスリム大学生により行われるダアワ運動は、多くの場合、上述のエピソードに出てきた「支教（*zhijiao*）」あるいは、支教活動と呼ばれる[15]。一般に、中国における支教活動は、二〇〇三年より政府主導で始められた大卒者の就職問題の解決のための政策を指す[16]。しかし、本書で扱う支教活動は、政府による政策とは関係がなく、回族を中心としたムスリムが独自に行っているものである[17]。

具体的には、回族学生が回族の集住する貧困地域に赴き、現地の児童を対象にイスラームを宣教するとともに普通教育の支援を行うという活動である。この活動は、在学中の回族を中心としたムスリム大学生により夏季と冬季の長期休業期間を利用して行われ、対象は基本的に回族に限られている。学生は、二週間ほどの期間、回族の集住する村落のモスクに宿泊し、そこに現地の児童を集め、彼らにイスラームに関する基本的知識やアラビア語の基礎などを教え、イスラームを宣教する。また、それと同時に、参加大学生たちは、学校から出された児童たちの宿題の添削や英語教育などを行い、学校教育の支援も行う[18]。

支教活動は、回族の大学生が、主体的に回族のイスラーム信仰および教育の問題に対処する活動であるとされる。たとえば、二〇一〇年の冬に行われた活動報告会（二〇一〇年三月二〇日）の冒頭で、司会の男子学生リーダー（二〇代）は次のように語った。

支教工作は、大学生が志願し、何の利益にもよらず自発的に行う活動です。雲南ムスリムの信仰は乱れ、

写真 2-1　支教活動の報告会での参加学生による報告（2010 年 3 月 20 日筆者撮影）

写真 2-2　支教活動の報告会の参加者たち（2010 年 3 月 20 日筆者撮影）

信仰のことが分からなくなっています。支教に行き、事を成すことは、サラーム[19]をいい、子供たちにイスラームの道徳観念を教え、都市と農村の教育の格差を改善することです。

この活動報告会は、昆明市のあるホテルの会議室で「雲南省の大学生による長期休業期間の社会実践活動の報告会（雲南省大学生仮期社会実践活動総結会）」と銘打って、八〇名ほどの参加者を集め、実施された（写真2―1）。この報告会には、以下で述べるこの活動を支援するアホンや一般信徒が参加していた（写真2―2）。この活動報告会は、支教活動が一般信徒の支援を受けるようになって以降、実施されるようになったものであり、支援者に対する活動報告という意味合いが強い。司会者の発言からは、この支教活動が前節で概観した昆明市におけるイスラームのあり方の変化を反映した活動であるようにみえる。さらに、この活動報告会で報告する参加大学生たちは、それぞれのグループが貧しい農村地域でいかに宣教を行い、また学校教育の支援を実施したのかをパワーポイントを使って報告する。報告する学生たちは、司会者の語る主体的に活動に参加する意識の高い大学生のようにみえる。そして、その学生たちの報告に、同じく意識の高い支援者たちが耳を傾ける。この場では、支教活動の担い手である大学生とそれを支援するアホンや一般信徒たちが、イスラームの発展と都市―農村間の教育格差の改善を目指すという目標を共有し、その目標に主体的に取り組んでいくという物語が醸成される。

しかし、ここで注意しなくてはならないのは、活動報告会で表象される宗教意識の高い学生イメージとは裏腹に、支教活動を担う回族大学生の多くが、必ずしも敬虔なムスリムではないということである。前章で用いた表現を用いれば、参加学生の多くは「認識安拉（アッラーを知る）」した敬虔なムスリムではなく、むしろ日常的にイスラームを実践しない「漢化」したムスリムなのだ。

以下では、敬虔ではないムスリム大学生が、イスラームを宣教するという一見矛盾してみえる現象をいかに理解することができるかという問題に焦点を当て、活動報告会にみられる支教活動の物語に隠された、矛盾をはらむ活動の展開過程を描いていきたい。

2 「礼拝堂」に集まる回族大学生

支教活動を担う大学生は、「礼拝堂（*libaitang*）」と呼ばれる宗教施設での活動に参加する者によって構成されている。礼拝堂は、回族を中心としたムスリム大学生が、回族の企業家などから経済的な援助を受け、管理・運営する施設であり[20]、遅くとも一九九〇年代末から市内に設置され始めたインフォーマルな宗教活動の場である[21]。これは各大学の周辺で貸借したアパートの一室であり、ムスリム大学生たちは礼拝やイスラーム学習などの場として共同で利用する。この礼拝堂での活動により、各大学にはムスリム大学生の緩やかな組織が形成されており、それが支教活動の母体となっている。

礼拝堂は土足厳禁で、床に絨毯が敷かれ、そこに座ることができるようになっている。これは礼拝を行うのに便利なためでもある。しかし、中東のイスラーム諸国などでも一般に家に入る際には靴を脱ぐとされており、少なくとも礼拝堂の代表者は、「ムスリムは家に入る時に靴を脱ぐ」だとか、「椅子ではなく床に座る」ということをイスラーム的な文化とみなしている。中国では、家の中に土足で入り、椅子とテーブルで生活をすることが一般的であり、私が訪れたことのある回族の家庭においても、土足が一般的であった。一般に、ムスリムにとって靴を脱いで建物に入るという行為は、モスクの「朝真殿（*chaozhendian*）」あるいは「大殿（*dadian*）」と呼ばれる礼拝を行う場所に限られている。その意味で、礼拝堂は、その利用者にとって、日常とは異なる「イスラーム」的な空間であるといえる。また、礼拝堂には、礼拝前の浄めである「小浄[22]（*xiaojing*）」を行うための「水壺（*shuihu*）」と呼ばれるポットのような形状の水を溜める容器が準備されている[23]、またクルアーンやハディースといった聖典やイスラーム関連の書籍も置かれており、礼拝堂の利用者は閲覧することができる。

写真2-3　礼拝堂での勉強会の様子（2010年12月31日筆者撮影）

各礼拝堂には、上述したマ・レイや活動報告会で司会を務めた男子学生のような代表者がいる[24]。礼拝堂では、彼ら主導で、十数名から三〇名ほどの規模のイスラーム学習会を週一回ほどのペースで開催する（写真2―3）。さらに彼らは、イスラームの祝祭などに合わせて定期的にハイキングなどのレクリエーション活動も行う（写真2―4）。但し、回族大学生がイスラームに興味のある他民族の非ムスリム大学生やムスリム留学生を礼拝堂に連れてくることや、礼拝堂の利用者の同郷の回族が昆明市に職探しに来る際に宿泊することなどもあり、その利用は回族大学生に必ずしも限られない。

このように礼拝堂には、回族やムスリムに限らず、人の出入りがある。しかし、礼拝堂は、インフォーマルな宗教活動の場であるため、礼拝堂の代表者たちは政府からの取り締まりを警戒する。たとえば、礼拝堂でのイスラーム勉強会の際には、代表者など礼拝堂での活動を主導する大学生たちは、あまり騒がないように注意したり、活動後に参加者が帰る際に二名ずつ礼拝堂から出て行くように指示することで、目立たないように注意を払っていた。

二〇〇八年一一月時点で、昆明市の市街地には七か所の礼拝堂があったが、二〇一〇年三月には五か所となり、その数は減少している。その主な原因は、二〇〇〇年代に昆明市人民政府により始められた大学キャンパスの郊外移転計画である。その計画に基づき、昆明市郊外の呈貢県に学園都市（大学城 *daxuecheng*）が建設され[25]、二〇〇八年以降、市街地にあった大学キャンパスの移転が始まり、礼拝堂を利用する学生が減った。そのため、二か所の礼拝堂が閉鎖された。しかし、こうした大学の移転という要因以外でも、礼拝堂の数は、比較的頻繁に増減する。たとえば、ある大学の礼拝堂は、私の二年あまりの調査期間中に、借りていたアパートの改築、賃貸料の値上げ、利用者の減少を理由に、あいだを置きながら、閉鎖されたり、再開されたりと三度の移転を繰り返した。この礼拝堂に限らず、他の礼拝堂も同様の理由で、比較的簡単になくなったり、場所を変えたりする。その意味で、礼拝堂という宗教活動の場は、流動性が高い。礼拝堂の活動に参加する者たちは、「礼拝堂はあった方が良いけど」とは口にするものの、是が非にでも礼拝堂を残そうとするわけではなく、移転までの期間に一年ちかくの時間がかかることもあった。

写真 2-4　犠牲祭の際のレクリエーション活動（2008 年 12 月 13 日筆者撮影）

代表者をはじめとする礼拝堂の利用者たちは、その時々の状況に対処しているに過ぎないが、結果として、インフォーマルな宗教活動の場が政府からの取り締まりを受ける危険性を抑えているようにみえた。これは次章で取り上げるインフォーマルなイスラーム教育活動の事例で、その活動が次々にその活動場所や活動の名目を変えていく回族の実践のロジックに通じるものである。

礼拝堂の活動において、注目すべき点は、日常的には礼拝を行わないという意味で、必ずしも敬虔ではない大学生も多く参加するということである。というのも、レクリエーション活動はもちろん、礼拝堂でのイスラーム学習への参加には、モスクでの礼拝などのイスラーム実践とは異なり、イスラーム的知識の有無が問われないためだ。たとえば、回族大学生の日常生活においてモスクに行く主な機会は、金曜礼拝であるが、礼拝を行うことのできない者が、金曜礼拝の際にモスクに行くことはない。しかし、礼拝堂での活動の中心は、礼拝ではなく、イスラーム学習であるため、そうした者も礼拝堂の活動には参加することができる。そして、実際に礼拝堂でのイスラーム学習活動に参加しながら、礼拝をしない者も少なくない。

さらに、もうひとつの大きな特徴として、礼拝堂では男女隔離が厳格には行われておらず、そこでの活動が基本的に男女混合で行われるということが挙げられる。そのため、礼拝堂は、ムスリム大学生にとって、異性との出会いを提供する場ともなっている[26]。実際に礼拝堂での活動後には、恋愛や結婚が話題にのぼることがしばしばあった。

前章で述べたように、「認識安拉（アッラーを知る）」した回族は、厳格にイスラームを実践しない回族を「ムスリムではない」として批判する傾向にある。同様に、礼拝堂の代表者を務める敬虔なムスリムのなかには、イスラームを実践しない者の参加や、男女隔離が厳格に行われないことを必ずしも快く思わない者もいる。しかし、そうした学生リーダーたちも、大学生活において、イスラームを厳格に実践することの困難さを知っている[27]。そのため、彼らはイスラームを実践しない回族大学生に不満を持ちながらも、「中国で『ムスリムをする（做穆斯林

zuo musilin）』ことはとても難しい。だから、僕たちは団結しなくてはいけないし、お互いに励まし合わなければならない」（男子学生リーダー）と語り、敬虔ではないムスリム大学生を礼拝堂の活動から排除するようなことはなされない。

また、漢族をはじめとした非ムスリムに囲まれた大学生活のなかにあって、回族の集まる礼拝堂は、回族大学生にとっては心地よい空間となっている。そのため、礼拝や断食（サウム）をしない学生のなかには日常的に礼拝堂に集まり、食事を共にする者もいる。礼拝堂の代表者ではないある男子学生は、他民族で非ムスリムのルームメイトたちが、大学の宿舎でタバコを吸い、酒を飲み騒ぐことを嫌悪していた。そのため、彼は「（礼拝堂でのイスラーム勉強会に）毎週参加している。あそこに行って皆とお喋りするのは、とても心地が良い」と語った。このように礼拝堂は宗教活動の場というだけでなく、回族を中心としたムスリム大学生の交流の場としても機能しており、その敬虔さの度合いや性別を問わず回族大学生が集まる場となっている。この礼拝堂を結節点とした多様な回族大学生のつながりは、イスラームを実践しない回族大学生がイスラームを宣教するという状況を生む一因となっている。

しかし、礼拝堂を媒介として、こうした回族大学生の集まりが形成されたことのみが、必ずしも敬虔ではない回族大学生による宣教活動が行われる状況を生み出した要因ではない。そこには異なる利害を持った支援者が活動に関与するようになったことが大きく関係している。その過程で、宗教的意味合いの強かったダアワ運動が、学校教育の支援を含んだ支教活動へと変化してきたのだ。

3　支教活動の展開

支教活動は、当初は宗教的性格の強い活動であった。[28] 二〇〇二年に雲南省迪慶チベット族自治州香格里拉県の二つの回族村が、イスラームに「回帰（*huigui*）」したことを契機に活動が始まったとされる。この年に、経済的に豊かで雲南省のイスラームの中心のひとつである沙甸からの援助でそれらの村にモスクが新設され、沙甸からアホンが派遣された[29]。これらの村の住人は回族ではあったが、多くが「チベット化（藏化 *zanghua*）」し、イスラーム信仰を失っていた。しかし、それらの村の住人の一部が、イスラームを学びに沙甸に行き、そこでモスクの必要性を訴え、沙甸から上述の支援を得た[30]。こうした状況下、当時の昆明市内の大学生の一部が、それらの村のイスラーム教育を支援するために、宣教活動を行うようになったといわれる。その後数年間は、数名程度で小規模にそれらの回族村や礼拝堂の代表者の出身地周辺のモスクでのみ活動が行われてきた。しかし二〇〇七年から、回族の一般信徒から経済的、人的支援を受け、活動の規模が拡大し、他地域でも活動が行われるようになった。

二〇一一年一月に行われた支教活動は、雲南省各地の三六か所のモスクで実施された[31]。活動参加者も二〇〇七年以前の参加者は、礼拝堂の代表者を中心とした有志の学生数名だったが、二〇〇九年には三〇数名、二〇一〇年には九〇数名と大きく増加している。その過程で、イスラームを実践しない回族大学生も広くこの活動に参加するようになり、活動のあり方も変化してきた。

当初、支教活動は礼拝堂ごと、あるいは出身地ごとの個別的な学生グループがそれぞれ活動を行い、大きな運動としては組織化されてこなかった。そのため、活動内容も年ごとに異なっており、参加する大学生の能力に応じて、イスラームに関する知識を子供たちに伝えていた。しかし、二〇〇七年以降、支援者から支教活動のためにイスラームの知識に関する小冊子などが配布されるようになった。そのため学生の能力に依存することなく、小冊子をもとにイスラーム教育を行うことが可能になった。さらに二〇〇九年の冬からは、支援者により参加学生に対する事前研修が実施されるようになり、支援者の意図が直接学生に伝えられるようになった。

また、それまで学生が自己負担していた支教活動にかかる交通費も、支援者により賄われるようになった。こうした支援者からの経済的支援に伴い、学生リーダーたちは支教活動の運営を行うために、各大学の礼拝堂を横断した組織を作り、礼拝堂の大学生の集まりごとに個別に行われていた活動を一元的に管理運営するようになった。さらに、一般信徒の支援者が継続して活動の運営を補佐するようになり、それまでメンバーの流動性の高さゆえに行われずにいた活動の実施状況に関する情報の蓄積、およびそれに基づいた活動の展開が可能になった。但し、一方で、参加学生は、支援を受ける代わりに、支援者たちに活動報告をしなければならなくなった。上述した活動報告会もその一環である。

イスラームの宣教活動から普通教育の振興を組み込んだ支教活動への展開過程は、前節で取り上げた宗教的権威の変容に対応するものであるといえる。しかし、ここで留意しなくてはならないのは、この活動の展開過程を、近代的知識人たちの「認識安拉（アッラーを知る）」、あるいは「イスラーム覚醒」のみには還元しえないことである。だからこそ、イスラームを実践しない者がイスラームを宣教するという状況が生まれうるのである。支教活動は、「認識安拉」という敬虔化だけではなく、回族の中国社会におけるマイノリティとしての位置づけ、中国政府の宗教政策など、様々な要素のもつれ合いのなかで成立している。次節では、活動に関与するアクターの様々な参加目的を提示し、いかに支教活動が展開されているのかをみていく。

4　参加者たちの異なる意図

上述のように二〇〇九年から支教活動の事前研修(32)が支援者によって行われるようになった。この研修は、支教活動が「イスラーム覚醒」したムスリムだけではなく、様々な意図を持った、敬虔さの度合いの異なるアクターたちの共同性の上に成り立っていることを表す場となっている。言い換えれば、上述の活動報告会では隠されていた支教活動の混交的な姿が顕わになる。この研修では、支援者が参加学生に対して、支教活動の目的やなすべきことを伝える。しかし、そこで伝えられる目的は、支援者によって大きく異なっている。ここでは、はじめに二〇一〇年一月に行われた事前研修、次にその研修を経て行われた実際の支教活動を事例として取り上げる。この研修は、昆明市のAモスクの教室で三日間にわたって行われた[33]。研修は、活動を支援する四〇代男性アホン一名と一般信徒の支援者三名（四〇代男性会社員、二〇代女性大学教員、二〇代男性高校教師）が主な講師で、ムスリム大学生二一名が参加した[34]。

1　事前研修

ⓐ支援者のアホン

活動を支援するアホンたちは、イスラームの発展を目標として、活動を支援していた。この研修で講師を務めた昆明市の隣町のモスクのジャン・アホン（四〇代男性）は、「支教の目的は宣教である」とし、支教活動を「ダアワ」あるいは「工作」と呼んだ。彼は熱心な宣教の推進者であった。彼は、研修において支教活動の目的などを学生に熱っぽく訴えかけ、その合間に参加学生に「工作に行きたいか！（要不要去工作 *yaobuyao qu gongzuo*）」と問いかけ、学生を煽った。

また、彼は、この研修の参加者の中で唯一「白帽[35]（*baimao*）」を着用していた。彼は直接的に参加学生に対して白帽を被るようにいうことはなかったが、間接的に白帽を着用するよう促した。彼は、白帽は必ずしも着用しなければならないものではないが、それはムスリムの「しるし（標志 *biaozhi*）」であるとし、「白帽を日常的に着用していることで人びとから奇異の目にさらされ、時には警察に職務質問を受け、身分証の提示を求められることもあります。しかし、私はそれでもムスリムの誇りとして白帽を常に着用することにしています」と参加学生に対して述べた。

このようにイスラームに熱心であったジャン・アホンは、研修の場で学生たちに、農村部においてイスラームを宣教することを強く求めた。彼の語りをみてみたい。

我々ムスリムはアッラーの代理人であり、我々はクルアーンに忠実で、使徒が宣教に誠実であったのと同様に、アッラーのために奮闘するのは必然的なことです。（中略）（子供たちの）教養を高めることが工作の中心的な目的ではありません。但し、（目立つことを避けるため）対外的には子供たちの普通教育の手伝いに来たといいなさい。（中略）子供だけでなく、その親や家族、さらにはアホンにも働きかけるべきで、現地のすべての人を対象に工作を行わなくてはなりません。

ジャン・アホンにとって、支教活動はあくまでもイスラームの宣教が目的であり、普通教育の支援は、それを円滑に行うための方便に過ぎない。アホン資格を持たない者がイスラーム教育に従事することは、法的に禁じられており、活動の目的を「宣教」や「ダアワ」と公言することには、政府からの取り締まりを受ける危険性があるためだ[36]。また、ジャン・アホンによれば、学生に宣教活動を任せるのは、アホンたちが「沿岸部に（アラビア語通訳として）出稼ぎに行ってしまうため、アッラーが学生にその使命を与えたのだ」とのことだった。彼は、「本来ならばハリーファが宣教活動を担わなければならないが、彼らは給料の低いアホンの職を嫌い、沿岸部に金稼ぎに行ってしまう」と不満を述べていた[37]。この不満にみられるように、ジャン・アホンにとっては、イスラームを専門的に学んでいない大学生に宣教活動を任せるのは本意ではないが、担い手がいないため、彼は大学生に依存せざるを得ない状況にあるといえる。

ⓑ支援者の一般信徒

一方で、活動を経済的に支援する一般信徒の多くは、その目的として、イスラームの発展よりも民族の発展に重きを置く傾向が強い。こうした一般信徒の支援者には、大学を卒業した「知識人」が多い。支教活動を支援する、昆明市で会社を経営する四〇代回族男性マオ・ロンは、「支教の目的は、アッラーのために事を成すこと、民族の発展、そして自己鍛錬」であると語った。ここでいわれる「民族の発展」とは、普通教育の振興によって目指されるものである。マオ・ロンは次のように語った。

中国では都市と農村の格差が大きい。農村の子供たちには希望がない。彼らは外の世界を知らずに農家を継ぐだけだ。だから彼らには目標がない。彼らは大学生にも会ったことがなく、外の世界を知らない、だから大学生が行って子供たちに外の世界をみせてやり、彼らに大学進学などの目標を与えて欲しい。

研修においても、このマオ・ロンと同様の支教活動の目的が一般信徒の支援者から学生に伝えられた。研修において、一般信徒の支援者を代表して講義を行った四〇代男性会社員は、パワーポイントを使って、アホンによる講義とは対照的に落ち着いた雰囲気で講義を行った。そこで彼は、「支教の目的は、支教を通して自分自身を高めると同時に、現地の児童たちに彼らも努力次第では大学にまで進学することが可能なのだという希望を与え、彼らの人生を変えていくことにあります」と説いた。彼らは、農村部の回族社会において学校教育が軽視されていることを問題としており、彼らにとって支教活動は、主に都市‐農村間での教育格差の改善を目指す活動とみなされている。

ⓒ活動を担う学生

ここで、実際に活動に従事する学生に目を向けると、彼らが必ずしも支援者たちと目的を共有していないことが分かる。前節でも取り上げた、礼拝堂の代表者でもあった男子学生マ・レイは、支援者らと目的を共有し、参加目的を「イスラームやムスリムのために奮闘する（為主道奮斗 *wei zhudao fendou*）」と語っていた。しかし、マ・レイのような敬虔な学生以外の参加学生の多くは、異なる目的を持っていた。そのひとつが、支教活動を異性との交流の機会とみなすことだ。それは、二〇一〇年夏季の支教活動に参加したある男子学生の支教活動への不満にうかがえる。

> 支教にはもう二度と行きたくないよ。ぼろぼろの今にも崩れそうなモスクに、ひとりで一五日間も暮らしたんだよ、ほんとうに孤独すぎたよ。まあ、何とか最後まで頑張って続けたけどさ、途中、何回も帰ろうかと思ったよ。（中略）それなのに同じ地区にある街の近くのモスクでは、九人グループが活動していたんだよ。しかも、そのうち七人が女の子だったんだよ！　あいつら（そこで活動していた二名の男子学生）はほんとずるいよな。そんなに女の子がたくさんいたのに、俺なんて（昆明市から活動先のあいだの）行きと帰りの時しか一緒になれなかったんだぜ。

このように支教活動が異性との交流の機会とみなされるのは、参加学生たちが上述の礼拝堂を基盤とした緩やかな学生組織から募られているため、支教活動も礼拝堂での活動の延長と捉えられているからであると考えられる。また、前章で述べたように、都市部の回族をはじめとするムスリムにとって、異性との出会いの機会を得ることは切実な問題となっている。

参加学生にとってのもうひとつの目的は、娯楽や観光である。学生のあいだでは、「農村の子供たちと遊ぶため」（回族女子学生シャ・ジュエン）といった参加動機が語られることが多い。多くの場合、活動は参加学生の出身地以外で行われるため、活動先は学生にとって初めて訪れる場所である。[38] さらに学生の支教活動への参加は、ほとんど経済的な負担を伴わない。現地での学生の食事と宿泊場所はモスクにより無償で提供され、交通費も支援者により提供される。そのため、学生にとって、支教活動は気軽に行えるルーラル・ツーリズムでもあるともいえる。実際、私の知る限り、学生たちは多くの場合、活動先への移動中、あるいは活動終了後に、観光も行う。そこでは道中や活動先にある風光明媚な観光地を訪れ、記念撮影を行ったり、その土地の郷土料理を食べたりなどといった観光活動が行われる。これらの観光活動は、イスラームの宣教や普通教育の振興といった活動支援者たちの目的には合致しない。しかし、娯楽や観光は、参加学生にとって主要な参加動機のひとつとなっている。

ⓓコンフリクト

このように支援者と参加学生、さらに参加学生のあいだでも、支教活動に関与する目的は異なっている。そのため、目的の違いが時にこれらのアクターのあいだにコンフリクトを生じさせる。

上述の研修における支援者による講義は、多くの参加学生を面食らわせるものであった。研修の合間の休憩では、参加学生の多くが「私なんかが参加しても良いのかな」、「こんなに厳しいのか」などと支教への参加に対する不安を口にしていた。また、以前に支教活動に参加した経験のある男子学生は、「今まではこんなに厳しくなかったんだよ」と私に不満気に語った。

こうした支援者と参加学生とのあいだの支教活動への参加動機の違いが、二〇一〇年一月の研修では、活動チームの編成をめぐって表面化した。それは活動チームを男女混合にするか、男女別にするかをめぐるコンフリクトであった。

研修時に参加学生をどの地域のどのモスクに派遣するかを決めるに際して、当年の責任者であった回族男子学生リ・ハンが「以前、他の地域での支教の際に男女間で問題が起こったことがあったため、基本的に男女別のチームにします」と参加学生に述べた。ジャン・アホンも、イスラーム規範に則り、そうすべきだと男女別のチームを編成することに賛同していた。しかし、参加学生たちの多くは、この学生リーダーの発言に不満を示した。彼らは「アッラーのために事を成そうとしているのにそんな問題が起こるはずがないじゃないか」と訴え、また男子学生のなかには「女子児童の信仰の問題などを自分たち男性が教えるのは難しいよ」などと主張し、男女別の活動チームを編成することに反対した。シャ・ジュエンとその友人の回族女性は、研修の休憩の際、マ・レイと私に一緒に支教に行こうと誘っていた。彼女らは「私たちだけでは信仰のことを教えるのは不安だし、マ・レイは信仰が良い（信仰好 *xinyang hao*）、だから一緒に行きたいな。それに雅史（筆者）がいたら面白そうだから一緒に行こう、日本のことも教えて欲しいし、日本人が来たら農村の子供たちも喜ぶはずだし」、「そんな問題なんて起こるはずないよね、私たちは同じチームになろう」と学生リーダーやアホンの男女別のチーム編成案を受け入れなかった。一方で、マ・レイは男女を分けることに対しては不満を述べなかったが、シャ・ジュエンたちが日常的にイスラームを実践するムスリムではなかったため、「彼女たちだけだと少し心配だよね」と語り、男女混合のチームを編成することに同意した。

このように男女別のチームを編成することに対する参加学生からの反対意見が多く、議論が紛糾してしまい、男女別のチームを編成することはできなかった。その結果、妥協案として、当年の支教活動の学生側の責任者であったリ・ハンの承認を経るという条件付きで、活動チームのほとんどが男女混合となった。二〇一二年に再度確認したところ、それ以降も男女混合のチームで、支教活動が行われていた。

2　支教活動の実際

私はマ・レイやシャ・ジュエンらと共に、大理州Z県Y鎮で行われた支教活動に参加した。Y鎮は総人口五三六二人のうち回族人口が四九二三人（約九一・八一％）を占め[39]、回族の集住する地域であった。しかし、世俗化が進み、「イスラームに対する信仰（教門 *jiaomen*）」があまり良くない地域とされていた。活動は大理州にある大学の男子学生二名を加え[40]、六名で行われた。マ・レイがこの活動チームのリーダーを務めた。マ・レイは、昆明市から活動先に出発する時から、日常的には着用していない白帽をかぶっていた。また、シャ・ジュエンとその友人は、移動中の汽車のなかで、慣れない手つきでヒジャーブを着用した。

Y鎮にあるYモスクで、一〇日間の支教活動が行われた。私たちが活動先に入るに際して、上述の支援者スオ・サイが同行した。それは、この地域での支教活動がはじめてであったことと、彼がZ県の近くの小学校で教師をしており、Y鎮の回族やYモスクのアホンと面識があったためである。活動を始めるにあたって、はじめにスオ・サイがYモスクの人びとに支教活動の趣旨を説明した。スオ・サイは、はじめての支教活動が行われるY鎮で、アホンから反感を買うことを恐れ、「玄人」のアホンらに「素人」の大学生たちがイスラームを宣教に来たと伝えることを避けた。スオ・サイは、「大学生はY鎮のムスリムと交流し、相互学習するために来た」と説明し、副次的な目的として、支教活動の内容を伝えた。

そこで問題が生じた。その問題とは、Yモスクでは、夏季休業期間にはモスクに地域の児童を集めてイスラーム勉強会を行っているが、冬季はやっていなかったことだ。そのため、アホンたちは、大学生たちがYモスクでイスラームを学べば良いと考えた。そのため、たとえば、そのうちのひとりが「田舎なので大したもてなしも出来ないが、イスラームに対する信仰（教門）も悪くはないし、優秀なアホンもいる、何でも尋ねて学んでいって下さい」と私たちに語った。そして、翌日のファジュルの礼拝（早朝の礼拝）のあと、Yモスクのバオ教長は、礼拝に訪れていたY鎮の回族たちに「大学生が農村での生活を体験し、イスラームについて学ぶために我々のモスクに来てくれた。この機会に我々も彼らと交流し一緒にイスラームについて学ぼう」とアナウンスした。

ⓐ変化する活動の趣旨

こうした状況を受けて、スオ・サイは、「子供に対する教育は自分たちで子どもを集めて行いつつ、同時に大人たちに支教の理念を伝え、次回以降の活動の基盤を作っていこう」と私たちに呼びかけた。彼は上述のようにアホンやハリーファに「文化がない」ことを憂慮していた。そうしたスオ・サイにとっての支教活動の「理念」は、次のように説明された。

支教は、「念経（*nianjing*, イスラームを学ぶこと）[41]」と「読書（*dushu*, 学校で学ぶこと）」との乖離の克服を目指すものなんだ（中略）そのために私たちは「家長（*jiazhang*）」に「念経」と「読書」が互いに促進し合うものであることを知ってもらい、子供に対する「読書」だけでなく、「念経」も同じく重視してもらう必要がある。

このようにスオ・サイにとっての支教の「理念」は、「イスラーム教育と普通教育との乖離の克服」であり、さらに彼にとっての問題は、普通教育が重視される一方でイスラーム教育がないがしろにされているということであった。上述のY鎮での大学生の受け入れ状況と、このスオ・サイの「理念」によって、支教活動のあり方は規定されていくこととなる。参加学生たちは、Yモスクにおいて行われていた高齢者向けのイスラーム教育のク

写真 2-5　大人たちに対する支教活動（2010 年 1 月 26 日筆者撮影）

写真 2-6　モスクに集めた子どもたちへの支教活動（2010 年 1 月 26 日筆者撮影）

ラスに参加し、そこで「知識人」である大学生としての立場から、受験や大学での勉強とイスラームが矛盾しないだけではなく、互いに促進し合うものであることを、自身の経験をもとに語った。そうすることで、スオ・サイの支教の「理念」を大人たちに伝え、子どもたちへのイスラーム教育の必要性を訴えた（写真2—5）。

また同時に、参加学生たちは、自分たちで子どもたちをモスクに集め、上述の活動報告会で語られる「本来」の支教活動も行った。子どもたちに冬休みの宿題を持参させ、子どもたちの分からない部分を教える傍ら、事前研修の際に配られた小冊子をもとにイスラームの聖人の物語などを教えた（写真2—6）。

このように支教活動がはじめられた当初は、大人と子ども両方に対する活動が行われた。しかし、Yモスクのバオ教長が、彼らY鎮の人びとにとって新しい「精神（*jingshen*）」を支教活動のなかに発見し、スオ・サイの「理念」が読み替えられていった。それにより、支教活動はさらに異なった趣旨の活動へと変化していくこととなる。

参加学生たちが高齢者を対象としたイスラーム教育のクラスで語った話は、かなり好意的に受け取られた。初回のみ見学したスオ・サイは、「みんな目を丸くして話を聞いていたよ。それに大学生がちゃんと礼拝やサウム（断食）をやっていると聞いて、みんな喜んでいた」と嬉しそうに語った。バオ教長は、こうした評判を聞きつけYモスクにおける全てのクラスを回り終えた参加学生をY鎮にある他のモスクにも連れて行き、同様の話をさせることを計画した。結果、参加学生は、Yモスク以外に六か所のモスクを教長と共に行脚することとなる。しかし、それでも教長にとっては不十分だったようで、支教活動を終えて、参加学生たちがY鎮をあとにする際、バオ教長は「君たちにはもっと多くのモスクで話をして欲しかったな、でも仕方ないか、君たちにも色々と用事があるだろうし、次の夏休みの時にはもっと多くのモスクで話してもらおう」と名残惜しそうに語った。

ここで留意しなくてはならないのは、バオ教長が発見した支教活動の「精神」である。それは、支教活動にスオ・サイの「理念」とは異なる意味付けを行う。参加学生を連れて、Y鎮のある山村のモスクに行った際に、バオ教長がその村の回族たちにいかに大学生たちを紹介したのかをみてみよう。

「読書人」が我々に新しい精神を伝えにやって来たぞ。（中略）各界に次世代のムスリムを育てていかなければならない。彼らは将来、一定の地位に就く。そして、そうなれば彼らは政府からお金を引っ張ってくることもできる。（中略）我々は「念経人（*nianjing ren*, ハリーファ）」への支援には力を入れてきたが、「読書人」に対する支援には力を入れて来なかった。しかし、大庄（雲南省紅河州開遠市にある回族集住地域）において大学生に奨学金を出しているように、自分たちも「イスラームに関する知識（教門知識 *jiaomen zhishi*）」を備えたムスリム青年たちの高校や大学への進学率を高めていく必要がある。（中略）ムスリム大学生は、そうした我々の古い考え方を改めさせるためにやって来てくれたのだ。

このように、バオ教長が、支教活動にみた「精神」は、イスラーム教育だけではなく普通教育も重視すべきだという考え方だった。その意味で、スオ・サイのいう「理念」の前提、つまり普通教育だけではなくイスラーム教育も重視すべきだという考え方がここでは反転している。さらにそこには、これまでにはなかった新たな要素として、実利的な意義が付与されている。バオ教長は、Z県のイスラーム教協会会長[42]でもあった。Z県政府とのあいだに立って、Z県のモスクを管轄する組織の長にとって、大理州やZ県の政府にイスラームに熱心な回族の役人がどれだけいるか、あるいはZ県から回族のエリートがどれだけ輩出されるか、といったことは現実的な問題であったと考えられる。折しも、支教活動の期間中に、新築されたYモスクの落成式が行われた。モスクの改築にあたっては、政府からの支援の有無は無視できない大きな問題である。少なくとも昆明市では、一般にモスクの改築費用は、モスクの運営資金と一般信徒からの喜捨により賄われると語られはするものの、実際には宗局などの行政機関からも慰問金という形式で多額の寄付がなされている[43]。

ⓑ活動をめぐるコンフリクト

一方、参加学生たちは、バオ教長の関与によって、Yモスクで行っていた子どもたちに対する活動が、予定通りに進まなくなることに不満を募らせていた。シャ・ジュエンは、「子どもたちがモスクに来ることになっているのにどうするの」とバオ会長の要請に応じることに難色を示していた。それに対し、マ・レイは、「会長の頼みは断れないし、家長への宣教も大事なことだよ」と諭し、バオ教長に従い、他のモスクに行くこととなった。しかし、子どもたちに突然の授業の中止を通知することはできなかったため、女子学生のシャ・ジュエンともうひとりの女子学生が、Yモスクに残って子どもたちに対する授業を行った。

事前研修でチーム編成を決める際にみられたように、支教活動に関与する目的の異なるアクター間には、コンフリクトが潜在しており、それは活動中にも表面化する。活動先の状況や新たなアクターの関与によって、支教活動の趣旨が変化していくなか、活動を行う学生のあいだで、「食事の招待に応じること（做客 *zuoke*）」を巡って口論が起きた。活動先では大学生が珍しい上に、知識人がイスラームについても語るということで注目を浴び、現地の人々が学生を歓迎し、食事に招くことも少なくなかった[44]。また、モスクでは比較的質素な食事が提供されるのに対して、食事の招きに応じた場合、その土地の特産品などを使用した豪勢な食事が提供されることも多かった[45]。

こうした状況下、活動チームのリーダーであったマ・レイは、「出来るだけモスクにいて、もし時間があれば、アホンたちと交流し、信仰について学ぶべきだよ。だから、誘いは断るべきだ。僕たちは工作に来たんだ」と食事の招待に応じることに反対した。一方で、女子学生のシャ・ジュエンは、「招待を断るのは失礼だ」、「家長にも働きかけるべきだ」と主張した。二人の言い合いにより、参加学生のあいだの雰囲気はかなり険悪なものとなったが、シャ・ジュエンたちだけで、食事の招きに応じるということでその場は収まった。

シャ・ジュエンは普段は礼拝を行わず、ヒジャーブも着用しない。つまり、彼女は必ずしも敬虔なムスリムではなかった。そのため、マ・レイには、シャ・ジュエンが、まじめに活動を行っていないように感じられたようである。しかし上述のように、シャ・ジュエンは「農村で子どもたちと遊ぶため」に支教活動に参加していたのであり、モスクに残ってアホンと交流することなどは、彼女にとってはそもそも重要なことではなかった。加えて、上述の活動の趣旨の変化によって、Ｙモスクにシャ・ジュエンらだけが残っていたために、彼女らがＹモスクで食事の誘いを受ける状況が生まれていた。そのため、直接招待を受けた彼女らにとっては、マ・レイが考えるほど、それを断るのが容易ではなかったとも考えられる。

以上のように、敬虔さの度合いが異なり、活動の目的も共有されていない学生たちによる活動は、そのあり方を巡って活動中にもコンフリクトが表面化しうる。但し、ここで重要なのは、本章で具体的にみてきた異なる意図を持ったアクター間の共同性がいかに可能になっているのかという点である。以下では、この点を考察したい。

5　支教活動として展開されるダアワ運動

先に提示したように支教活動では、敬虔さの度合いや参加目的が異なるアクターたちが共同しうる。このことには、現代中国における宗教の位置づけと、中国社会におけるマイノリティとしての回族の位置づけが関わっている。加えて、彼らの間で相互依存的なつながりが形成されている点が重要である。これらの点を明らかにするために、支教活動をそれぞれのアクターの視点からみていきたい。

イスラームの復興を目指し、支教活動を支援するアホンたちにとって、普通教育の振興は当局からの取り締まりを回避するために必要な名目である。なぜなら、政府の宗教政策により、宣教活動が事実上禁止されている状況下、ジャン・アホンの語りにみられるように、活動をあからさまに宣教目的で行うと、政府からの取り締まりを受ける危険性があるためである。また、それだけでなく宣教活動の担い手がいない状況において、大学生を活動に取り込むことも必要となっている。

一方、支援者の一般信徒は、普通教育の振興を主要な目的とする。普通教育の振興という目的上、活動の担い手として「知識人」である大学生は不可欠である。だが、それだけなく彼らが支教活動を行う上で、学生の宿泊先や食事の確保にモスクを基盤とした宗教的資源は欠かせず、アホンたちを活動に取り込むことが必要となる。

また、実際に活動を行う学生にとって、支教活動は、伝統的な回族コミュニティが解体した都市部において異性との出会いの機会となっている。そして、彼らがそうした機会を得るためには、その活動自体を可能にするアホンたちの協力や、一般信徒の経済的支援を必要とする。それは活動に娯楽や観光を求める者にとっても同様である。

このように支教活動に関与する人々は、その活動に対して異なる目標を持っているが、その利害は部分的に共有されている。そのため、支教活動は、前節でみたように矛盾をはらみつつ、時にコンフリクトを表面化させながら、かみ合わないままに行われているのである。言い換えれば、この活動は、部分的に利害を共有する多様なアクターの間の相互依存的なつながりにより可能になっている。

また、この敬虔さの度合いや目的の異なる多様なアクターの部分的なつながりは、回族社会における宣教活動が実践レベルでいかに行われているのか、あるいは行われざるをえないのかを明らかにするだけでなく、現代中国における回族のイスラーム運動がいかなるプロセスであるのかを理解する上でも示唆的である。

イスラームの宣教を目的として始められた活動は、結果として、大学生がイスラームの宣教と普通教育の振興を同時に目指す支教活動として展開されている。その意味で、この活動は、第一節で述べた宗教的権威の変容、すなわち宗教的権威の発揮に近代的知識が必要とされる状況を反映したものであるといえる。しかし、重要なのは、前章で示したように、知識人である大学生が「イスラーム覚醒」し、活動を推進しているというわけでは必ずしもないということである。

むしろ回族大学生の多くは、支援者たちの意図を担わされている。一般信徒の普通教育の振興、アホンのイスラームの宣教という支援者たちの意図は、第一章で述べた回族社会における対照的な二種類の変容、「漢化」と「イスラーム復興」を反映したものである。また、現在、政府の宗教政策による制限も、宗教運動を宗教運動として行うのが困難な状況を生み出している。そのなかで、大学生による宣教活動は、普通教育の振興や異性との交流などでもある支教活動として、その規模を拡大し、展開してきた。

このことが示すのは、現代中国の回族社会におけるイスラーム運動は、漢化とイスラーム復興が同時に進展し、さらに宗教が政府の比較的厳格な管理統制下に置かれる政治的状況を反映し、序章で概観したイスラーム復興運動やイスラーム主義運動といったイスラームが前景化した運動とはならないということである。むしろ、回族によるイスラーム運動は、多様なアクターを巻き込み、ダアワ運動であり、民族運動であり、レクリエーション活動や観光活動でもある支教として展開される。だからこそ、イスラームを実践しない回族大学生がイスラームを宣教するという一見すると矛盾した状況が生じるのである。

本節では、イスラームの宣教を目的として始められた活動が、現地の社会的、宗教的、政治的状況を反映し、敬虔な回族が前提とする教義としてのイスラームからすれば非イスラーム的要素を巻き込みながら、多義的な運動として展開される過程を描いた。次節では、対照的に教義としてのイスラームに直接関係する目的を持って始められたわけではないレクリエーション活動が、宣教活動でもあるようなものとして展開される過程を追っていきたい。

三　インターネットが媒介する公益活動

1　回族のインターネット・コミュニティ

調査期間中、私はひとりで食事をする場合は、基本的に「清真食堂（*qingzhen shitang*, ハラール・レストラン）」で食事をとることにしていた。第一章で述べたように、私が現地調査を始めた二〇〇八年二月には、昆明市ではすでに「教坊（モスクを中心とした回族コミュニティ）」は都市開発などによりほぼみられなくなっていた。また、昆明市の回族の大半は日常的にモスクを訪れるわけではない。そのため、調査を始めたばかりの頃、モスクのイマームなどではなく、回族の一般信徒にアクセスすることはなかなか困難なことであった。こうした状況下、ハラール・レストランは、簡単に回族の人々にアクセスできる貴重な場所であった。調査を始めた頃、都市部においてモスク以外に回族が集まる特定の場所は、ハラール・レストランしかないようにみえた。

一般的なハラール・レストランは、イスラームを象徴する緑色の看板を掲げ、ハラールを意味する「清真（*qingzhen*）」という漢語とハラールを表すアラビア語〝حلال（*harāl*）〟を併記しており、一目でそこがハラール・レストランだとわかる。昆明市のハラール・レストランでは、一般的にアルコールを販売するべきではないとされている。しかし、アルコールを販売するハラール・レストランも少なくなく、敬虔な回族ムスリムのあいだでは問題視され、そうしたハラール・レストランを敬遠する者もいる。[46] このように昆明市のハラール・レストランには、アルコールを置いているところもあれば、置いていないところもあるが、私の知る限り、どのハラール・レストランにも共通して置かれているものがある。それは、「昆明回族ＱＱ群（*kunming huizu QQ qun*）」のポスターである（写真2―7）。このポスターは二つの部分から成っている。ひとつは「昆明回族ＱＱ群」の活動紹介であり、もうひとつはラマダーン（斎月 *zhaiyue*）の期間やイード・アル＝フィトル（開斎節 *kaizhaijie*、ラマダーン明けの祭り）などのイスラームの祝祭の期日を記載した西暦のカレンダーである。

写真 2-7　昆明回族 QQ 群のポスター（日本に持ち帰ったものを撮影）

「昆明回族ＱＱ群」（以下、ＱＱ群と略称）とは、二〇〇五年に中国で最も普及しているインスタント・メッセージソフト「騰訊ＱＱ[47]（Tencent QQ）」（以下、ＱＱと略す）を利用する昆明の回族たちが作ったチャット・グループである。中国社会におけるインターネットの影響力は日毎に強まっている。それは、たとえば、中国版ジャスミン革命（中国茉莉花革命 *zhongguo molihua geming*）と呼ばれる、二〇一一年二月に主要一三都市で計画された民主化要求デモにおいて、

「微博（*weibo*）」（中国版ツイッター）などのインターネット・メディアを介した呼びかけがより多くの参加者を集める上で大きな役割を果たしたことに顕著に現れている[48] [Zheng 2012: 30-33]。二〇〇二年六月には約四五八〇万人だった中国におけるインターネット利用者は［中国互聯網絡信息中心　二〇〇二：四］、二〇一二年六月には約五億三七六〇万人へと急激に増加した［中国互聯網絡信息中心　二〇一二：一〇］。つまり、中国におけるインターネット利用者は、この一〇年で一〇倍以上にも増加した。こうしたインターネットの普及は、中国におけるＮＰＯ活動を促進しているとされる [B. Yang 2008]。また、インターネットの普及は、基本的に都市部における現象とみなされてきたが、農村部においても徐々に浸透し、経済や教育などの分野における農村開発や貧困削減にもポジティブな影響を与えているという [e.g. Qi and Wang and Zuo 2008; Zhao 2008]。このように中国では、近年、インターネットが急速に普及し、様々な分野に影響を与えているが、それは本節で扱う「昆明回族ＱＱ群」の活動にみられるように宗教的、民族的領域においても例外ではない。

「昆明回族ＱＱ群」が設立された二〇〇五年には、中国最大のウェブサイト上のムスリム・コミュニティ（穆斯林社区 *musilin shequ*）といわれる「中穆網（*zhongmuwang*）」というウェブサイト上に電子掲示板サイト「昆明社区[49]（*kunming shequ*, 昆明コミュニティ）」がつくられた[50]。この電子掲示板サイトを通じて、昆明市におけるイスラームの祝祭などに関する情報、就職や商売の情報、ハラール・レストラン情報、結婚活動などに関する情報が交換されている。また、この電子掲示板サイトは、そのメンバーたちのあいだのオンラインでのコミュニケーションの場として機能するだけではなく、メンバーたちはこのサイトを媒介としたコミュニケーションを通じて、実際に食事会やイスラームの祝祭への参加などの活動も行うようになった。さらに二〇一〇年には、「中穆網」内に電子掲示板サイト「昆明社区」とＱＱ群とを連動させた昆明回族のウェブサイト「九〇〇七七七私たちの家[51]（九〇〇七七七我們的家）」が作られた。

このインターネット・コミュニティにおいて特筆すべき点は、匿名性がそれほど高くないということである[52]。先に述べた昆明回族の電子掲示板サイトでの書き込みなどは、ＱＱの「ハンドルネーム（網名 *wangming*）」で行われている。ＱＱでは、個々のメンバーに固有のハンドルネームと固有の番号が割り振られている。そして、このＱＱ番号は、携帯電話の番号やＥメールアドレスと同じような重要性を持って交換される[53]。また、ＱＱを媒介にして、チャットなどを使用して交流するには、メンバーの相互承認が必要である。さらに、ＱＱ群のメンバーは、基本的に昆明市で生活をしている回族で、先に述べたような活動を通して、実際に顔を合わせる機会が多い[54]。その意味で、ＱＱ群はインターネット・コミュニティではあるが、そのメンバーの多くは互いに面識がある、ローカルなコミュニティであるともいえる。

このインターネット・コミュニティは、都市部で分散している回族が集まって食事会などのレクリエーション活動を行い、団結するために作られた。つまり、ダアワなどの教養としてのイスラームに関係する目的を標榜しない、娯楽を主たる目的として作られたコミュニティであった。そのため、このインターネット・コミュニティを媒介として行われる活動も、教養としてのイスラームとは直接関係しないものが中心である。たとえば、ＱＱ群の最初の活動はバドミントンをメンバーで行うというものであった。

そのため、第一章で論じた回族社会の二極化は、このインターネット・コミュニティをめぐる言説にも現れる。「回族」と「ムスリム」を異なるものとして区別する敬虔な回族ムスリムは、このＱＱ群に参加する人々を敬虔ではない「回族」として批判する。次章で取り上げるインフォーマルなイスラーム教育を中心的に担っていた大学教員の三〇代回族男性マ・タオは、ＱＱ群のメンバーたちを極めて批判的にみていた。彼は、ＱＱ群の活動にも参加していた私を次のように諫めた。

ＱＱ群に参加する者の多くはタバコも酒もやっている。彼らは、ただ豚肉を食べないだけで、イスラームのことを何も知らないんだよ。だから、彼らをみて、イスラームを判断しないで欲しい。もう分かっているだろうけど、回族がムスリムとは限らないからね。そうはいっても、だからといって、彼らのところに行くなというわけではないんだけど。

マ・タオのような敬虔なムスリムたちからはＱＱ群はこのように否定的に評価されている。ＱＱ群に対する否定的な評価は、敬虔な回族ムスリムから頻繁に聞かれるものである。しかし、その一方で、ＱＱ群のメンバーの多くを占める、「ムスリムではない」とみなされる人びとは、ＱＱ群を肯定的に評価する。前章で述べたように昆明市では、モスクを中心に回族が集住する伝統的な回族コミュニティはもうほぼみられない。そのため、回族は基本的に漢族を中心とした非ムスリムと隣り合いながら生活しており、それは交友関係にもいえることである。しかし、敬虔さの程度に違いこそあれ、多くの回族は少なくとも豚肉は食べない。それは敬虔な回族ムスリムによる、「漢化した回族」に対する「豚肉を食べないだけの回族」という揶揄にもうかがえる。そして、この豚肉禁忌は、回族が非ムスリムと関係する上での障害となる。回族は、漢族との交友関係においては、常に飲食に気を遣わなくてはならず、一方の漢族は、必ずしもイスラームの食物禁忌に配慮するわけではない。友人関係にある回族と漢族の食事をめぐるやり取りのエピソードをひとつ紹介しよう。

二〇〇九年一二月二〇日の午後、私は昆明市郊外出身の二〇代回族女性Ａと彼女の幼馴染の二〇代漢族女性Ｂとその友人である漢族女性Ｃと市街地に遊びに来ていた。Ａは、日常的にはヒジャーブを着用しておらず、礼拝も行っていなかった。待ち合わせた時間が昼過ぎであったため、漢族女性Ｂは食事に行こうと皆に提案した。彼女は、友人CにAは回族だから豚肉を食べられないと説明した上で、Aに「韓国料理はどう？魚介類を食べれば良いでしょ？」と提案した。Aは、その提案に対して、「私は食べたくない」と断った。すると、Bは、「あそこの米線[55]（mixian）を食べに行こう。Aたち（私を含む）はそこで肉を抜いてもらえば良いよ」といった。Aは、その提案に対しても、申し訳なさそうに「私は食べたくない」と答えた。結局、こうして何を食べるか決まらなかったため、先にBの用事を済ませることになった。Bの用事のあった場所の近くに、ハラールのラーメン店があったため、Aは「あそこに行こう」と皆に提案した。しかし、Bは、友人Cとその近くにあったハラールではない米線店に行くといい、Aと私に「そのラーメン屋でテイクアウトして、こっちで一緒に食べよう」といった。しかし結局、Bたちの行った店が混んでいたため、別々に食事をとることになった。食後、街中にある公園を散歩していると、Bは近くにあったファストフード店で休憩しようと提案し、Aに「飲み物だけなら問題ないでしょ」といった。Aは飲み物だけならとしぶしぶ了承したが、Aは私に「こういうところにはあまり来たくないし、食べたいとも思わない」とAとCには聞こえないように小さな声で不満を述べた。

回族女性Aと漢族女性Bは、小さい頃から一緒に育った幼馴染であった。しかし、それでもBは、ムスリムの食物禁忌について、ほとんど理解していなかったし、それに対してあまり配慮もしていなかった。調査期間中、私は交友関係にある回族と漢族と行動を共にすることが幾度となくあった。その際、食事や休憩などのために漢族がハラールではない食堂に行き、回族が食べずに外で待ったり、飲み物だけを飲むといったことが少なからずあった。このように回族は、漢族をはじめとする非ムスリムとの付き合いにおいては飲食をめぐる問題を経験することが多い。そのため、彼らはそうした煩わしさのない回族との付き合いを「心地良い（舒服 *shufu*）」、「楽しい

（好玩儿 *haowanr*）」などと肯定的に評価し、好む傾向がある。これがQQ群が作られた要因のひとつであるといえ、その参加メンバーがQQ群を肯定的に評価する理由である。

以上を踏まえると、インターネット・コミュニティにおいても、敬虔な回族によってなされる第一章第四節で論じた「ムスリム」と「回族」との区別が顕在化しているようにみえる。つまり、敬虔ではない「漢化した回族」の集まりとしてのQQ群と、それに対して批判的である「敬虔なムスリム」という対立的な構図である。

しかし、実際には、敬虔なムスリムもQQ群の活動に参加することが少なくない。それはこのインターネット・コミュニティが、伝統的な回族コミュニティの解体により都市部に分散して暮らすマイノリティとして、その敬虔さの度合いを問わず回族がある種の利害を共有する空間であるからだ。そのため、敬虔な回族ムスリムは、QQ群やそのメンバーに不満を持ちながらも、QQ群の活動に参加する。では、それはどういった利害なのか。以下、具体的な事例からみていきたい。

2　敬虔なムスリムの参加

以下では、二つの具体的な事例から、敬虔な回族ムスリムがいかにQQ群に参加するのかをみていこう。

1　昆明回族QQ群三周年記念パーティー

ⓐ娯楽的なイベント

現地調査において、私が本格的にQQ群に関わるようになるきっかけとなったのが「昆明回族QQ群三周年記念パーティー（昆明回族QQ群三周年聯歓会）」であった。このイベントは、二〇〇八年一一月二九日に、昆明市内で最も大規模なハラール・レストランを会場として、(56) 八〇〇名以上の参加者を集めた昆明回族QQ群のそれまでの活動の中でも最大規模のものであった[57]。それまでモスクでの宗教活動やイスラームの勉強会などを通して、比較的敬虔な回族ムスリムと多く接してきた私は、ＱＱ群の活動がイスラームと一見すると全く関係ないものであったことに驚いた。いうなれば、第一章で論じたように「敬虔なムスリム」が、日常生活において敬虔ではない「漢化した回族」との接点がないのと同様に、それまでの私も「回族」との接点があまりなかったのである。

このイベントにおいて、教養としてのイスラームと直接関係する要素がほとんどみられなかったことは、以下に提示する、このパーティーの招待状からもみて取れる。

〝幾千万の人々の中であなたは出会う、幾千万の年の中で、時間の果てしない荒野の中で、早過ぎも遅過ぎもせずまさにその時に。出会い、そっと声をかける。やあ、あなたもここにいたの？〟あなたもきっとこの美しい運命に感動したことがあるでしょう？　そう！　ここで私はあなたに、彼女に、彼に、そしてＱＱ群[58]、星月と中穆網に出会い、互いの心をひとつにつなげ、バラバラに暮らす人びとが一堂に会し、ひとりひとりのＩＤを馴染みのものにして、私たちは共に愛の賛歌を創りましょう。

私たちは昨日まで知り合いでもなく、明日には散り散りになってしまうかもしれません、ならば私たちは毎日を大切にすべきではないでしょうか？　なぜなら私たちにとって毎日は尊いものです。いらっしゃい！　親愛なる友人たちよ、昆明回族ＱＱシリーズ群の創建三周年に、私たちは一同に会し、歌声と笑い声の海に陶酔し、共に素晴らしい時間を分かち合い、今日という日を私たちの人生での永遠に変わらない思い出にしましょう！

〝於千万人之中遇見你所遇見的人、於千万年之中、時間的无涯的荒野里、没有早一步、也没有晩一歩、剛巧趕上了。遇上了、軽軽的問一声：噢、原来你也在這里？〃你一定也曽為這美麗的情縁而感動過吧？　是啊！　在這里、我遇見了你、她和他、ＱＱ群、星月和中穆網将你我的心串成了一个同心圓、讓我們从散居的人群中相聚在一起、从一个个ＩＤ変為一張張熟悉的面孔、共同譜写愛的賛歌。

　也許昨天我們還不曽相識、明天我們又将各奔東西、那麼我們是不是該好好珍惜每一个今天？　因為每一个今天、於我們来説都是如此的珍貴。来吧！　親愛的朋友們、値此昆明回族ＱＱ系列群創建三周年之際、讓我們歓聚一堂、在歌声與笑声匯成的海洋里沈醉、讓我們一起来分享這美妙的時刻、讓今天成為我們一生中永恒的記憶[59]！

写真 2-8　昆明回族 QQ 群 3 周年記念パーティーの様子（2008 年 11 月 29 日筆者撮影）

敬虔な回族ムスリムが、何かを通知する場合には、サラームなどのイスラームに関係する挨拶の言葉を最初に書くことが一般的である。しかし、この招待状にはイスラームに関する文言が一言もなく、通俗的な意味でイスラーム的要素がほぼみられない。それは、実際のイベントにおいても同様であった。このイベントでは、一〇〇名余りのメンバーがそれぞれ一九の歌や踊り、寸劇などの出し物を披露したが、それらのうちイスラームに関係するものはアッラーを称える歌の合唱とイスラーム的な衣装のファッション・ショーの二つしかなかった。パーティーの時間には、アスルやマグリブの礼拝の時間があったが、礼拝をする者はほとんどおらず、また数えるほどの女性参加者しかヒジャーブを着用していなかった。さらに、ヒジャーブを着用しないだけでなく、出し物の中には、ミニスカートに半袖のＴシャツの女性グループの歌と踊りなど、女性参加者が肌を露出するものもあった（写真２―８）。

ⓑ場違いだったイスラーム的な出し物

敬虔な回族ムスリムは、このようにQQ群のメンバーがイスラームを実践せず、敬虔でないことに批判的である。しかし、敬虔な回族ムスリムの中にも、この昆明回族QQ群三周年記念パーティーに参加する者がいた。それは一般的な意味でイスラーム的であった二つの出し物のひとつであるアッラーを称える歌の合唱を行ったグループである。そして、それが私の参加していたグループでもあった。

ハ・ユイとミ・モンという昆明市在住の二〇代回族女性は、パーティーの二週間ほど前にパーティーを運営する人びとに何か出し物をやるよう頼まれた。ハ・ユイは、昆明市の不動産会社に務める会社員だったが、就職前にイスラーム学校に通っており、アホン資格を持っていた。また、彼女は昆明市のAモスクのイマームであるマ・ジエンの「侄女（姪、ここでは姉の娘）」でもあった[60]。また、ミ・モンもハ・ユイ同様にアホン資格を持っており、彼女は昆明市内のCモスクでイスラーム教育に携わっていた（彼女はインフォーマルな宗教教育にも関わっていたが、詳しくは次章で述べる）。ハ・ユイは、職場ではヒジャーブを着用していないとのことであったが（彼女の務める会社は漢族が経営していた）、それを除けば彼女らはいつもヒジャーブを着用していたし、私の知る限り、礼拝を欠かさなかった。また彼女らはイスラーム学校時代からの友人関係にあった。

彼女らはQQ群の三周年記念パーティーでの出し物として、マイケル・ジャクソンが歌う（あるいは、そのようにいわれる）英語の「賛聖[61]（*zansheng*, アッラーや預言者ムハンマドを称える歌）」を歌うことにした。そこで彼女らは面識のあった私をメンバーに誘った。それは、単に私が外国人であったため、英語を話せるだろうと思ったからであった。さらに彼女らはメンバーが男女同数になること、歌の一部を英語以外の外国語でも歌うことを希望した。その要望に合わせて、私がメンバーを探すことになり、様々な知り合いに声をかけた結果、先に取り上げた礼拝堂の代表者であるシェン・ジン、中国系タイ人男子留学生のムスリムであるサービッツ、回族の女子大生チェン・

ツーがメンバーに加わり、最終的に男女三名ずつで出し物を行うこととなった。

彼ら三名はみな昆明市の回族のあいだで敬虔なムスリムとみなされていた。シェン・ジンは礼拝堂の代表者でもあり、礼拝堂でのイスラーム勉強会を主宰していた。また、実際、私の知る限り、日々の礼拝を欠かさず、毎週金曜日はモスクにも礼拝に来ていた。また、サービッツも同様に日々の礼拝を欠かしておらず、礼拝堂の勉強会にも顔を出しており、そこでイマーム役を任され、参加者の礼拝を主宰することもあった。チェン・ツーも、礼拝を欠かしておらず、日常的にヒジャーブを着用していた[62]。つまり、このグループは少なくとも昆明市においてはかなり敬虔なムスリムから成るグループだったといえる。

そのため、このグループのメンバーはパーティーの準備段階から、QQ群のメンバーが礼拝やヒジャーブ着用などを行っていない状況をみるにつけ、それを嘆き、また批判した。パーティーの出し物のリハーサル時のエピソードを紹介しよう。

二〇〇八年一一月二二日の午後、日曜日のこの日、パーティーの出し物のリハーサルが昆明市のAモスクの会議室を利用して行われた。三〇名ほどのQQ群のメンバーがリハーサルに訪れており、順番にステージの運営に関わるメンバーに出し物をみせ、音響などの確認を行っていた。リハーサルは一四時からであったため、私の所属するグループのメンバーは一三時半からのズフルの礼拝（正午過ぎの礼拝）を行ってから、リハーサルを行う会議室に向かった。しかし、リハーサルに参加する者で他に礼拝に参加している者はおらず、またヒジャーブを着用している回族女性もいなかった。参加するグループが多かったため、リハーサルは一七時半のアスルの礼拝（遅い午後の礼拝）まで時間を要した。その前にリハーサルを終えていた私の所属するグループは、リハーサル後、モスクの中庭で振り付けの練習をしていたが、アスルの礼拝の時間が来たため、練習を終え、私以外のメンバーは礼拝を行った。礼拝を終え、「朝真殿（礼拝を行う場所）」から出てくると、リハーサルを終えたQQ群のメンバーが、モスクの中庭で三周年記念パーティーのための映像を撮影していた。彼らはひとりひとり、このパーティーのキャッチフレーズである「私たちのグループ、私たちの愛（我們的群、我們的愛）」といいながら、両手の親指と人差し指でハート型を作り、それを左胸に当てるというポーズをとり、それを撮影していた。「朝真殿」から出てきた私たちもメッセージを残すよういわれたが、ハ・ユイたちは急ぐからと断った。ハ・ユイたちは、礼拝もせずに、そのような映像を撮影していた彼らに呆れているようだった。外国人であった私とタイ人留学生サービッツは、ぜひ母国語でキャッチフレーズをいって欲しいと頼まれたため、彼女らは先に行き、モスクの正門辺りで私たちが戻るのを待っていた。その後、このグループのメンバーで食事に行ったが、その道すがら、ハ・ユイは、「さっきのみたでしょ、QQ群の回族には、礼拝もできない者が多いんだよ。なかには酒を飲んだり、タバコを吸う者だっているんだから。彼らは、ただ豚肉を食べないだけなんだよ」と批判した。また、チェン・ツーも「こういう回族の集まりはあまり好きじゃないんだよね。だって、彼らはみんな回族ではあるけどムスリムじゃないんだもの」と不機嫌そうに不満を述べた。

このようにハ・ユイたちは、QQ群のメンバーが礼拝などを行わないことを批判していた。しかし、彼女らが批判するQQ群のメンバーも同様に、私を含むハ・ユイらのグループを批判的にみていた。それは、私たちの出し物が、場違いであったためだ。この三周年記念パーティーでは、QQ群を基盤とした食事会やスポーツ活動などを主導していたメンバーが、運営に携わっており、彼らがリハーサルを監修していた。上述の招待状にもみられたように、このパーティーは、教義としてのイスラームを前提とした活動では必ずしもなかった。そのため、「賛聖」をするだけの私たちの出し物は、パーティーを運営する人びとの目には、地味なものに映ったようで、リハーサルの際に、私たちは批判されることとなった。彼らは「動きがない」と批判し、ただ歌うだけではなく、何か振り付けを入れるよう、私たちに指示した。ハ・ユイは、不満そうにしてはいたが、振り付けを入れることに同意し、リハーサル後、先述のように振り付けの練習をすることになった。結果、舞台上を男女一組ずつで、手をつなぎながら歩くことになった。しかし、チェン・ツーが「イスラームに関係する出し物が全然ない」と不満を述べた演目が続くなかで、男性が「長袍[63]（*changpao*）」と白帽、女性がヒジャーブとイスラーム法に則ったマレーシア製のドレスを着て歌う「賛聖」は、本番でも他の演目に比べ地味で、やはり場違いなものであったといえる。シェン・ジンは、本番前に「僕たちの出し物は、（このパーティーに）あまり合っていないかな」と不安を口にしていた。

このように、敬虔な回族たちにとって、QQ群の活動は彼らにとって非イスラーム的なものであり、居心地の悪さを感じさせるものでもあった。では、なぜ彼らは、QQ群の活動に関与するのだろうか。答えを先取りしていえば、彼らにとって、QQ群の活動は単なるレクリエーション活動ではなかったということである。

ⓒパーティーでの就職活動

敬虔な回族が不満を持ちながらもQQ群の活動に参加する理由を知るうえで、リハーサルから帰る道すがらの次のエピソードは示唆的である。

チェン・ツーは、私たちの出し物のメンバーのなかでも、特にQQ群の活動、さらにそこに参加している回族が敬虔ではないことに不満を持っていた。私はチェン・ツーをこのパーティーの出し物への参加に巻き込んでしまったため、負い目を感じていた。そこで、私は「無理に参加させることになってしまって、申し訳ない」とチェン・ツーに詫びた。それに対し、チェン・ツーは当時の私には意外な反応を示した。彼女は「いやいや、そんなことはないよ！　こういう（回族の）集まりに参加して、色々な人たちと知り合いになれるってことは実はとても良いことなんだよ。だって、（そうやって知り合った）彼らは、私たちが仕事を探すときに役に立つんだから」と笑いながら答えた。

調査当時、回族に限らず、中国全体で大学生の就職難が社会問題となっていた(64)［徐・来島　二〇〇七、登坂二〇〇七］。前節で言及した政府主導の「支教」も、こうした状況に対処するための政策であった。中国全体での大卒者の就職難という状況下、豚肉やアルコールに対する禁忌のある回族学生は、漢族学生よりも就職先をみつけるのが困難だとされていた。就職活動を行う回族学生のあいだでは、飲酒や「乱吃（*luanchi*, 何でも食べること、回族のあいだでは豚肉食を指す）」を強要されるだとか、就職の面接で飲酒や「乱吃」を許容できるかどうかを聞かれただとか、就職活動におけるイスラーム規範の問題がよく話題にのぼっていた。

二〇〇八年当時、大学三年生だったチェン・ツーは、卒業後の就職先のことを考えるようになっていた。しかし、彼女のように日常的にヒジャーブを着用し、礼拝などの宗教実践を欠かさない敬虔なムスリムは、厳格にイスラーム規範を守らない、敬虔ではない回族よりも、就職するのが一層困難になる。それは一般的に会社や役所などの職場において、ヒジャーブの着用や礼拝などを行うことが実質的に禁じられるためである（第四章参照）。しかし、回族などのムスリムが経営する会社は、その例外であり、職場におけるイスラーム実践を認める傾向が強い。上述のエピソードにおけるチェン・ツーの発言には、こうした背景があった。

ハ・ユイも、チェン・ツーと同様に、回族の企業への就職の機会を探していた。また、彼女はいつか独立して起業することを望んでいた。というのも、彼女は、当時、漢族の経営する不動産会社で働いていた。そのため、彼女は職場ではヒジャーブを着用することなどができなかったためだ。その意気込みは、彼女がリハーサルの際に、回族でもムスリムでもない私にまで、会社を経営している回族や、今後起業する予定のある回族の知り合いがいないかどうかたずねたことにもうかがえる。

当時私は、このパーティーの準備が始まる少し前に、昆明市でツアーガイドをやっていた回族の友人ら（三〇代男性二名）が旅行会社を立ち上げるという話を聞いていた。私がこの話をハ・ユイに伝えると、彼女はぜひ紹介して欲しいといった。さらに、チェン・ツーもそれに便乗して同じく紹介して欲しいと申し出た。

パーティー当日、パーティーは午後からだったが、出し物の参加者は午前中から本番で使うステージで最終リハーサルを行っていた。起業を目指していた回族男性たちも、出し物に出る予定であったため、会場に来ていた。そこで、私がハ・ユイに彼らを紹介すると、彼女は彼ら二人を招いて、パーティー会場のあるハラール・レストランで、昼食を振る舞った。このハラール・レストランは、昆明市における最高級のハラール・レストランのひとつであり、料理が一皿数十元の価格で提供されていた[65]。彼女はその昼食の席で、起業するという回族男性たちに、彼らの事業や起業の進捗状況などについて尋ね、そして彼らに人手が必要になったらいつでも呼んで欲しいと訴えた。同席していたチェン・ツーも、回族の企業での仕事を探していることを彼らに伝え、ハ・ユイと同様に人手が必要であればいつでも教えて欲しいと彼らに伝えた。

第一章で論じたように、特に「改革・開放」以降の急激な経済発展に伴う社会変容により、回族はより一層漢族を中心とする中国社会にコミットしなくてはならない状況に置かれている。そのため、彼らが敬虔なムスリムであり続けながら、中国社会で社会上昇を実現するのはかなり難しい状況にある（こうしたジレンマについては第四章で詳しく論じる）。こうした状況下、ハ・ユイやチェン・ツーのような敬虔なムスリムたちが、中国社会で仕事をしながら、敬虔なムスリムでもあり続けるためには、回族の経営する企業に就職することが最も現実的な手段のひとつであったといえる。そして、少なくともハ・ユイにとって、仕事と宗教実践を両立しうる就職先を得るための数百元の出費はさしたる問題はなかったのであろう。

また、回族の企業家にも回族を優先的に雇用しようとする傾向がある。以下で詳しく取り上げる三〇代回族女性リュウ・ジエは、昆明市で家政事業の会社や「星月婚介」という結婚紹介所などを経営していた。彼女は経営するこれらの会社で、回族をより多く雇用しようとしていた。そのため、彼女はＱＱ群や「昆明社区」の電子掲示板に、しばしば求人広告を掲載していた。彼女は彼女が経営する会社での雇用における回族の優遇について、「中国で『ムスリムをする』のは難しい。だから、少しでも助け合わないといけないと思っている」と語った。また、回族の企業には、「清真食品（*qingzhen shipin*, ハラール食品）」を扱うものも少なくない。そうした場合、従業員の多くがムスリムである場合が多い[66]。たとえば、ある二〇代回族男性が二〇〇八年に昆明市で立ち上げたハラール食品の会社では、その従業員が全てムスリムであるとのことだった。

敬虔なムスリムたちは、彼らが敬虔であればあるほど、ＱＱ群の多くのメンバーのように厳格にイスラームを実践しない「漢化した回族」に不満を持つ。しかし、その一方で彼らが敬虔なムスリムを実践するためには、その敬虔さを問わず回族との関係を構築し、回族企業に就職することが必要となってくる。そして、ＱＱ群はその機会を提供する場となっているのだ。

このように敬虔な回族にとって、ＱＱ群の活動は単なるレクリエーション活動ではなく、就職活動の一環でもあったのである。しかし、彼らにとって、ＱＱ群の活動への参加には、就職活動だけではなく、他の意義もあった。

2　異性との出会いの場

ⓐ族内婚に対する選好

昆明回族QQ群三周年記念パーティーに、レクリエーション活動や就職活動とは別の側面があることを知ったのは、パーティーが終わってしばらく経ってからだった。まず、私がそれを知ったエピソードを紹介することからはじめよう。

昆明回族QQ群三周年記念パーティーから一か月半ほどが過ぎた二〇〇九年一月一二日の昼時、昆明市にあるCモスクの事務室で、このモスクの清真寺管理委員[67]である六〇代回族男性ジン・シュウらと昼食をとっていた。当該モスクの食堂は、安くて美味しいということで、モスクの近くで働く回族が昼食時に多く集まる場所であった。その際、彼らはジン・シュウの事務室で食事をとることが多かった。この日、ジン・シュウは三周年記念パーティーの際に撮影した写真を皆にみせていた。ジン・シュウはQQ群のメンバーでもあった。彼は集まっていた回族の人たちに、「この三周年記念パーティーをきっかけに付き合いはじめた人たちがいると聞いて、とても嬉しかったよ。こういうことがあることは良いことだ」と嬉しそうに彼の事務所に集まった回族に語った。それを聞いた回族の面々も「それは良かった」などといい、ジン・シュウの報告を好意的に受け止めていた。

昆明市では、回族だけではなく、広く多くの若者にとって結婚の困難さが問題とされていた。それは一般にマンションや自動車を所有していることが結婚の条件とされ、一部の富裕層を除いて、多くの若者にとってその条件をクリアすることが困難であったためである。回族にも同様の問題はあったが、回族にはさらにムスリム・マイノリティとして、それとは異なる次元で婚姻が問題となっていた。それは回族が回族の異性と出会うことのできる機会が極めて限定されているためだ。第一章で述べたように、それは回族と漢族との通婚の増加にも示される。さらに、それは前節で取り上げた支教活動において、ムスリムの異性との出会いが、活動への参加動機のひとつとなっていることにも示唆される。

回族がモスクを中心に集住する農村部の伝統的な回族コミュニティでは、一般に親が手配した見合いで当人たちが同意する、あるいは若い回族男性が村で見初めた異性がいた場合、それを親に告げ、親がその異性の親と話をつけ、見合いの場を設けて、当人たちが同意することによって結婚にいたるとされる。

しかし、第一章でも述べたように、昆明市では伝統的な回族コミュニティがほぼ解体しており、回族は分散し、漢族をはじめとする非ムスリムと隣り合って暮らしている。そのため、彼らは日常生活において回族と接する機会が極めて少ない。また、回族は外見上、漢族と見分けがほとんどつかないため、仮に出会っていたとしても、それが回族だと見分けることも実質的に困難である。

回族の結婚相手を見つけるのが困難な状況は、日常的にイスラーム実践を行わない「回族」だけではなく、日々の礼拝や金曜礼拝を欠かさないイスラームを厳格に実践する「ムスリム」にも当てはまる。日々の礼拝は、モスクで行わなくてはいけないものではないため、敬虔な回族であっても職場の近くにモスクがある場合などを除けば、モスクに来て礼拝をすることは稀である。それに対して、金曜礼拝はモスクでの礼拝が義務付けられているため、多くのムスリムが集まり、ムスリム同士の交流の機会となっている。しかし、その義務は男性だけに限定されている。そのため、金曜礼拝であっても女性は、ほとんどモスクに来ない[68]。よって、モスクを中心とした既存の宗教的空間は、異性との出会いを提供する場としては必ずしも機能していない。

但し、教義上は漢族や他の民族であってもイスラームに改宗すれば婚姻可能である。また実際、第一章で述べたように、明代から清代初期にかけての回民社会の拡大には、回民男性と漢人女性との通婚が大きな役割を果たしたとされる。しかし、その後の歴史的経緯から、回民と漢人の対立が先鋭化し、大規模な回民蜂起に至る過程で、それまで必ずしも明確ではなかった回民と漢人との対立軸が実体化し、族内婚への選好が形成された。そのため、昆明市の回族のあいだでは、一般に仮にイスラームに改宗したとしても、非ムスリムの他民族を出自とする者は結婚相手として忌避される傾向にある。ある漢族女性の例をみてみたい。

二〇代漢族女性ナ・チンは、昆明市内で働く会社員であった。彼女はイスラーム勉強会（第三章で取り上げる）にも積極的に参加しており、昆明市の回族のあいだでは敬虔なムスリムとみなされていた。勉強会などで一緒になることが多かったが、私は彼女が回族だと思い込んでいた。そのため、ある勉強会で彼女が自分が改宗した漢族であると述べたことに驚いた。そこでその後、共通の回族の友人の婚礼で彼女と同席した際に、改宗の動機を訪ねた。すると、彼女は、インターネットで知り合った新疆ウイグル自治区に住む回族男性との結婚のためにイスラームに改宗したのだという。しかし、新疆ウイグル自治区で暮らす相手方の両親に挨拶に行くと、漢族であるとの理由で、彼女はその回族男性との結婚を彼の両親から断られてしまった。こうした状況に対して、彼女は「民族によって、そんな風に差別するのはおかしいじゃない。それはイスラームではないでしょ。改宗しても結婚を認められないなら、一体どうしたら良いのよ」と、涙ながらにやりきれない心情を吐露した。彼女は、日常的にヒジャーブを着用し、礼拝も行い、イスラームについての基本的な知識を持っていた。上述のように彼女が自分で言い出すまで漢族ムスリムだと気づかなかったように、少なくとも私にとって、彼女は一般的な回族よりもよっぽどムスリムらしかった。実際、イスラーム勉強会などの場で彼女が回族かどうかを疑う者はいなかった。

この事例にみられるように、たとえ結婚相手がイスラームに改宗しても、他民族との通婚は忌避される傾向がみられる。但し、族内婚への選好は、必ずしも歴史的に形成された民族的要因のみに帰せられるものではない。結婚相手が改宗しても、飲食や他民族の儀礼への参加などを含む姻族との関係が教義としてのイスラームとのあいだにコンフリクトを潜在させることも他民族との通婚が忌避される要因となる。たとえば、ムスリムは教義上、アッラー以外に叩頭してはいけないとされるが、義父母が非ムスリムの漢族であれば、葬儀の際に叩頭しなければならないとされる（第四章で再び取り上げる）。このように他民族との通婚は教義上の問題をはらむため、イスラームと民族を切り離して考える敬虔な回族も、基本的には回族との婚姻を望む傾向にある。

こうした族内婚への選好という点で、回族はその敬虔さの度合いの違いを越えて利害を共有する。QQ群は上述のように日常生活においても、モスクにおける宗教活動においても接点のない回族の男女が交流可能な空間となっているのだ。実際、QQ群のメンバーたちは独身者だけで集まって郊外に出かけるなどの「独身者友好活動（単身聯誼活動 *danshen lianyi huodong*）」と呼ばれるイベントを定期的に開催している[69]。以下、それがどういった活動か、具体的な事例からみていきたい。

ⓑ独身者友好活動と敬虔なムスリムの参加

二〇一一年一月一日、昆明市郊外にある金殿と呼ばれる低山で、独身者三一名（うち女性が一八名）を集めたピクニックが行われた。ここは道教の信仰の対象ともなっており、山頂部には「道観（*daoguan*，道教における寺院のような宗教施設）」のある場所である。このイベントは、金殿を散策し、持ち寄った弁当を皆で食べ、さらにこのイベントの提案者たちが準備してきたいくつかのゲームを行って参加者同士の親睦を深めるというものだった（写真2―9）。このイベントの参加者たちは、出会った際にサラームをいうことはなく、さらにイベントでは礼拝時間も設けられていなかった。また、ほとんどの女性参加者もヒジャーブを着用していなかった（日頃からヒジャーブを着用していた大学生一名のみ着用）。そのため、食べ物がハラールであるということ以外に、この活動には教養としてのイスラームと直接関係する要素はなかったといえる。それはＱＱ群の創設者のひとりで、様々な活動を主導している三〇代回族女性マオ・エンにより、ＱＱ群のウェブサイトに掲載されたこの活動の告知にもみて取れる。

写真 2-9　独身者友好活動の様子（2011 年 1 月 1 日筆者撮影）

新しい年が始まる時に、まだ独身でいることはあなたの心を乱しはしませんか？　街でひとりで暮らすあなたには、あの田舎のアクセントの挨拶が恋しくはないですか？　期せずして出会った友人の中に、その人をみつけたくはありませんか？　一目で生涯の愛情と温かみが得られるかもしれません。

在新的一年開始之際還形単影只的你心裡是不是有些小騷動？　独自生活在城市的你是否想念那一声郷音的問候？　想不想在一群不期而遇的朋友裡找到那個人？　一眼便成就一世的愛情和温暖。[70]

このように「独身者友好活動」において、その活動内容にも、その目的にもイスラームに関わる要素は一見すると見受けられない。しかし、上述の三周年記念パーティーと同様に、敬虔なムスリムもその活動に参加していた。それはコン・ジンという二〇代男性の漢族ムスリムだった。彼は一〇代の頃にモスクでイスラームについての専門教育を受け、アホン資格を持っていた。漢族であるにも関わらず、アホン資格を持ち、さらに彼は日々の礼拝を欠かさず、厳格にイスラームを実践していたため、昆明市の回族のあいだで敬虔なムスリムであるとみなされていた。さらに、前節のダアワ運動を支援するなど、イスラームに関する活動に積極的な人物であった。

彼は日頃から「QQ群の回族たちはムスリムではない」と語り、QQ群を批判的に評価していた。しかし、イスラームの教義においては、結婚は人間社会の発展のための社会的義務とされており、彼も結婚をムスリムの義務のひとつとみなしていた。彼のそうした認識は次のエピソードによく表れている。

私がコン・ジンと知り合って間もない二〇〇九年四月、モスクでの勉強会で彼に出会った際、彼は私に信仰は何かと尋ねたことがあった。私が仏教だと答えると、彼は「人類がみな仏教を信仰して、出家したら、人類は滅びてしまうじゃないか。そんなのおかしいでしょ。でも、イスラームは、イマームだって結婚できるし、預言者ムハンマドだって結婚していた。（イスラームと仏教の）どっちがより人類に適していると思うんだい」といって、仏教を批判した。

彼のこの仏教批判にもみられるように、彼はイスラームにおいて結婚を重要な要素とみなしていた[71]。そのため、彼はQQ群のメンバーに敬虔な回族が少ないことに不満を持ちながらも、異性との出会いの場を提供するQQ群の活動に参加していたのだと考えられる。そして、彼はQQ群の活動で知り合った二〇代の回族女性と二〇一一年に結婚し、二〇一二年には息子ももうけている。彼の配偶者は上述の活動に参加していたヒジャーブを着用していた回族女性のひとりであった[72]。

このようにＱＱ群は、第一章で示したように言説レベルで区別され、実際にモスクを媒介とした宗教的ネットワークの内外にいる敬虔さの度合いの異なる回族を結びつける場となっている。先に就職について述べたのと同じように、敬虔な回族ムスリムが、より厳格にイスラームを実践するために、結婚は不可欠であり、そのためにＱＱ群に対して不満を持ちながらも、その活動に参加するのだといえる。

以上の事例から、娯楽や異性との出会いを主な目的とした回族によって始められたＱＱ群の活動に、就職や結婚といった利害の部分的共有によって、敬虔な回族が参加する現状を明らかにした。しかし、このようにＱＱ群の活動が媒介となって、敬虔さの度合いの異なる回族を横断するネットワークが作られていく過程で、その活動自体も変化していく。つまり、ＱＱ群のレクリエーション活動に、敬虔な回族が参加するだけではなく、彼らの参加により、教義としてのイスラームとより直接的に関係する要素が組み込まれ、レクリエーション活動は宣教活動でもあるようなものへと変化していくのだ。以下、具体的な活動の事例から、その過程を追っていこう。

３　公益活動の展開

１　宣教の場ともなる異性との出会いの場

二〇〇七年に、先述した回族の雇用を促進する回族企業家リュウ・ジエが、ＱＱ群に加わった。彼女は、それまで漢族と共に回族やイスラームとは直接関係しないＮＧＯに参加し、「公益活動（*gongyi huodong*）」を行っていた。彼女がＱＱ群に加入したのを契機に、ＱＱ群でもそのメンバーを中心として公益活動が活発に行われるようになり始めた。彼女は上述のコン・ジンのようなＱＱ群のなかでも敬虔なメンバーと共に活動を主導していった。具体的な活動としては、昆明市内のムスリム墓地のある山での植林活動、回族の独居老人や老人ホームへの慰問、雲南省の貧困地域にある回族村の小学校への図書や文具の寄付、同様の地域への古着の寄付、同じく貧困地域の回族の難病患者への医療費支援、ムスリム幼稚園設立、イスラームの祝祭の際のモスクでの手伝いといった活動であった[73]。そして、これらの公益活動の一環として、前節で取り上げた支教活動への経済的支援も位置づけられていた。

公益活動の参加者は、主にＱＱ群や「昆明社区」といったインターネット・コミュニティを介して募集され、また活動資金も同様に主にオンライン上で集められる寄付金により賄われていた[74]。リュウ・ジエたちは、これらの公益活動をイスラームの宣教の一環として行っていた。リュウ・ジエは、これらの活動の目的を「イスラームとムスリム社会の発展のため」と説明した。彼女らの公益活動に前節で論じた支教活動への支援が組み込まれていることにも示されるように、モスクを介さずに一般信徒によってイスラームの宣教を意図した活動が行われる背景には、本章第一節で論じた宗教的権威の変化があるといえる。

リュウ・ジエたちが公益活動を活発に行うようになるなかで、その一環として、ムスリムを対象とした「お見合いパーティー（相親会 *xiangqinhui*）」が上述の独身者友好活動に平行して定期的に催されるようになった。このお見合いパーティーは、ムスリムの独身者にムスリムの異性との出会いの場を提供するという意味において、上述の独身者友好活動と同様の機能を持った活動であるといえる。しかし、リュウ・ジエらは、このお見合いパーティーをイスラームの宣教を目的とした公益活動の一環として行っていた。その意味で、これらの活動のあいだには、その性格に違いがあった。このＱＱ群を媒介とした異性との出会いの場の変化は、世俗的な目的で作られたＱＱ群が敬虔な回族を巻き込む過程で、そのＱＱ群の性格自体が変化してきたことを如実に表すものである。

以下、お見合いパーティーがどういった活動であったのかをみていこう。

ＱＱ群によるムスリムを対象としたお見合いパーティーは、二〇〇九年一〇月九日に開催された。これはＱＱ

写真 2-10　お見合いパーティーの様子（2009 年 10 月 1 日筆者撮影）

群にとってというだけではなく、昆明市の回族にとって初めてのムスリムを対象としたお見合いパーティーであった。そしてこのお見合いパーティーは昆明市のあるモスクのなかにある食堂で行われた[75]（写真2―10）。はじめに、この昆明市で初めてのお見合いパーティーの告知をみてみたい[76]。

〔三〇—二一〕[77] れっきとした神兆のひとつではないか、お前たちのために、お前たちの体の一部から妻を創り出し、安んじて馴染める相手となし、二人の間には愛と情を置き給うたとは。考えぶかい人間なら、これこそ有難い神兆よとさとるであろう。

サラーム

美しい秋の一〇月、私たちは国慶節の連休を迎えました、独身のムスリムの皆さんはこの連休を機会に、いかに独身とお別れするかを考えてみて下さい。星月婚介は異なる地区に分散して住む独身ムスリムのために力を尽くし、ひとつの出会いの架け橋を作ります、そしてイスラーム法の規定に則って、グループ式のお見合い活動を実施します。……結婚は信仰の半分です、独身のムスリムの兄弟姉妹のみなさんが結婚の機会、完璧な自己の信仰を掴み取れるよう願っています、アミーナ[78]！

〔三〇—二一〕他的一種跡象是他従你們的同類中為你們創造配偶、以便你們依恋她們、並且使你們互相愛悅、互相憐憫。対於能思維的民衆、此中的確有很多跡象。

賽倆目：

在美麗的十月金秋、我們迎来了国慶大假、単身的穆斯林們用這個大假的機会来思考一下如何告別単身。星月婚介致力於為散居於不同区域的単身穆斯林們搭建一個相逢的橋梁、並遵循伊斯蘭教法規定、実施集体式相親活動。……結婚是信仰的一半、願単身的穆斯林兄弟姐妹們去努力把握毎一次促進結婚的機会、全美自己的信仰、阿米乃！(79)

このお見合いパーティーの告知には、前項で提示した独身者友好活動とは明らかに異なる特徴が表れている。このお見合いパーティーの告知では、はじめに婚姻にまつわるクルアーンの一節を引用し、婚姻をイスラーム信仰に明確に位置づけ、さらに婚姻が「完璧な自己の信仰」に不可欠なものとして提示される。ここには、リュウ・ジエたち、ＱＱ群の公益活動の運営を主導していた者たちが、お見合いパーティーをどういった活動とみなしていたのかが示されているといえる。彼女らはお見合いパーティーを回族が漢族との婚姻によって信仰を失ってしまうのを防ぐと共に、イスラームに関する知識を広める宣教の機会としてみなしていた。

それはお見合いパーティーがモスク内で行われたことだけではなく、実際のお見合いパーティーの場にも表れていた。お見合いパーティーでは、一番はじめに先にも言及した大学教員の三〇代回族男性マ・タオが参加者に対して、クルアーンの章句などを引用しながら、二〇分ほどの時間をかけて婚姻についてのイスラームの教義を説き、ムスリムの結婚のプロセスについて説明した(80)。

上述のように、彼は私にQQ群にはあまりかかわらない方が良いと暗に忠告した。そのことから明らかなように、彼はQQ群を批判的にみていた。実際、彼は上述の三周年記念パーティーにも参加しておらず、QQ群の活動と距離を置いていた。マ・タオがこのお見合いパーティーに協力した直接的な原因は、リュウ・ジエに請われたことであった[81]。しかし、それだけではなく、彼もまたQQ群のメンバーと利害を部分的に共有していた。私とマ・タオの短いやり取りをみてみよう。

私：先生（マ・タオのこと）は演説するだけで、お見合いパーティーには参加しないんですか？
マ・タオ：僕は参加しないよ。僕自身は、本当はこういったお見合いパーティーは好きじゃないんだよ。でも、都市部では、ムスリムが結婚するのは難しいし、参加者がイスラームの婚姻を知る機会になれば良いと思ってね。それより、雅史（筆者のこと）こそ参加したら良いんじゃない？
私：いやいや、僕は無理ですよ。僕はムスリムでもないですし。
マ・タオ：大丈夫、大丈夫。何も問題ないよ。「改宗（進教 *jinjiao*）」すれば良いんだからさ。

彼自身は独身者であったが、お見合いパーティー自体には参加しなかった。しかし、彼はこの活動を回族の結婚問題への解決策およびイスラームの宣教として少なからず肯定的に評価していた。さらに、もうひとつ重要なことはマ・タオが私にイスラームに改宗すれば、回族と結婚することに問題がないとみなしている点である。このマ・タオのちょっとした一言は、単なる雑談ともいえるが、回族社会の変化を理解するうえで大きな意味がある。また、これはこのお見合いパーティーの招待状に、回族でなくムスリムという単語が使用されていることにも関連している。つまり、ここでは、「回族であること」よりも、「ムスリムであること」が重視されているということである。これは、第一章で述べた「回族」と「ムスリム」の分化の表れでもあるが、婚姻に関わる場で使用されていることにはそれ以上の意味がある。この点については第四章で改めて論じる。

また、マ・タオ以外にも、お見合いパーティー自体には参加せず、パーティーの手伝いに来ていたＱＱ群のメンバーがいた。その中に、三周年記念パーティーを機に付き合い始めたカップルがいることを喜んでいたＣモスクの管理委員ジン・シュウもいた。彼は活動への参加理由を「都市でムスリムの結婚相手をみつけるのは本当に難しいんだよ。これも公益活動のひとつだから、私も手伝いに来たんだ」と説明した。

リュウ・ジエをはじめ、マ・タオやジン・シュウなどの敬虔な回族ムスリムは、お見合いパーティーを意識的にイスラームの宣教活動の一環として行っていた。また、その他の公益活動についても、必ずしも直接的にイスラームを宣教する活動ではなくとも、リュウ・ジエが「イスラームとムスリム社会の発展のため」とその目的を説明していたことに示唆されるように、敬虔な回族にとっては広い意味で宣教の一環とみなされていたと考えられる(82) [cf. Eickelman and Piscatori 1996: 35-36]。

しかし、公益活動に参加し、その運営を手伝うＱＱ群のメンバーたちは、必ずしも「イスラームとムスリム社会の発展のため」といった目的を共有していない。このお見合いパーティーでは、ＱＱ群のメンバーが受け付けなど運営の手伝いをしていたが、女性たちにはヒジャーブを着用せず、スカートを着用し、肌を露出する非イスラーム的な服装の者も少なくなかった。また、男性の中には礼拝時間が来ても礼拝を行わない者もいた。彼らにとっては、このお見合いパーティーも上記の独身者友好活動と同じように回族男女の親睦を深めるためのイベントに過ぎないようであった。彼らは公益活動への参加の目的を、単に「ボランティア」、あるいは「回族としての相互扶助」などと説明をする。

たとえば、このお見合いパーティーで受け付けを手伝っていた三〇代回族女性は、スカートを穿き、ヒジャーブを着用していなかった。彼女にお見合いパーティーにも参加するのかと尋ねると、彼女は「参加しないよ。ただのボランティアで来ているだけだよ。私たち回族はお互い助け合わないとね」と答えた。

公益活動を宣教の機会と捉えているリュウ・ジエをはじめとする敬虔なムスリムたちは、こうした必ずしも敬虔ではない回族を快くは思っていない。しかし、敬虔な回族だけでは十分な活動の担い手や資金を確保出来ないため、不満を抱えながらも彼らを動員して活動を展開している。以下のエピソードは、そうした状況をよく表している。

二〇〇九年一二月六日、モスクでのズフルの礼拝（正午過ぎの礼拝）が終わった一四時頃、リュウ・ジエの経営する会社の研修室で、リュウ・ジエや、ジン・シュウ、コン・ジンなど公益活動を主導するメンバー九名で、公益活動の今後の展開についての話し合いが持たれた。そこでは、支教活動に対する支援のあり方や、一般信徒のクルアーンに対する理解の向上への方策などについて話し合いが行われた。その際、ＱＱ群との関わりあいが話題にのぼった。三〇代回族女性ハ・メイは、リュウ・ジエの友人で公益活動の中心的な担い手のひとりでもあった。彼女は、コン・ジンに「なんで……ＱＱ群に入らないの?自分は正統なムスリムで、彼らはただの回族だと思っているからでしょう」といって、彼を批判した。コン・ジンは、それに対して、「いやいや、僕も前はＱＱ群に入っていたんですよ。でも、彼らの集まりに参加したら、彼らは酒は飲むし、『オレたちはムスリムだから酒を飲むんだ』なんて馬鹿げたことをいう始末でしてね。それで嫌になってやめてしまったんですよ」と返答した。ハ・メイは、コン・ジンの言い分に理解を示しながらも、「それでも、ＱＱ群の影響力を侮ってはいけないよ。（ＱＱ群のなかには）豚肉を食べる人もいるけど、ＱＱ群の影響力は、（昆明市の回族のあいだで）ますます大きくなっているしね。それに、彼らに対する宣教は、（非ムスリムに対する）普通の宣教よりもやりやすいしね」と、コン・ジンをたしなめた。

上述のように、ＱＱ群のネットワークによって可能となる娯楽や異性との出会いの場は、そのネットワークに敬虔なムスリムが加わることにより、宣教の場としての意味を持つようにもなっている。ＱＱ群が当初、その設立の目的としていたレクリエーション活動は、潜在的なコンフリクトをはらみながらも、インターネット・コミュニティを媒介とした敬虔さの度合いの異なる回族のつながりを通じて、教養としてのイスラームに関係する要素をも組み込んできたのだ。その結果、ＱＱ群の活動そのものが、レクリエーション活動でもあり、宣教活動でもあるようなものへと変化してきたといえる。そして、この変化の過程で、教養としてのイスラームとしての意味合いがより強い活動も展開された。

2 「ワクフ」のためのＮＧＯ設立の試み

ⓐ組織化への動き

上述のお見合いパーティーの一年ほど前の二〇〇八年一二月四日、リュウ・ジエたちを中心に、このＱＱ群の電子掲示板を通じて、公益活動を行うためのＮＧＯ設立へ向けた会議の告知がなされた[83]。さらに、その翌日の金曜礼拝に際し、昆明市内のＡモスクでは、電子掲示板に投稿されたものと同様の告知のチラシが、礼拝に来ていたムスリムたちに配布された。そこでは、上述のようにＱＱ群を媒介とした敬虔さの度合いの異なる回族のつながりを基盤に行われてきた公益活動の組織化の必要性が主張された（巻末資料を参照）。

その告知文で示されたのは、端的にいえば、それまでムスリムの公益のために有効に使われていなかったザカート（*zakāt*，義務的喜捨）を集約し、より有効に利用するための受け皿としての基金を運営するＮＧＯの必要性だ。たとえば、この告知文ではイスラーム国家と比較して、「中国ムスリムのザカートは往々にして自然と消えていってしまいます。それらを比較してみると、（中国では）多くの混乱をまねき、資金が有効に利用されていません」といった問題意識が示される。また、NGO設立へ向けた話し合いの中心議題として「ザカートとその管理」、「公益基金財務管理規則」が挙げられた。

ここでNGOのプロジェクトとして挙げられた具体的な公益活動は、「幼児教育、高校や大学の教育支援、独居老人への支援、結婚紹介と職業紹介、病人の支援など」であり、その多くは上述のようにQQ群を基盤として既に始められていたものであった。しかし、ここで重要なのは、活動の内容ではなく、活動のやり方である。また、以下で述べるように、このNGO設立へ向けた運動から一年以上を経て行ったリュウ・ジエに対するインタビューにおいて、彼女は「NGOとして基金（基金会 *jijinhui*）をつくって、継続的に資金を運用していくつもりだった」と語った。彼女たちは、一般信徒から集めたザカートやサダカ[84]（*sadaqa*, 自発的喜捨）により基金を設立し、そこから得られる利益によって、それまでQQ群におけるムスリムのつながりに頼り、単発的に参加者と資金を集めて行われてきた公益活動を安定して継続的に行うことを目指していた。彼女たちが立ち上げようとしたNGOは、その基金を管理運営するための組織である。リュウ・ジエたちは、その用語を用いはしなかったものの、これはワクフ[85]（*waqf*）と呼ばれる慈善目的の財産寄進制度に類似したものだといえる。

こうした「ワクフ」を実施するためのNGO設立へ向けた会議は、QQ群を通じてインターネット上でも、また金曜礼拝の際にモスクでも宣伝され、盛り上がることが期待されていた。しかし、公益活動の組織化の試みは、思いがけない結果を迎えることとなる。

ⓑその挫折

その会議は、会議の告知から二週間ほど経った二〇〇八年一二月二〇日の午前九時から、昆明市内のあるビルの会議室で行われる予定であった。当日は、九時前からホテルの前に、リュウ・ジエやハ・メイなどＱＱ群を基盤とした公益活動を主導してきたメンバー十数名が集まっていた。そして、つぎつぎと参加者がやってきて、最終的には三〇数名が集まった。集まった参加者の多くは、リュウ・ジエとともに公益活動を主導するメンバーや、日常的にヒジャーブを着用したり、礼拝を行ったりしている敬虔なムスリムであった。

「会議はキャンセルになってしまったのよ」。会場に到着して、私が聞かされたのは、ハ・メイによる会議中止の知らせだった。私は彼女にその理由を尋ねたが、彼女は「理由はないのよ」と答えるだけだった。次々と集まってくる会議への参加者たちも、訳がわからないまま、会議の中止を告げられ、混乱しているようだった。その後、諦めて帰る人たちと、会議に参加しようとやって来る人たちが行き交う状況がしばらく続いた。

翌日、リュウ・ジエは会議の告知を行った電子掲示板上で、会議が突然中止になった理由を説明した。そこでの彼女の説明によれば、会議を予定していた日の前日、ホテルのある地区の「派出所（*paichusuo*, 日本の交番に類する警察機関）」から、活動の登録と報告の手続きをして欲しいとの連絡があったとのことである。それは公安がリュウ・ジエたちが大規模な活動を予定しているのを知り、将棋倒しのような事件が起きることを憂慮したためだとされる。それに対し、リュウ・ジエは会議の準備をしていた他のメンバーと相談した上で、年末で事務が忙しいだとか、国家の英語試験と時期が重なるなどの理由から、自主的に今回の会議を中止にしたとのことであった。つまり、表向きはこの会議が中止になった原因は手続き上の問題とされたのだ。

しかし、実際に起きたことは、この説明とはかけ離れたことであった。それを知ることになるのは、この出来事から一年以上経った二〇一〇年二月一九日である。その日、私はリュウ・ジエの会社のオフィスで、この出来事についてインタビューを行っていた。彼女が涙ながらに語った事の顛末は、会議予定日の前日夜中一時に、会議の準備に関わっていたメンバーのひとりが公安に連行されたため、リュウ・ジエたちが会議開催を断念せざるをえなかったということであった。

リュウ・ジエは、こうした事態に至った原因を、政府による宗教的活動への弾圧だと捉えていた。彼女はこの出来事が起きて以降、銀行からの融資も受けにくくなったという。彼女は「政府は彼らの目の届く範囲内ではやらせるけど、それを超えると冷遇してくる。私たちはまるで悪人のように扱われてしまう。しかし、耐え忍ぶしかないの。(中略)でもなぜ私たちはこのような酷い仕打ちを受けなくてはならないのだろう。(中略)ムスリムであろうとなかろうと、同じ中国国民だし、そのために公益活動をやっているのに」と悔しさを滲ませた。

以上のように、「ワクフ」のためのNGO設立は、公安の介入により、失敗してしまう。それをリュウ・ジエは、NGO設立の試みが、「政府の目の届く範囲」を超えたためだと説明する。彼女の語りが含意するのは、次章で詳しく論じるように、中国共産党の宗教政策によって、政府の管理・指導下においてのみ宗教活動を行うことが法的に認められるという政治的状況である。そのため、政府の管理統制下にない「民間」の宗教に関係するNGOなどの組織は法的に認められないのだ。

しかし、リュウ・ジエらのNGO設立の試みは、単に政府の宗教管理制度を逸脱するというだけではなく、その制度に対する挑戦ととられかねない側面もあった。それは会議の参加予定者による以下の会議の中止の原因についての語りに見て取れる。

会議が予定されていたその日、会場に集まっていた参加予定者のひとりである、昆明市に隣接する玉渓市で大学に通っていた二〇代回族女性バオ・リンは、突然の会議中止を次のように説明した。彼女は、その日もヒジャーブを着用しており、さらに彼女は礼拝堂での活動にも積極的に参加している人物であった。

上述のように、当日会場に集まった人びとに対して、リュウ・ジエら会議の準備に当たっていた人びとは、突然の会議中止について詳しい説明をしなかった。そのため、会議に参加するために会場に集まった人びとは、雑談をしながら、なぜ会議が中止になってしまったのかについて意見を交わしていた。そうしたなか、バオ・リンは「イスラーム教協会がこの会議の開催に反対したから、中止になってしまったんだよ。イスラーム教協会の人たちも私たちと同じムスリムなんだけど、彼らは政府寄りの人たちだからね。だから、この会議が私たちムスリムにとって良い試みであっても、彼らは中止させてしまったんだよ」と語った。そして、それを聞いていた人びとも彼女の見解がそれほど的外れでもないという様子で聞いていた。

バオ・リンは特に何かの裏付けがあって上記のように語ったわけではなく、その真偽は定かではない。しかし、昆明市の一般信徒たちのモスクに対する不満を考慮に入れると、それを聞いていた人びとが少なくとも彼女の見解に反対しなかったことを理解しうる。

昆明市の回族のあいだでは「モスクばかり大きく、きれいになって、そこで礼拝をする人はほとんどいない」、「都市部のモスクは金持ちだ」といったモスクに対する不満が日常的に語られる（一般信徒のモスクに対する不満については次章で改めて取り上げる）。これらの不満はザカートやサダカの主要な引き受け手となっていたモスクが、それら宗教的資源を再分配する役割を十分に果たしていないと、昆明市の一般信徒たちがみなしていたことによる。こうした状況を考慮に入れると、リュウ・ジエらのザカートの受け皿としてのＮＧＯ設立へ向けた動きは、宗教的資源をめぐる既存の宗教組織との競合を顕在化させるものであったといえる。

加えて、会議の告知文においても既存の政府公認の宗教組織やそれを管理統制する制度に対する挑戦ととられかねない文言が見受けられる。告知文には、ＮＧＯ設立が必要な理由のひとつとして「雲南ムスリムの社会団体には専門的な『組織領導（*zuzhi lingdao*，組織の指導）』および信頼性のある民間のプラットホームが欠けており」と記されている。この「領導（*lingdao*, 指導）」という用語は、中国では極めて政治的な意味合いの強い用語である。[86]また、文中にある「組織領導」は、中国共産党の「領導」の基本方式のひとつとされるものと同一の言い回しである［加茂　二〇〇六：三五二］。中国共産党にとっての「組織領導」は、党が軍や社会団体、企業などの様々な組織に党組織を設立し、そこで党員が指導的な役割を果たすことによって、人びとを統治することを意味する。[87]リュウ・ジエらとのインタビューからは、彼女らは必ずしも政府に対する批判を意図してNGO設立を目指しているわけではないようであったが、「組織領導が欠ける」という表現は、イスラーム教協会やモスクを通じて、ムスリムを指導する中国共産党の統治のあり方に対する疑義を含意しているのだ。

なぜ公安がここで取り上げたNGO設立の試みを取り締まったのかについては、当局に対する調査が困難であったため、明確に答えることは難しい。しかし、以上のように、その試みが中国共産党の宗教政策を逸脱するものであり、さらに中国共産党の宗教管理制度を脅かす側面があったことが、その要因となったと考えられるだろう。

3　続けられる公益活動

その後、少なくとも私の知る限り、QQ群の公益活動に携わる人びとのあいだで公益活動のためのNGOを設立しようという動きはない。但し、その後も公益活動はそれまでと同様に個別の活動ごとに参加者や寄付金を募るかたちで継続されている。たとえば、上述のお見合いパーティーは二〇一三年二月までに一二回開催された。

リユウ・ジエによれば、このように活動ごとに人員や寄付金を募り、寄付金を使いきってしまうことで、当局からの監視の目を逃れることができるとのことだった。前節で取り上げた支教活動に対する支援やお見合いパーティーも同様のやり方で行われていた。

このように組織化された「ワクフ」によってではなく、一回性の活動として公益活動が行われる背景には、上述のような政府による取り締まりの影響が大きい。しかし、組織化の失敗には、政府による取り締まりだけではなく、回族のインターネット・コミュニティに内在する作用も影響していると考えられる。

その作用が顕在化した場面は、NGO設立へ向けた動きが起こる前にさかのぼる。上述の会議の告知がなされる一か月ほど前の二〇〇八年一一月一五日、昆明市のAモスクで、民間のムスリム組織の設立を目指した話し合いが行われた。この日、昆明市の市街地にあるすべてのモスクでは一斉にマウリド[88]（*mawlid*, 預言者ムハンマド聖誕祭）が開催された。QQ群のメンバーたちは、毎年マウリドで参加者に料理を配膳するボランティアを行っていた[89]。話し合いは、こうしたQQ群のメンバーが顔を合わせる機会に行われた。

ここでの話し合いの内容は、上述のNGO設立のための会議で話し合う予定であった内容に類似するものであった。リュウ・ジエが二〇数名のQQ群のメンバーにはじめに提案したのは、次の内容であった。

> 昭通（雲南省の回族の多い地域のひとつ）などの地域に比べて、昆明ムスリムには団結力が不足しています。だから、もっと団結していけるように何らかの組織を作るのがひとつの方法だと思います。私たちは偏見に晒されているし、もっと団結していければ、商売などにとってもメリットがあります。そして、そうした組織があれば公益活動などの活動を継続的に行っていけるのではないかと考えています。どうか皆さんの意見を聞かせて下さい。

こうしたリュウ・ジエの提案に対して、話し合いの参加者からは様々な意見が出された。いくつかを挙げれば、「ムスリムは社会に奉仕しなければならないから公益活動を重視すべき」、「『功修（*gongxiu*, イスラームの教義上、義務として課せられた行為）』と社会運動を結びつけていこう」、「ＱＱ群には英語教師もいるから英語のクラスをはじめよう」などといったものであった。

しかし、ここで挙げた意見にもみられるように、何らかの組織をつくることに対して、積極的な意見は出されなかった。反対に、ムスリムの組織をつくることに対する否定的な意見が出された。ある三〇代回族男性は、「かっちりとした組織がなくても、（私たちは）団結していけるのではないでしょうか。今までもそのようにやってきましたし、今日のようなマウリドの時にも、皆で助け合っているではないですか」と述べた。もともと、組織化に対して積極的な意見が出されていなかったことに加え、こうした反対意見が出されたため、結局、この場ではムスリム組織の設立に関する具体案は出されなかった。

上記のＮＧＯ設立に向けた会議に先立つこの話し合いの場で示されたのは、ＱＱ群のメンバーのあいだでの公益活動をはじめとするＱＱ群を基盤とした活動に対する認識の相違である。リュウ・ジエなど公益活動を主導する人びとにとっては、ＱＱ群の活動は「イスラームとムスリムの社会の発展」のために行われるものであり、それをより効率よく実施するには組織化が必要だった。しかし、リュウ・ジエなど敬虔なムスリムが「回族に過ぎない」と否定的に評価するその他の多くのＱＱ群のメンバーにとっては、上述のように飲食の問題がない「楽しい」レクリエーションや異性との出会い、「回族としての相互扶助」がより重要な問題であり、公益活動をザカートと明確に関連づけることを目指す組織化は必ずしも問題ではなかったと考えられる。

そうした相違は、三周年記念パーティーの招待状や独身者友好活動の告知においてイスラームやムスリムといった文言が盛り込まれていなかったのに対し、リュウ・ジエらが主導するお見合いパーティーやＮＧＯ設立のための会議においてイスラームやムスリムといった文言が使われていることにも示唆される。また、三周年記念パーティーが八〇〇名以上、お見合いパーティーも一〇〇名以上の参加者を集めたのに対し、ＮＧＯ設立に向けた会議に参加するために集まったのが三〇名ほどだったことにも、リュウ・ジエらと他のメンバーたちとのあいだのQQ群の活動に求めるものの違いが示されているといえるだろう。

QQ群のメンバーのあいだにこうした相違があったため、上述の話し合いの場にみられたように、公益活動の組織化の試みは、敬虔ではない回族のメンバーたちの利害を必ずしも十分に取り込むことができないものであったといえるだろう。つまり、QQ群を媒介とした公益活動が「ワクフ」を担うNGOとして組織化しえないのは、政治的要因だけではなく、QQ群自体が敬虔さの度合いの異なる回族から成るコミュニティであり、教義としてのイスラームという要素を中心とした活動には向かわないという特徴を内在していたためだと考えられる。

4　イスラーム化しきれない公益活動

本節第一項で述べたようにQQ群は、伝統的な回族コミュニティが解体し、都市部に分散して居住するようになった回族が集まり、レクリエーション活動などを行うことで団結を図るためにつくられたインターネット・コミュニティであった。その意味で、このコミュニティには、教義としてのイスラームと関係する要素が顕著ではなく、敬虔な回族にとって「ムスリムではない回族」の集まりであり、批判の対象でもあった。

しかし、都市部に分散して居住する民族的、宗教的マイノリティとして、回族はその敬虔さの度合いに関わらず、部分的に利害を共有している。それは、就職の機会をみつけることであり、ムスリムの異性との出会いをみつけることであった。敬虔な回族は、敬虔であればあるほど、必ずしも敬虔ではない回族や彼らが主導するQQ群の活動のあり方に批判的な傾向にある。しかし、その一方で、彼らはイスラームを厳格に実践するために、回族の経営する企業に就職する必要があり、またムスリムの異性と結婚しなければならないため、QQ群の活動に不満を抱えながらも参加していた。その結果、QQ群は前章で述べたように一見すると二極化しているようにみえる敬虔さの度合いの異なる回族を媒介することとなるのである。

インターネット・コミュニティが媒介となり、敬虔さの度合いの異なる回族が部分的に結びつくことで、それまでのレクリエーション活動を中心としたQQ群の活動それ自体が変化し、教養としてのイスラームの要素を組み込んでいく。本節第三項では、このような変化が顕著な事例として、独身ムスリムを対象とした結婚活動を取り上げた。回族による結婚活動は、それが始められた当初、独身者たちのあいだの友好を深めるための活動であり、教養としてのイスラームとの関係は明確には表れていなかった。しかし、リュウ・ジエをはじめとする敬虔なムスリムがQQ群に加わることで、そうした活動はイスラームを宣教するための活動ともなっていく。つまり、インターネット・コミュニティが媒介する多様な回族のあいだの新たな連鎖によって、レクリエーション活動であると同時に、宣教活動でもあるような公益活動が展開されていくことになるのだ。

さらに、このように活動が変化していくプロセスのなかで「ワクフ」のためのNGO設立が試みられた。ここで重要なのは、それが失敗に終わったということである。この試みは、「ワクフ」としての基金による活動として公益活動を位置づけ直そうとする試みであった。その意味で、それまでレクリエーション活動であり、異性との出会いの場であり、宣教活動でもあった公益活動における特徴のひとつであった教養としてのイスラーム的な側面を顕著化させることであった。

しかし、インターネット・コミュニティにおける必ずしも敬虔ではない多くのメンバーにとって、公益活動の教養としてのイスラームにおける意味付けを一層強めることとなる「ワクフ」のためのNGO設立は、必ずしも積極的に支持されるものではなかった。彼らにとって、リュウ・ジエら敬虔な回族の目的であった「イスラームとムスリム社会の発展」は、中心的な問題では必ずしもなく、むしろ回族の集まりでの「心地よさ」や「回族の相互扶助」などが重要な問題だったといえるだろう。

また、ザカートを集約し、「ワクフ」としての基金を管理するNGOを設立しようとすることにより、教義としてのイスラーム的な要素が強調されることは、宗教を管理統制しようとする政府による介入や、その管理下にある既存の宗教組織との宗教的資源をめぐる競合を引き起こしかねないものであった。そのため、NGO設立に向けた会議の参加者のあいだではそれが失敗の要因となったとみなされてもいた。

回族のインターネット・コミュニティは、そもそも「ムスリム」ではなく、「回族」の団結を目的につくられたものであり、必ずしも敬虔ではない回族がそのメンバーの多くを占めるという特徴を持つ。さらに、宗教活動は政府の比較的厳格な管理統制下に置かれており、こうした政治的状況により公益活動のあり方が規定される。そのため、回族のインターネット・コミュニティを媒介とした公益活動は、イスラーム的社会運動やイスラーム復興運動のように社会のイスラーム化を志向する運動へとは向かいにくい。結果として、それまでと同様に必ずしも教義としてのイスラームとは直接的に関係しない要素を内包し、制度的にインフォーマルなまま、公益活動が続けられるのである。

四　宗教と世俗の連鎖

本章では、支教活動と公益活動という二つの事例を中心的に取り上げ、それらの活動が展開されてきたプロセスに焦点を当て、記述した。これら二つの事例において、特に第一章で述べた回族社会の二極化との関連から、それらの活動の変化に着目した。そこで明らかになったのは、一見すると分化しているようにみえ、また敬虔な回族によって「ムスリム」と「回族」とに区別される敬虔さの度合いの異なる回族が共同することによって、それらの活動が展開されてきたということである。

前者の事例では、回族大学生によりダアワ運動として始められた活動が、礼拝堂を媒介とした敬虔さの度合いの異なるムスリム大学生の集まりの形成、さらに異なる意図や利害をもった支援者の活動への関与により、宣教活動でもあり、民族運動でもあり、レクリエーション活動や観光活動でもあるような支教活動が展開されてきたことを示した。

それに対し、後者の事例では、レクリエーション活動を主な目的としてつくられた回族のインターネット・コミュニティに、敬虔な回族が加わっていくことで、活動に教養としてのイスラームに関係する意味が付与され、イスラームの宣教活動でもある公益活動が行われるようになった。

これらの対照的なプロセスをたどる活動に共通してみられた特徴は、先行研究において教養としてのイスラームや宗教意識の高まりをその前提として理解される傾向にあったイスラーム運動が、敬虔さの度合いや活動への参加目的が異なる多様なアクターの共同により展開されているということである。そして、その共同を可能にしていたのは、多様なアクターの異なる利害が部分的に共有されることによって形成される、諸アクター間のプラグマティックなつながりであった［cf. Bayat 2005: 895-900］。

その意味で、昆明市の都市部における回族によるイスラーム運動は、「イスラーム覚醒」に必ずしも還元しうるものではない。加えて、重要な点は、ダアワ運動が支教活動として、またレクリエーション活動が公益活動として展開されるプロセスが示すように、昆明市における回族の集団的な活動が、教養としてのイスラームとの関係において曖昧さを持った活動へと向かう傾向があることである。つまり、回族による集団的な活動が、イスラーム主義運動やイスラーム復興運動といった活動へとも向かわなければ、反対にそうした「イスラーム」と全く無関係な非イスラーム的活動にもならないということである。

これは、活動に関与するアクターの多様な利害が、前章で述べた回族社会における対照的な二つの変化（「漢化」

と「イスラーム復興」）を反映したものであり、活動を可能にするそれらの利害の部分的な共有が必然的に矛盾をはらんだものとなるためである。そのため、昆明市におけるイスラーム運動は、支教活動におけるコンフリクトの顕在化や公益活動の組織化の失敗にみられたように安定した構造とはなり得ない。しかし、本章の事例から明らかになったのは、むしろそうした特徴が積極的な意味を持つということである。つまり、イスラーム主義運動やイスラーム復興運動へは向かわず、あるいは向かうことができず、結果として矛盾をはらみながらも様々な要素を内包してしまうがゆえに、本章で取り上げた活動は、より多くの参加者や支援者を動員し、規模を拡大し、発展することが可能になっているのだといえる。

　但し、回族によるイスラーム運動の曖昧性は、教義としてのイスラームとの関係においてのみ見られるわけではないことに留意する必要がある。取り締まりを受ける危険があるダアワ運動が社会的に流通している「支教」という名称で行われていることやＮＧＯ設立の挫折とその後の展開が示すように、これらのイスラーム運動は非合法であるが、取り締まりを受けにくいようなやり方で継続される。その意味で、政治的、制度的な面においても曖昧さや矛盾をはらんだものとして展開されているといえる。リュウ・ジエが嘆いていたように、一見すると、彼女らのイスラーム運動が政治的、制度的な曖昧さや矛盾をはらまざるをえない状況は悲観的にみえる。しかし、むしろそこには回族がイスラーム運動を展開していくうえでの積極的な意味が見出しうる。次章では、中国共産党の宗教政策との関係に焦点を当てて、イスラーム運動を記述、分析することを通してこの点を明らかにしたい。

注

（1）　雲南省の少数民族の学生数（小学校から大学までの全ての学校）は、一九八〇年の約二一・八万人（雲南省全学生の一二・〇五％）から、二〇〇〇年には約一九五万人（同二一・五七％）へと増加している［雲南省教育庁編　二〇〇二：五〇—五二］。

（2）これは学校教育が普及した「改革・開放」以降の現象では必ずしもない。第一章でも述べたように、回族社会では、近代以前から「念経（nianjing）と念書（nianshu）」（宗教教育と漢文化教育や普通教育）の両立が問題とされてきた［cf. 李・王二〇〇三］。

（3）漢語では、「回族不成器去念経，漢族不成器去当兵（*huizu buchengqi qunianjing, hanzu buchegqi qudangbing*）」である。

（4）雲南省で、サウムは「封斎（*fengzhai*）」、「把斎（*bazhai*）」と呼ばれる。

（5）漢語で、クルアーンは「古蘭経（*gulanjing*）」と呼ばれる。

（6）西安で調査を行ったジレットも、一般信徒がアホンに対して「文化がない（没有文化）」と評すると報告しているが、そこでは標準的なアラビア語の発音ができないことを意味する［Gillette 2000: 106］。

（7）ハリーファ（*khalīfa*）は、アラビア語では代理人や後継者といった意味の単語である。しかし、雲南省では、アホン資格を取得するために政府公認のモスクやイスラーム学校で学ぶ寄宿学生を指す語として使用される。漢語では「海里法（*hailifa*）」などと表記される。

（8）昆明市のあるモスクでは、一一名のハリーファのうち、高卒者は一名のみで、他は高校中退あるいは中卒であった。

（9）イマームは、漢語では「伊瑪目（*yimamu*）」と表記される。イマームは宗教指導者という意味もあるが、雲南省ではモスクの役職としての意味合いが強く、その役職にあるアホンに対する呼称に使われる。モスクの組織については次章で詳しく述べる。

（10）「教長（*jiaozhang*）」は、モスクに所属する宗教指導者の役職のひとつで、そのモスクの宗教業務におけるトップである。

（11）中国イスラーム教協会が運営する中国イスラーム教経学院は、イスラーム的知識と近代的知識とを兼ね備えたアホンを育成する機関として、一九五五年に北京で設立された。この経学院は、文革期には閉鎖されたが、一九八二年に活動を再開し、それ以降、昆明市を含む全国九か所にイスラーム教経学院が設立された［《回族簡史》編写組 二〇〇九：三一二、三一八］。イスラーム教経学院は、中国のイスラーム系の宗教学校の中では唯一、学士号を取得できる教育機関であり、高卒程度の学歴がなければ入学試験を受けることができない。但し、少なくとも昆明市の一般信徒のあいだでは、その入学試験はそれほど難しくないといわれていた。

（12）雲南省の回族の大学進学率は増加してはいるが、その数は限定的である。二〇〇〇年のセンサスに基づく世代別の大学進学者の割合は以下の通りである、二〇代一・九二％、三〇代一・九四％、四〇代〇・八一％、五〇代一・〇〇％、六〇代一・一七％［雲南省人口普査辦公室・雲南省民族事務委員会 二〇〇三：三一一―三三三、四三一―四五］。四〇代で数値が減少しているのは、文化大革命による影響と考えられる。

(13) 実際、宣教活動に参加する回族大学生のほとんどは、礼拝を行うのに必要最低限なクルアーンの章句を諳んじられる程度で、彼らのアラビア語の能力はアホンやハリーファのそれとは比較にならないほど低い。しかし、それは宣教活動の文脈においてほとんど問題とされない。

(14) 宗教的エリートではない高等教育を受けた世俗的エリートが、イスラーム的社会運動やイスラーム主義運動を主導する例は、中国に限らず、多くの地域でみられる［e.g. Nagata 1982; Eickelman 2000; 飯塚　二〇〇一、見市　二〇〇四、Bayat 2007; 野中　二〇〇八、八木　二〇一一］。

(15) 支教活動は、ダアワ（達瓦）、「宣教（*xuanjiao*）」、「宣伝（*xuanchuan*）」、「工作（*gongzuo*）」などとも呼ばれる。

(16) その政策とは、大卒者や大学院卒業生をボランティアとして、西部内陸部の貧困地域に派遣し、一、二年間、教育などの業務に当たらせ、その代わりにボランティアを終えた者への就職のおける優遇や大学院入試での加点を行うというものである［中華人民共和国国務院辦公庁　二〇〇三、中国共産主義青年団中央委員会ほか　二〇一一］。

(17) 昆明市において、「宣教」などと呼ばれる活動は、大学生による支教活動を指すことが一般的である。但し、ハリーファも農村部のモスクで宗教教育に従事することはある。しかし、管見の限り、彼らはアホンに代わり授業を担当するのみで、その活動には「教育実習」としての意味合いが強いと思われる。

(18) イスラームの宣教と普通教育の振興が同時に目指されることは、他地域のイスラーム運動にもみられる。たとえば、現代トルコにおけるイスラーム運動のひとつであるヌルジュ運動の開祖とされるサイド・ヌルシィーは、イスラームの教義と共に世俗科目を教える教育改革を唱え［粕谷　二〇〇三：七二］、一九六〇年の彼の死後のヌルジュ運動においても宣教だけではなく、大学や高校などの運営も行われている［粕谷　二〇〇三：七九―八〇］。

(19) サラーム（*salām*）は、アラビア語で「平和」や「あいさつ」を意味する単語である。漢語では、「色蘭（*selan*）」、「色倆目（*seliamu*）」、「賽倆目（*sailiamu*）」などと表記され、一般にアラビア語のあいさつである「アッサラーム・アライクム（あなたがたのうえに平安がありますように）」の意味で使用される。それに対する返答は、「回色蘭（*huiselan*）」、あるいは「ワ・アライクム・サラーム（あなたがたのうえにも平安がありますように）」といわれる。

(20) 礼拝堂の運営資金の支援者は、学生の出身地の回族企業家や裕福な学生の家族、モスクで偶然出会った老人など礼拝堂ごとに異なり、礼拝堂の代表者たちの個人的なつながりに依存している。礼拝堂によって違いはあるが、賃料や光熱費を含めた年間の費用は一万元以上だとされる。

(21) 政府に未登録の場所での宗教活動は法的に禁じられている（宗教事務条例一二条）。中国共産党の宗教管理制度については次章で詳しく論じる。

(22) 小浄は、アラビア語ではウドゥー(*wuḍū*)と呼ばれる。ウドゥーは、礼拝のために身体を洗い清めることである。

(23) モスクの「水房(*shuifang*)」と呼ばれる、ウドゥーやグスル(*ghusl*)を行い、身体を洗い清める場所にも「水壺」が置かれている。グスルは、漢語では「大浄(*dajing*)」と呼ばれ、身体全身を洗い清める行為である。

(24) 彼らは「アミール(*amīr*)」、「負責人(*fuzeren*, 責任者)」と呼ばれる。アミールは、アラビア語で指導者や首長などを意味する単語である。雲南省の回族大学生のあいだでは、礼拝堂の代表者を指す単語として使用される。この代表者の地位は、前任者から敬虔で熱心な後輩に引き継がれていく。

(25) 呈貢県は、昆明市の市街地からバスで一時間ほどの距離にある。

(26) 筆者の調査期間中にも礼拝堂での活動を通して、交際を始める学生や卒業後に結婚する者もいた。

(27) 大学生活において、彼らムスリム大学生が直面する宗教上の困難は、礼拝堂での活動を通して学生のあいだに共有される。

(28) 「文教」という呼称が使用され始めた時期は判然としない。しかし、宣教活動はインフォーマルな活動であるため、当局の注目を引かぬよう、中国社会で流通していた形式を利用したものと考えられる。

(29) 沙甸は、文革期に人民解放軍による回族の虐殺事件「沙甸事件」の起きた場所として回族のあいだでは有名な場所である。沙甸については、沙甸事件も含め、次章で改めて取り上げる。

(30) このような地域を越えたイスラーム学習活動については、次章で詳しく述べる。

(31) 具体的には、大理ペー族自治州(以下、大理州と略称)、昭通市、玉渓市、曲靖市、昆明市、紅河州、文山チワン族ミャオ族自治州にある三六か所のモスクで行われた。

(32) 昆明市では、この支教のための事前研修は、「支教培訓(*zhijiao peixun*)」と呼ばれる。

(33) モスクで事前研修が開催できたのは、Aモスクのイマームであるマ・ジエン(四〇代回族男性)が便宜を図ったためである。次章で述べるように、マ・ジエンは、昆明市のモスクのアホンのなかでは、一般信徒のことに気をかける傾向が強いアホンである。

(34) そのうち男性が一二名、女性が九名であり、女性でヒジャーブを着用していた者は四名であった。また、男性は全員、下記する「白帽」を着用していなかった。

(35) 白帽は、一般にムスリム男性がかぶるものである。昆明市では必ずしもそうではないが、地域によってはモスクでの礼拝に参加する際に着用しなければならないとされる。昆明市のある礼拝堂の代表者であったシェン・ジンの実家のある雲南省紅河ハニ族イ族自治州(以下、紅河州と略称)大庄という回族の集住する農村地域では、そうした規範が強い。シェン・ジンは、「白帽をかぶらずにモスクに行くことは、裸でモスクに行くようなもので、高齢者に怒られてしまう」と語った。

(36)　活動に際して、参加者は「宣教」や「工作」と公言しないことはもちろん、「目立たない(低調 *didiao*)」ことが求められる。この事前研修についても、学生リーダーから、事前に公言しないようショートメールでの通達があった。そこでは、仮に誰かにモスクに行く目的を訪ねられた場合は、アラビア語を学びに行くと説明するようにとの指示がなされていた。

(37)　輸出品の卸売市場のある浙江省義烏市や広州市には、中東からの貿易商も多く集まり、これらの都市には六〇〇〇人以上のアラビア語通訳がおり、その多くがモスクなどでイスラーム教育を受けた回族であるとされる［松本　二〇一〇：四―五］。さらに彼らの月給は二五〇〇元～三五〇〇元とされ、それは中山大学の教員の初任給一八〇〇元よりも高いといわれる［松本　二〇一〇：一〇二］。それに対し、雲南省農村部のモスクのアホンに対する経済的な待遇は悪い。ジャン・アホンの月収は一〇〇〇元であり、雲南省農村部におけるアホンの月給は六〇〇元程度であることが一般的であるとされる。

(38)　このように出身地以外のモスクに行くことに価値が置かれるのは、次章で取り上げる「ジャマーアト訪問」というイスラーム学習の実践による影響と考えられる。

(39)　Y鎮にあるYモスク内の「修建Y清真寺碑序」(一九九六年)を参照した。

(40)　彼らはその大学の礼拝堂の新旧の代表者であり、イスラームに関する知識も豊富で、私の知る限り、日々の礼拝を欠かさない敬虔なムスリムを実践していた。

(41)　雲南省において、「念経」は、字義的にはクルアーンを朗誦することを意味するが、転じて、アホンになるための専門的なイスラーム教育を受けることをも意味する。

(42)　イスラーム教協会は、その行政単位にあるモスクを管轄する組織で、モスクと政府の橋渡し役をする。この組織については、次章で詳しく述べる。

(43)　昆明市のBモスクが一九九三年に改築された際、二三万一四〇〇元の費用がかかったが、その半分以上の一三万元が政府から寄付されたものだった。

(44)　一〇日間の活動期間、食事に招かれる機会は五回あった。さらにYモスク以外のモスクを訪問した際にも三度食事を振舞われた。

(45)　Z県は、アヒルが名産で、食事に招待された際にしばしばフォアグラが出された。

(46)　中国全土でも代表的なイスラームの中心のひとつである雲南省個旧市沙甸区では、民族を問わず、アルコールの不買が実施されている(詳しくは次章で述べる)。また、序論で述べたように、八〇年代半ばから九〇年代半ばにかけて、陝西省西安市でもアルコール不買運動が行われた［Gillette 2000: 165-191］。

(47)　調査を始めた二〇〇八年にはすでにサービスが拡充しており、フェイスブックなどのSNSと同様のサービスを提供していた。

(48) 中国版ジャスミン革命は、二〇一〇年にチュニジアで起こったジャスミン革命に端を発し、中東に波及した「アラブの春」と呼ばれる一連の民主化運動に触発されたものである。この「アラブの春」においてもフェイスブックやツイッター、ユーチューブなどのインターネット・メディアが運動を促進する要因のひとつとなったとされる [Freudenstein 2011: 68-70]。中国版ジャスミン革命は、政府が厳戒態勢を敷き、取り締まりを強化したために大規模な運動に発展することはなく、さらにこの運動に関わった数十名のブロガーや人権派弁護士、作家が逮捕された [Zheng 2012: 31-32]。

(49) そのURLは、〝http://www.2muslim.com/forum.php?mod=forumdisplay&fid=44〟である。最終アクセス日:二〇一三年六月一七日。

(50) 二〇〇三年に開設された「中穆網」(http://www.2muslim.com/) 以外にも、二〇〇〇年代初めに漢語のイスラーム系ウェブサイトが次々と開設されてきた。代表的なものに、「伊斯蘭之光 (*yisilanzhiguang*)」(http://www.norislam.com/)、「伊斯蘭之窓 (*yisilanzhichuang*)」(http://www.yslzc.com/)、「緑色中華 (*lüsezhonghua*)」(http://www.xaislam.com/) などがある。これらのうち最も古い「伊斯蘭之光」は一九九九年に開設されている。これらのウェブサイトは、クルアーン読誦の音声データの提供やイスラームに関する問答 (ファトワー *fatwā*) の場を設置し、アホンなどの伝統的な宗教的権威による宗教的知識の独占を崩す要因のひとつとなっている。これらの問題については次章で詳しく論じる。

(51) その URL は、〝http://www.9007777.com/forum.php〟である。最終アクセス日:二〇一三年六月一七日。9007777は「昆明回族QQ群」のグループ番号である。二〇一一年五月時点で一二〇〇名ほどであった会員数が、二〇一二年八月には一万四〇〇〇名を超えており、会員数は急激に増えている。老若男女を問わず、幅広いメンバーが参加しているが、二〇代から三〇代までの男女の社会人が多く、彼らが実際に行われる様々な活動を主導している。

(52) 近年のメディアとイスラームに関する研究は、カセットテープによる説教やファックスやオンラインでの問答など新しいメディアを通じた宗教活動における匿名性に注目してきた [e.g. Anderson 1999; 八木 二〇一一:一八一—二〇六]。これらの先行研究は、これまでウラマー (*ulamā*) がクルアーンを解釈し、宗教言説を支配していたが、これらの匿名性を持った新しいメディアの出現により、一般信徒もイスラームについて語りうる状況が生まれ、新たな宗教言説の空間が開かれたと論じる。こうした問題については、次章で取り上げる。

(53) 私が訪れたことのある貴州省、広西チワン族自治区、広東省、浙江省、上海市などでもみられた現象である。

(54) このコミュニティのメンバーの間では、実際に顔を合わせる場合でも、QQのハンドルネームを用いることが多い。そのため、頻繁に顔を合わせるメンバーのあいだでも実名を知らないという場合もある。

(55) 米線は雲南省の郷土料理であり、広く食べられているうるち米で作られた麺を意味する。米線はリーズナブルで手軽に食べることが出来るため、朝食や昼食で食べられることが多い。

(56) このパーティーの参加には、食事付きで三〇元の参加費が必要だった。

(57) このイベントは、上記した「中穆網」という中国における最大規模のイスラーム系ウェブサイトにおいて、「中穆網二〇〇八十大熱点（二〇〇八年十大ホットトピック）」のひとつに選ばれており、回族のインターネット・コミュニティの成長を示すものとして、少なくともオンライン上では昆明や雲南省を越えて、中国全土の回族をはじめとするムスリムにインパクトを与えたイベントとされた。「中穆網二〇〇八十大熱点」(http://www.2muslim.com/forum.php?mod=viewthread&tid=89626)、最終アクセス日：二〇一二年八月二十八日。

(58) 昆明市にある「星月婚介」という結婚紹介所を指す。

(59) 「〝我們的群、我們的愛〟―昆明回族ＱＱ群三周年主題聯歓会邀請函」(http://www.2muslim.com/forum.php?mod=viewthread&tid=83269)、最終アクセス日：二〇一二年八月二一八日。

(60) 一般に漢語では、兄弟の息子を「姪儿（*zhir*）」、姉妹の息子を「外甥（*waisheng*）」、兄弟の娘を「姪女（*zhinü*）」、姉妹の娘を「外甥女（*waishengnü*）」と呼ぶ。しかし、昆明市ではこの区別がなされずに、キョウダイの息子を「姪儿」、キョウダイの娘を「姪女」と呼ぶことが多かった。

(61) このマイケル・ジャクソンによる英語の「賛聖」は、〝*Give Thanks to Allah*〟というタイトルの曲である。真偽は定かではないが、雲南省の回族のあいだでは、マイケル・ジャクソンはイスラームに改宗したとみなされていた。他にもアインシュタインもイスラームに改宗していたといわれ、父親がムスリムであるとされるバラク・オバマ米大統領もムスリムとみなされていた。

(62) ヒジャーブを着用することは、昆明のコンテクストではかなり勇気のいることとされており、日常的にヒジャーブを着用している回族女性は、基本的に敬虔なムスリムとみなされる。大学生や会社員などの比較的若い世代の女性については特にその傾向が強い。

(63) 長袍はムスリム男性の着用する白色のドレスシャツのような衣装を指す。膝丈くらいの長さの場合は、下にパンツを穿く。しかし、くるぶしくらいまでの長さのものの場合は、長袍のみを着用することも多い。アホンや敬虔なムスリムが、イスラームの祝祭などの際に着用することが多い。日常的に着用する者もいるが、昆明市では一般的に日常的に着用されるものではない。

(64) 中国では、一九八〇年代中頃までは大卒者は「国家統一分配（*guojia tongyi fenpei*）」という制度のもと、ほぼ一〇〇％の就職が保証されていた。これは主管官庁が大卒者の就職先を一括して決定・分配するシステムである。しかし、「改革・開放」

政策の影響により、大卒者の就職先が国有企業から民営企業へと移行するなか、国家による就職先の分配の比率は低下し、一九九九年にその制度自体が廃止された。その結果、二〇〇〇年代以降、多い年には、二割以上の大卒者が就職先をみつけられない状況が生まれている［徐・来島　二〇〇七：七七―七八、登坂　二〇〇七：三五―三七］。

(65) 昆明市において、「米線」や「炒飯（*chaofan*）」など日常的に食される「小吃（*xiaochi*）」と総称される手軽な食事の値段は、五元から一〇元程度であった。また、昆明市における住み込みの牛肉屋の丁稚の月収が六〇〇元、新卒のサラリーマンの月収は一五〇〇元ほどであった。これらのことからこのハラール・レストランの価格の高さがうかがえる。

(66) ハラール食品産業はムスリムの伝統産業として発展してきた。たとえば、寧夏回族自治区の首府である銀川市では、市総人口の二六・一六％の約三六万人の回族が銀川市のハラール食品市場を主導しており、ハラール飲食業の八〇％以上を占めている［呉俊　二〇〇六：四八―四九］。

(67) モスクの管理・運営を行う役職。モスクの組織については次章で詳しく述べる。

(68) 二〇〇九年一一月二〇日、昆明市内のAモスクの金曜礼拝の参加者は、男性が二五〇名ほどであったのに対し、女性はわずか一二名であった。

(69) 独身者友好活動はQQ群が設立された当初から続けられている。

(70) 「二〇一一元旦大型単身聯誼活動火熱報名ing（二〇一一年元旦における独身者の友好を深める大規模な活動の参加受け付け中）」（http://www.9007777.com/thread-804-1-4.html）、最終アクセス日：二〇一一年八月二九日

(71) ここで挙げた例は漢族ムスリムであるが、回族のあいだでもイスラームにとって婚姻が重要な義務とみなされる傾向にある。一九五〇年代に行われた昆明市の回族社会に関する調査報告でも、教義上ムスリムとして結婚する条件を満たす健康な者が結婚しないことは、アッラーの意に反することであり、認められないことであると考えられていたと報告されている［忽文恵　一九八五：八］。

(72) 調査期間中、QQ群メンバー間での婚姻は私の知る限りでも五組あった。

(73) 二〇〇六年には、すでに公益活動として、イスラームの祝祭の際のモスクでのボランティアや回族の白血病患者に対する経済的支援が行われていた。しかし、本文中で挙げたその他の活動は、リュウ・ジエのQQ群への加入以降に始められたことである。

(74) 中国では、新聞やテレビ、ラジオなどのマスメディアに対して強い規制がかけられているのに対し、インターネットに対する規制は相対的に緩いため、草の根NGOが積極的にインターネットを利用するとともに、NGO活動を促進しているとされる［B. Yang 2008; 孫春苗　二〇〇八：一〇七］。

（75）このお見合いパーティーには、少なくとも一〇〇名以上の参加者があった。また、昆明市だけではなく、文山州、昭通市、大理州など雲南省の他地域の参加者もあり、盛会であった。
（76）この第一回目のお見合いパーティーは、リュウ・ジエとQQ群の仲間で開業した「星月婚介」という名前の結婚紹介所とQQ群との共催というかたちで開催された。
（77）クルアーン第三〇章・第二一節の引用を意味する。日本語訳は井筒［一九五八：二六九］を参照した。カイロ版のクルアーンでは第二一節だが、フリューゲル版では第二〇節にあたる。
（78）ヘブライ語の「アーメン」と同様の意味のアラビア語。「そうでありますように」と言った意味で使用される。
（79）「【星月婚介出品】一〇月一日穆斯林相親大会全程総結」（http://www.2muslim.com/forum.php?mod=viewthread&tid=114651&extra=page%3D1）、最終アクセス日：二〇一二年八月二九日。
（80）昆明市におけるムスリムの結婚のプロセスについては、第四章で詳しく述べる。
（81）次章で述べるように、彼らは協同してインフォーマルなイスラーム教育活動を行っていた。
（82）たとえば、高齢者慰問は、二〇〇九年一二月にリュウ・ジエら公益活動を主導するメンバーによる公益活動の方針についての話し合いで、お見合いパーティーと同じく、より明確に宣教活動に位置づけられ、積極的に行うことが確認された。
（83）「中国及雲南NGO発展現状報告（五三楼）」（http://www.2muslim.com/forum.php?mod=viewthread&tid=85071&extra=&page=1）、最終アクセス日：二〇一三年六月一八日。
（84）雲南省では、喜捨全般を「功徳（*gongde*）」と呼ぶ。ザカートもサダカもこれに含まれる。
（85）ワクフはイスラームの宗教寄進制度を指す。これは一般に寄進者が所有する土地や物件に対する所有権を放棄し、そこから得られる収益を特定の慈善目的に費やす制度を意味する［e.g. Hoexter 2002; Aburaiya 2009: 63、高尾　二〇一一：七―八］。
（86）たとえば、中華人民共和国憲法の前文において、「領導」という用語を使った「中国共産党が中国の各民族人民を領導し」［鄭淑超　一九九二：三―四］といった表現によって、党の指導性が示される。
（87）中国共産党新聞『共産党領導的基本方式是什麽？』（http://cpc.people.com.cn/GB/64162/78862/78867/5431666.html）、最終アクセス日：二〇一三年一一月一九日。
（88）雲南省では、マウリドは「聖紀（*shengji*）」、「聖誕節（*shengdanjie*）」と呼ばれる。第一章で述べたように、昆明市においてもサラフィー主義的なイスラーム言説の影響力が増すなか、マウリドがクルアーンやハディースに依拠する祝祭でないことや、イスラームで否定される個人崇拝にあたる懸念から、マウリドを批判する人びとも少なくない。また、こうした状況は中国に限らずみられる［cf. 新井　二〇〇六］。

（89）昆明市において、マウリドは最も多くの参加者が集まるイスラームの祝祭である。しかし、ほとんどの参加者は礼拝などには参加せず、食事をして帰るだけである。この年のAモスクでは、約三七〇〇名分の食事が提供された。この年のAモスクでのイード・アル＝フィトルの参加者が一〇〇〇人にも満たなかったことからすれば、マウリドの参加者の多さが分かる。これだけの参加者に食事を提供するためには、多くの人員が必要であり、その多くをQQ群のメンバーが担っている。この年のAモスクにおけるマウリド時のボランティアは、二〇〇名ほどにも及んだ。

第三章　「宗教」に抗するイスラーム

第一章で述べたように、中国では一九七八年の「改革・開放」政策の導入により、宗教政策が緩和され、一九八〇年代以降の急激な宗教復興が起こった。しかし、前章で取り上げたイスラーム運動に関与する回族たちが警戒していたように、あるいは実際に取り締まりの対象になっていたように、中国では宗教は依然として国家の強い管理統制下にあるといえる。本章では、イスラーム教育に関する具体的な事例をもとに、宗教への抑圧的な政治状況に対して回族の人びとがいかに対処しているのか、また彼らがそうした状況下で自律性を保ちうるとすれば、その実践のあり方はどういったものなのかを明らかにするとともに、序章で提示した「人びとが逃れられない権力関係の網の目のなかにあることを十分に了解したうえで、必ずしもそうした権力関係のなかでの抵抗や交渉に依らない宗教復興、あるいは自律性のあり方はいかに可能か」という問題を検討することを目的とする。

まず、第一節で、中国共産党政府による宗教管理制度について概観し、その統治の論理を明らかにする。続く第二節、第三節で、そうした国家の統治の論理に回収されない回族による活動の民族誌的事例を取り上げる。第二節では、地域を越えて行われるイスラーム学習活動を取り上げる。中国は事実上、中国共産党による一党独裁の政治体制であるが、その歴史的背景や政治経済的状況の違いによって、宗教に対する管理統制の度合いも地域ごとに大きく異なる。全国に分散して居住する回族は、そうした国家権力の働きの異なる地域のあいだを移動することによって、政府からの取り締まりを受けるリスクを抑えながら、政府の宗教政策上は禁じられているイスラーム学習活動を行うことを可能にしている。次いで第三節では、昆明市内で行われているインフォーマルなイスラーム教育活動を取り上げる。昆明市は雲南省の首府であり、インフォーマルな宗教活動に対する政府による管理統制が比較的厳しく行われている。そのため、インフォーマルな宗教活動には常に政府から取り締まりを受ける危険性が伴い、また実際に取り締まられることがある。その際、活動に関与する人びとは当局と直接対峙せず、取り締まりを受ける度に時に活動を中断し、活動場所や活動の名目を変えていくことで、断続的ながら活動を継続していく。

一　国家に取り込まれる「宗教」

1　中国共産党による宗教管理制度

1　囲い込まれる「正しい宗教」

西洋近代由来の宗教概念が一九世紀末に日本を経由して中国にもたらされて以降、国家体制における宗教の配置は常に重要な政治的問題であり続けている[1]。中国共産党による実質的に一元的な政治体制をとる現代中国において、それは両義的な意味を持つ。

中国共産党はマルクス・レーニン主義を原則とする政党であり、宗教は「民衆のアヘンである」［マルクス一九七四：七二］といった言説に代表されるように、宗教は非科学的な打倒すべきものとみなされる傾向にある。

それは「信教の自由」が回復された「改革・開放」後も同様であり、一九八二年に公布された宗教政策の基本方針を示した文件（一九号文件）においても、「宗教は最終的には消えてなくなるものである」［中共中央文献研究室総合研究組・国務院宗教事務局政策法規司編　一九九五：五五］とみなされている。

しかし、一方で中国共産党にとって宗教は、中華人民共和国建国以前から保護すべき対象でもあった。第一章第三節でも述べたように、一九三〇年代、長征を経て陝甘寧辺区で活動していた中国共産党は、日本軍、国民党、回民軍閥との覇権争いにおいて、回族、モンゴル族の支持を得る必要があった。そのため。中国共産党は、彼らの協力を得るために宗教保護の方針を打ち出さざるを得なかった［松本ますみ　一九九九：一七一―一三九］。その後、反右派闘争や文化大革命など、その時々の政治状況により必ずしも実施されてはこなかったが、「信教の自由」は一貫して憲法に明記された中華人民共和国建国以来の基本原則となっている。(2)

こうした中国共産党の宗教に対する両義的な方針は、「信教の自由」によって保護すべき「宗教」と廃すべき非科学的な「迷信」との区別として表れる(3)［cf. M. M. Yang 2008: 11-19］。広池が指摘するように、当初、中国共産党は宗教と迷信を明確には区別していなかった［広池　二〇〇三］。一九三三年に公布された土地改革に関する文件において、「宗教職業者」は「牧師、神父、和尚、道士、斎公（道士の尊称）、看地（宅地や墓地の吉凶の占い）、算命、卜卦（吉凶の占い）など宗教迷信の職業を生活の糧として三年以上の者」［中共中央党校党史教研室選編　一九七九：一一六］（括弧内の説明、傍点筆者）と記されている。

それらが区別されるのは、文化大革命後においてである。(4) 上述の一九八二年に公布された一九号文件には、「全ての正常な宗教活動を断固として保障する」とする一方で、「宗教の範囲に属さない、国家の利益と人民の生命財産に危害を加える迷信活動には断固として打撃を与えなければならない」とある［中共中央文献研究室総合研究組・国務院宗教事務局政策法規司編　一九九五：六八―六九］。ここでは、法的に保護される「信教の自由」の対象としての「宗教」と、打倒すべき対象としての「迷信」が区別されている[5]。

では、それらは何を指すのか。同文件では具体例を挙げて説明される。「正常な宗教活動」として挙げられる項目は、「拝仏、誦経、焼香、礼拝、祈祷、講経、講道、ミサ、受洗、受戒、断食、宗教上の祝祭日を過ごすこと、神父の聖油による祝福、追想など」〔中共中央文献研究室総合研究組・国務院宗教事務局政策法規司編　一九九五：六三〕である。一方、「迷信活動」は、「反動的な民間信仰組織、男性の巫子、巫女（中略）このほかに全ての看相（人相などをみること）、算命、風水など」〔中共中央文献研究室総合研究組・国務院宗教事務局政策法規司編　一九九五：六九〕（括弧内の説明筆者）である。これらの具体例が示すように、上述の一九三三年の文件において「宗教迷信」としてひとつのカテゴリーにまとめられていたものが、ここでは「宗教」と「迷信」に区別されている。政府が法的に「信教の自由」を認める「宗教」なる領域は、このように「迷信」との区別を通して規定される。

但し、「正常な宗教活動」に、無条件に「信教の自由」が認められるわけではない。現在、中国において「信教の自由」が認められる「宗教」は、政府が公認宗教とする仏教、道教、イスラーム、カトリック、プロテスタントの五つに限られている〔足羽　二〇〇三：一〇二〕。「拝仏」や「ミサ」、「断食」といった項目に示されるように、「正常な宗教活動」はそれらを前提としたものであるといえる。

イスラームは、中国共産党の宗教政策上、「正常な宗教活動」を行う公認宗教とみなされるが、ムスリムたちに対して無条件に「信教の自由」が認められるわけではない。第一章第三節で概観したように、中華人民共和国建国以降の宗教制度改革の過程で、モスクやアホンらは多くの宗教的特権を失うこととなった。その結果、回族社会が漢人社会からある程度の自律性を保つことを可能にしていた諸制度（イスラーム法に基づく刑罰制度など）の実施は、実質的に不可能になった〔馬通　一九九二：一六四、《当代中国的民族工作》編輯部編　一九九三：一一七、四〇八―四〇九、毛里　一九九八：一〇七―一〇九〕。

ここで注目すべき点は、この宗教制度改革のなかで、こうした宗教制度やモスクやアホンの宗教的特権が廃止される一方で、政府がイスラームを「思想問題」とし、信仰と制度を分離し、前者のみを「信教の自由」で保障すべき対象としたことである。(6) つまり、政府は、回族社会において宗教と政治が不可分であったイスラームから、内面的な信仰に偏重した「宗教」を囲い込んだのだといえる。宗教集団からみれば、「正常な宗教活動」を実施する公認宗教は、その自律性を可能にしていた独自の宗教制度を手放し、政府の管理統制下に入ることで「信教の自由」が法的に認められたのである。以下、昆明市におけるイスラームに焦点を当てて、中国共産党の宗教管理制度を概観したい。

写真 3-1　昆明市内の中国風の建築様式のモスク（2008 年 10 月 8 日筆者撮影）

写真 3-2　モスクに掲示される「表彰楯」（2011 年 1 月 28 日筆者撮影）

2　宗教活動場所

中国のモスクを訪れて、はじめに目を引くのは、その一見するとモスクにはみえない、仏教寺院のような中国風の建築様式もさることながら（写真3—1）、モスクの入口に掲示された「模範清真寺（*mofan qingzhensi*, 模範的モスク）」や「先進集体（*xianjin jiti*, 先進的な集団）」などと書かれた金メッキの「表彰楯」である（写真3—2）。それらは、昆明市あるいは雲南省の宗教事務局やイス

写真 3-3　モスク内の掲示板に見られる政治スローガン（2011 年 1 月 28 日筆者撮影）

ラーム教協会から、モスクに贈られたものである。さらに、それらの楯の中には、「宗教活動場所（*zongjiao huodong changsuo*）」と書かれた楯がある。そして、モスクの入口を抜け、また目を引くのは、「愛国愛教（*aiguo aijiao*）」や「和諧社会（*hexie shehui*）」などの中国共産党政府の政治スローガンが踊る掲示板や（写真3—3）、『宗教事務条例[(7)]（*zongjiao shiwu tiaoli*）』や昆明市の宗教に関する条例の全文が掲示されていることである。これらは、「改革・開放」政策の導入により、宗教政策が緩和されたとはいえ、未だ宗教が政府による厳しい管理統制のもとに置かれている現状を物語っている。

第一章で述べたように、中国では一九七六年に文化大革命が終息し、一九七八年に「改革・開放」政策が導入されたことで、暴力的な宗教政策が採られていた文革期から一転して（それまでに比べると）リベラルな宗教政策が採用されるようになった。それが一九八〇年代以降の中国における様々な宗教の急速な復興を引き起こすきっかけとなった。

しかし、天安門事件を機に、一九九〇年代以降、再び宗教政策が強化されるようになった［e.g. 澤井 二〇〇二：四一—四二、新免 二〇〇三：四一—四四］。但し、序章でも論じたようにここでいう宗教政策の強化は、中国共産党が宗教セクターを懐柔することで、中国共産党による統治の安定のために利用するようになったことを指す［cf. Goossaert and Palmer 2011: 327］。

そのため、インフォーマルな宗教活動が厳しく取り締まられるのとは対照的に［cf. Kindopp 2004; Madsen and Fan 2009; Vala 2009］、政府の公認を受けたモスクや寺院、教会などの宗教施設での宗教活動には、ある程度の自由が政府から認められている。[8] 宗教活動を行うことを政府に認められた宗教施設は、「宗教活動場所」と呼ばれ、上述のようにその入口などには、その証として行政当局から贈られた楯が掲示される。但し、この楯は、（限定付きの）宗教活動の法的な自由を示すと同時に、その宗教施設が中国共産党の管理統制下にあることをも示している。『宗教事務条例』では、宗教活動を行う場所（第一三条～第一六条）やそこで宗教業務に従事する宗教指導者（第二七条、第二八条）を行政当局に登録すること、さらに政府の認可を受けた「宗教活動場所」は当局の監督と検査を受けること（第一九条）が義務づけられている。

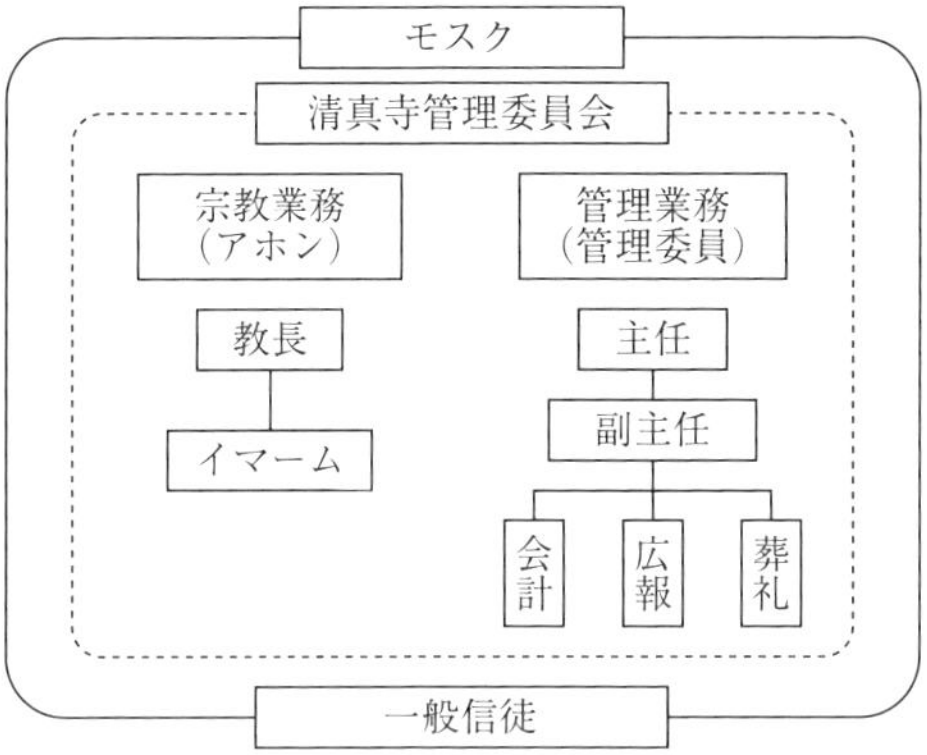

図 3-1　モスクの組織図（筆者作成）

3　清真寺管理委員会

「宗教活動場所」として政府に認められたモスクには、必ずどこにでも「清真寺管理委員会[9]（*qingzhensi guanli weiyuanhui*）」（以下、管委会）という組織が設置されている。そして、この組織がモスクの管理運営を行っている。管委会のメンバーは、その業務によって二つのグループに分かれる。その一方は宗教業務に従事するアホンであり、他方はモスクの運営に関わる管理業務に従事する「管理委員[10]（*guanli weiyuan*）」である（図3―1）。

モスクで宗教業務に従事するアホンの構成として、最も基本的なものは、「教長（*jiaozhang*）」と「イマーム（伊瑪目 *yimamu*）」の組み合わせである。教長は、宗教業務の責任者で、経験のある高齢のアホンがその任に就く傾向にあり[11]、金曜礼拝やそのほか祝祭など特別な場合を除いて、モスクに来ることはない。イマームは、二〇代から四〇代ほどの比較的若いアホンが就いていることが多く、モスクに住み込んで、日々の礼拝やイスラーム教育を主導する。さらにモスクによっては、副イマーム（副伊瑪目 *fuyimamu*）、ハティーブ（海推布 *haituibu*）、ムアッズィン（穆安津 *muanjin*）といった役職を設けている。[12] 但し、モスクのアホンの人数は、以下で述べる宗教団体や宗教活動を監督・指導する「宗教事務局（*zongjiao shiwuju*）」と呼ばれる行政機関の許可を得なければ、増やすことはできない。[13]

こうしたモスクにおける宗教業務に従事するアホンの招聘や解雇などを行うのは、モスクの管理業務を行う管理委員たちである。彼らのトップは「主任（*zhuren*）」で、その下に「副主任（*fuzhuren*）」が置かれ、その他に会計、広報、葬儀担当などモスクごとに数名の管理委員がいる。この管理委員が、いつどのように選抜されるかは不透明で、現地の一般信徒のあいだではそのプロセスは「黒い」、「いちおう選挙だけど、偽りだ」などと評される。[14] 教長などと同様に管理委員の就任にも、宗教事務局の承認が必要となる。[15] また、明文化されてはいないが、一般信徒のあいだでは、昆明市市街地のモスクの管委会には、最低一名の中国共産党員が管理委員として参加しているとされ、彼らは「政府のスパイ（政府的耳目 *zhengfu de ermu*）」といわれる。そのため、昆明市の回族のあいだでは、管理委員は実質的には行政当局により選ばれているともいわれていた。

また、少なくとも昆明市ではどのモスクでも、教長などモスクでの役職に就いているアホンが管理委員を兼務している。さらに、管見の限り、そのなかにはイマームが、主任や副主任を兼務しているモスクが一か所ずつあった。この意味で、現在、昆明市のモスクでは宗教業務と管理業務の区分が明確ではなく、管理委員によるアホンの任命・罷免権もアホンから独立したものではなくなっている。実際、昆明市のモスクでは、教長やイマームの任期は三年と定められているが、長期間その職に就いている者もいる。[16] 以下で述べる中華人民共和国建国前のモスク運営のあり方と比較すれば、アホンの在任期間の長さは現在のモスク運営のあり方と少なからぬ関係を持っていることがうかがえる。

中華人民共和国建国以前の華北から内蒙古にかけての地域における回民コミュニティの調査を行った岩村によれば、モスクの管理運営は、回民コミュニティの成人男性がコミュニティの成員のなかから選出した「郷老（*xianglao*）」と呼ばれる人びとにより行われていた[17]。こうして一般信徒によって選出された郷老たちは、モスクの宗教指導者である教長に対する任命権と罷免権を有していた。すでに述べたように、伝統的な回族コミュニティは漢人社会からある程度の自律性を保っていたため、教長に任命されたアホンはイスラーム法に基づく刑罰制度を実施するなど、回族コミュニティにおいて大きな権限を有していた。しかし、一般信徒は制度的に郷老を通じ、このように大きな権限を持った教長に対して影響力を行使することが可能であった［岩村　一九四九：九二―九五、一九五〇：四一―四五］。

岩村が明らかにしたように、伝統的な回族コミュニティでは、宗教業務に従事するアホンとそのアホンに対する任命・罷免権を持つ郷老が制度的に明確に区別されていた。加えて、一般信徒がそうした権限を持つ郷老を選出するため、一般信徒は間接的にではあるが、モスクの人事に影響力を持ちえた。

しかし、現在の回族を取り巻く状況は、こうした中華人民共和国建国以前の回族コミュニティの状況とは対照的である。上述のように、少なくとも現在の昆明市のモスクでは、一般信徒はモスクの運営を担う管理委員の選出に関与しえない状況にある。さらに、アホンがモスクの管理運営にも携わるようになるなど、モスクの運営と宗教業務の分業が不鮮明になっている。これは、モスクの管理運営におけるアホンの権限が増大した一方で、そのアホンの人事に対し、一般信徒は何ら影響力を行使しえないということを意味する。このように一般信徒がモスクの管理運営に関与できない状況が、一般信徒のアホンに対する不信感を醸成し、次節以降で述べるインフォーマルな宗教活動が行われる主要な要因のひとつとなっている。

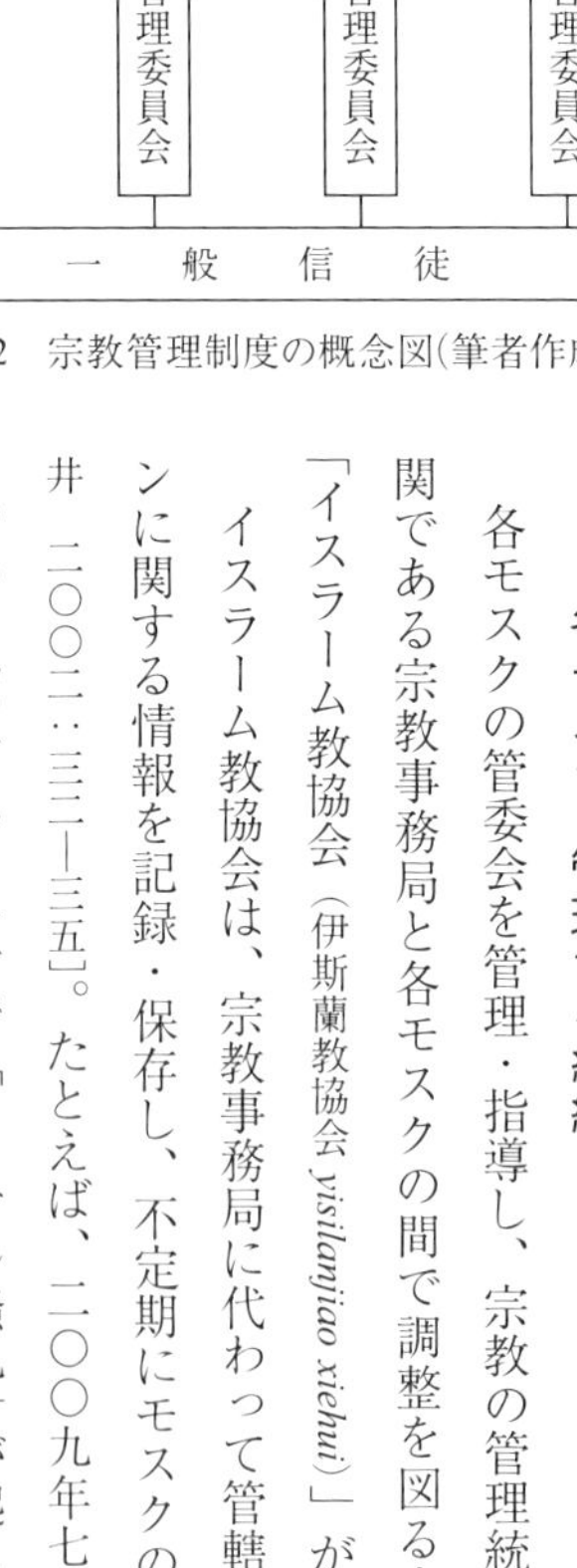

図3-2　宗教管理制度の概念図（筆者作成）

4　各モスクを管理する組織

各モスクの管委会を管理・指導し、宗教の管理統制を行う行政機関である宗教事務局と各モスクの間で調整を図る宗教団体として「イスラーム教協会（伊斯蘭教协会 *yisilanjiao xiehui*）」がある。

イスラーム教協会は、宗教事務局に代わって管轄地域の現職アホンに関する情報を記録・保存し、不定期にモスクの調査を行う［澤井 二〇〇二：三二―三五］。たとえば、二〇〇九年七月五日に新疆ウイグル自治区ウルムチ市で「ウイグル騒乱」が起こった際には、その五日後の七月一〇日に昆明市内のモスクで査察が行われた。また、イスラーム教協会は、管轄地域におけるイスラームの祝祭の日程を決定する。昆明市の市街地にある六か所のモスクには、イスラームの祝祭の日程に関しての決定権がなく、イスラーム教協会により通知される。そのため、前章で言及したマウリド（預言者ムハンマド聖誕祭）だけではなく、イード・アル＝フィトル（ラマダーン明けの祭り）も六か所のモスクで一斉に行われる[18]。

イスラーム教協会は、全国レベルの中国イスラーム教協会をトップとし、その管轄下に地方の各レベルのイスラーム教協会が設置されており、行政区分に対応した組織構造になっている。雲南省で言えば、雲南省イスラーム教協会があり、その下に昆明市など地方政府ごとのイスラーム教協会がある。なお、昆明市イスラーム教協会の主要ポストは、一名の会長と数名の副会長からなっており、昆明市内のそれぞれのモスクのアホンがそれらのポストに就いていた。調査期間中、昆明市イスラーム教協会の会長にはAモスクの教長が就き、副会長には各清真寺の教長やイマームが就いていた。

このイスラーム教協会は、その管轄ごとに人民政府の一部門である宗教事務局の監督・指導を受ける。昆明市の例で言えば、昆明市イスラーム教協会は昆明市人民政府の宗教事務局の管轄下にある。さらに宗教事務局は、その自治体の中国共産党の統一戦線工作部の指導・統制下に置かれている（図3―2）。

このように中国においては、モスクは政府に「宗教活動場所」として公認されることで、合法的に宗教活動を実施する権利を得ることができる一方で、中国共産党をトップとした縦割りの統治システムに組み込まれている。結果として、事実上、一般信徒がモスクの人事に影響力を行使しえず、モスク運営に関与できなくなる一方で、一般信徒に代わって共産党政府がモスク運営にその意向を容易に反映しうる状況が生まれている。

5 モスクに限定されるイスラーム

昆明市の回族のあいだでは、昆明市は雲南省の首府であるため、宗教活動に対する管理が厳格に行われているといわれる。実際、昆明市において、イスラームに関わる活動は比較的厳格にモスクの中に限定されている。それをよく表しているもののひとつが、アザーンの実践である。アザーンは、一日五回の礼拝の前に、礼拝時間が来たことをムスリムに告げる呼びかけである。イスラーム圏では、モスクからその近隣に向けて放送されることが一般的である。しかし、昆明市中心部ではどのモスクでもアザーンを行う者は、礼拝を行う場所である「朝真殿」の入り口の前に立ち、「朝真殿」の内部に向かってアザーンを唱える。そのため、アザーンは、モスクの敷地内にいても聞き取れない場合さえある(19)。

その意味で、昆明市市街地のモスクで行われるアザーンは、モスク内に限定されており、さらにモスクに礼拝をしに来た者に対して行われるものであるといえる。同様に、イスラームの教義に関する掲示物も、モスクの敷地内にのみ掲示され、モスク外部の公共の場には向けられない。

また、政府から宗教活動がモスクの外に広がらないように実際に指導が行われることもある。二〇〇八年一一月一五日に昆明市市街地のモスクでは、一斉にマウリドが行われた。前章でも述べたようにマウリドは、昆明市で最大のイスラームの祝祭であり、当日も多くの「食事客」でモスク内は賑わっていた。それに対して、モスクの周囲では、数名の警察官が警備を行っていた。これはイスラームの祝祭がモスクの外に拡がらないようにするためであった。

その約一か月後の一二月一八日、Aモスクのイマームであり、昆明市のイスラーム教協会の副会長のひとりでもあるマ・ジエン（四〇代回族男性）が語ったところによれば、彼はマウリドの少し前に、公安から公共の場で活動をしないよう勧告を受けていた。彼は公安に対して祝祭はそもそもモスクのなかで行うのだから、そのような勧告を受けるいわれはないと主張したものの、公安はそれでは納得せず、公共の場で活動を行わないということを保証する書類を作成させられたとのことであった。

これらの事例からは、昆明市ではイスラームに関わる活動が公共の場に拡がらないよう行政当局に管理されており、そのようにイスラームが実践されていることがわかる。またそれだけではなく、前項でも述べたようにモスク内であっても宗教活動は制限される。昆明市の回族のあいだでは、昆明市ではアホンは自身が所属するモスク以外のモスクでイスラーム教育などの宗教活動に従事することが禁じられているといわれていた[20]。このことは、昆明市において個々のモスクを越えた宗教活動や、モスクのあいだでの連帯が制限されていることを示している。その意味で、昆明市においてイスラームに関わる活動は、中国共産党をトップとした縦割りの秩序体系である宗教管理制度に位置づけられ、公共の場から切り離され、点在するモスクに押し込められているのである。

このようにモスクは中国共産党政府の宗教管理制度に組み込まれ、その公認を得ることで合法的に宗教施設として活動することが可能になっている。しかし、その一方で、政府の宗教管理制度では、一般信徒はモスクの人事に関与することができなくなり、一般信徒に代わって政府の意向がモスクの運営に反映されやすい状況にある。その意味で、中華人民共和国建国以降、国家権力が宗教的領域にまで浸透してきたといえる。

さらに中国共産党政府は、イスラーム教協会の要職に就くアホンや、モスクの管委会の教長や主任などの主要な役職に就く者に対する優遇政策をとっている。そのひとつは、彼らを「政協委員[21]（*zhengxie weiyuan*）」に任命することである。昆明市の回族のあいだでは、政協委員のポストを得ることにより、様々な権益を得ることができるといわれる。たとえば、昆明市のあるモスクの主任は、主任のポストを得たことで政協委員に任命され、それにより、彼自身が経営する会社の光熱費などが無料になったといわれていた。また、昆明市では、このようなポスト以外にも、イスラームの祝祭などの際に「祝い金（紅包 *hongbao*）」の形をとって、政府関係者から教長やイマームたちに直接的に現金が渡されているといわれる。昆明市では、政府関係者がアホンに「祝い金（紅包）」を渡している場面を直接みたことはないが、前章で取り上げた支教活動の活動先であったY鎮で新しいモスクの落成式が行われた際、政府関係者がアホンたちに「祝い金（紅包）」を渡していた。

このようにモスクおよびそこに所属するアホンが、政府の宗教管理制度に組み込まれてきた結果として、アホンは一般信徒のあいだに政府の民族・宗教政策をより効果的に浸透させる政府のエージェントとしての役割を、能動的、受動的の如何に関わらず、担わされている。

上述したように、昆明市のモスク内には、宗教に関する条例や政治スローガンが掲示されている。それだけでなく、金曜礼拝などにおけるアホンによる説教（呼図白〔hutubai〕、フトバ）の際に、イスラームの教義と共に、「愛国愛教（aiguo aijiao）」や「民族団結（minzu tuanjie）」などの政治スローガンが一般信徒に対して説かれることも一般的である。さらにそうした説教においてこれらの政治スローガンをイスラームの説教よりも先に述べるアホンもいるといわれる。前章で取り上げた公益活動を主導するメンバーのひとりであったリュウ・ジエ（三〇代回族女性、会社経営）によれば、「アホンによる説教は、フトバからそれ以外の説教（臥爾茲〔woerzi〕、ワアズ）に至るまで全てイスラーム教協会の指導のもとに行われている」とのことであった。

昆明市の一般信徒のあいだで、こうした「疑念」はよく聞かれるものである。他にもアホンが礼拝に来ているムスリムを記録し、イスラーム教協会に報告しているといった噂も聞かれた。いずれも真偽のほどは定かではないが、これらは少なくとも一般信徒がモスクやアホンをどのような存在とみなしているのかを理解するうえで示唆的である。つまり、一般信徒はモスクやアホンが中国共産党政府の政策のプロパガンダ機関、あるいは政府機関の一部として機能しているとみなす傾向にあるということだ。そのため、状況下、一般信徒のあいだでは、モスクやアホンが政府寄りであるとする不満がよく聞かれる。前章で取り上げた公益活動にも参加していたマ・リン（四〇代回族男性、昆明市内で漢方薬の販売業）は、上述のようにアホンが政府に懐柔されている状況に対して、以下のように不満を述べた。

都市部の教長は、「赤いアホン（紅色阿訇 hongse ahong, 共産党寄りのアホンの意）」だよ。だって、彼らは共産党から「給料（工資 gongzi, この文脈では上述の「紅包」の意）」を貰っているんだから。イスラーム教協会のアホンなんてみんなそうだよ。都市部のアホンは、共産党に管理されているんだ。（中略）農村でも都市でも影響力の強いアホンには共産党の手が伸びている。（中略）共産党はこういうことをやるのが本当にうまいんだよ。

（アホンは政府から）金を貰った以上は（政府の）言うことを聞けってね。

こうした不満にみられるように、昆明市において、アホンやモスクは、一般信徒のあいだでの求心力を失いつつある。しかし、アホンが必ずしも積極的に政府に協力しているわけではないという点には留意する必要がある。上述したAモスクのイマームであるマ・ジエン（四〇代回族男性）は、モスクが中国共産党政府による指導下にある現状について、次のように不満を述べた。

前（「改革・開放」以前）に比べたら、確かにずいぶんと良くなってはいるけれどね。でも、「改革・開放」以降もやっぱり宗教活動は依然として制限されているよ。中国では何でも「政治化（*zhengzhihua*）」されてしまうんだよ。政府が何でもコントロールしようとしてくるからね。

マ・ジエンは、前章第二節で取り上げた支教活動の事例においても事前研修の場を提供していたことや本章第三節で取り上げる事例でもみられるように、他のアホンに比べ、一般信徒の便宜を図ろうと努力していた。しかし、彼は政府公認のモスクのイマームとして、政府の管理下にあり、一般信徒と政府のあいだでジレンマに陥っていたといえる。

たとえば、私自身も関係するエピソードだが、二〇〇九年のイード・アル＝アドハー[22]（*ʿĪd al-ʾAḍḥā*、犠牲祭）の際、私の友人のタイ・ムスリム留学生が、マ・ジエンがイマームを務めるAモスクに併設されたムスリム老人ホームに慰問をしたいということで、それを私がマ・ジエンに取り次いだことがあった。イード・アル＝アドハー間近の金曜礼拝の際に、私がマ・ジエンにそのことを伝えると、彼は「外国人がそういうことをするのは『面倒（麻

煩 *mafan*）』なんだ。中国では政府が何にでも口出ししてくるからね」と言って、タイ・ムスリム留学生による活動をやんわりと拒否した。次節で取り上げるインフォーマルなイスラーム教育活動を主導していたマ・タオ（三〇代男性、大学教員）は、その場でこのやり取りを聞き、マ・ジエンが立ち去った後、「それくらいのことは大した問題にならないはずだけどな。ほんとにこれだからアホンは」とマ・ジエンを批判した。

このように昆明市において、政府公認のモスクのアホンは、仮に政府の宗教政策に不満を持っていたとしても、アホンの身分およびモスクでの職は、政府により保証されているものであるため、政府の指導に従わざるをえない状況に置かれている。そのため、上述のマ・リンのアホンに対する批判にみられたように、一般信徒の中には、自分たちムスリムの利益よりも、政府の利益になるように働いているという不満をモスクやアホンに対して持つ者も少なくない。この意味において、モスクやアホンは中国共産党政府の制度に組み込まれ、その宗教的地位を保証され、さらに政治的地位を与えられ、エンパワーされる一方で、回族社会における伝統的な宗教的権威としての影響力は低下しつつあるといえる。

さらに、アホンやモスクが政府の宗教管理制度に組み込まれてきたことは、第二章第一節で取り上げた一般信徒のあいだでのアホンに対する「文化がない」という否定的な評価にも関係している。伝統的な宗教的権威であるアホンは、国家の宗教政策の枠組みのなかで制度化され、それは国家資格となった。雲南省ではアホン資格は、政府公認のモスクやイスラーム学校で一般に三、四年の教育を受け、雲南省イスラーム教協会の承認を経た卒業試験に合格することによって得られるといわれる。

モスクやイスラーム学校の法的な地位は、国家資格としてのアホン資格を取得するための宗教教育機関として政府により保証されている。しかし、政府公認の宗教教育は大学などにおける近代的教育とは切り離されている。そのため、そこから輩出されるアホンは、制度的な構造上、近代的な学校教育を通して習得される教養や漢語能力という意味での「文化」を習得するのが困難な状況にある。加えて、はじめから外国でイスラームを学んだ者、あるいは独学でイスラームを学んだ者などは、制度上、アホン資格を得られず、中国の宗教セクターに参入することが極めて難しい状況にある。言い換えれば、事実上、中国政府に公認された、「文化」の習得が難しいイスラーム学校の出身者にのみ、アホン資格が与えられている状況にあるのである。結果として、一般信徒によって「文化がない」と評される者たちにアホン資格が独占されることとなる。

このように昆明市において、モスクおよびそこで宗教業務に従事するアホンは、政府によってその法的な地位を保証され、政治的、経済的にエンパワーされるが、その一方でその事実は一般信徒のあいだでのモスクやアホンの宗教的権威の低下をまねいている。特にこの点はイスラーム教育の領域で顕在化し、また事実、問題となっている。上述のように「文化がない」アホンは、一般信徒からイスラームを十全に理解することも、それを説くこともできないとみなされるからである。こうした状況下、次節以降で取り上げるように、政府の宗教管理制度を逸脱するインフォーマルなイスラーム教育活動が生起することとなる。

二　トランスリージョナルなイスラーム学習活動

1　雲南省におけるイスラームの中心地・沙甸

第一章で論じたように、回族は特定の集住地域を持たず、そのコミュニティは中国全土に分散している。それは雲南省においても同様である。そのため、先に商業活動があり、それを通して民族が形成されてきたといわれることさえある［朱琳 二〇一一：七八］。その意味で、回族がまとまった特定の集住地域を持たずに全国に遍在していることは、彼らが地域を越えて移動することを容易にし、経済活動における恩恵をもたらしてきたともいえ

写真 3-4　沙甸大清真寺の外観（2013 年 1 月 24 日筆者撮影）

写真 3-5　漢語、英語、アラビア語併記の道路標識（2008 年 10 月 1 日筆者撮影）

る。また、第一章で述べたように、清末の「回民起義」の失敗後、回族はそうした地域を越えた商業活動に活路を見出してきた。

このようなトランスリージョナルな移動が、中国の少数民族のなかでも際立った回族の特徴のひとつである。この回族の特徴は、商業活動だけに限らず、イスラーム復興という文脈においても重要性を持つ。それは回族が、特定の場所、つまり宗教活動場所としての政府公認のモスクに一定の権限を認め、管理するという前節で概観した中国共産党の宗教管理制度の前提とは異なる実践を行うためである。本節では、地域を越えて行われるイスラーム学習活動の事例から、回族の持つ移動性という特徴が、上述のように宗教が国家の強い管理下にある現代中国において、何を可能にしているのかを明らかにしたい。

1　公共の場にひろがるイスラーム

昆明市から二五〇キロメートルほど南へ行った地点に紅河州箇旧市の沙甸区は位置する。沙甸区は、雲南省だけでなく中国におけるイスラームの中心地のひとつとされる。二〇〇七年の時点で、沙甸区はその総人口、約一万三五〇〇人のうち九〇％余を回族が占める回族集住地域である。[23] 沙甸区は総面積一五・四平方キロメートルで〔箇旧市沙甸区委・区政府編 一九九六：二〕、そのなかに一〇か所ものモスクがある。そのなかでも一際目を引くのが二〇一〇年八月に完成した沙甸大清真寺と呼ばれるモスクである（写真3―4）。このモスクは、約一億一〇〇〇万元の費用をかけて建築された巨大なモスクで、一万人が同時に礼拝を行うことが可能であり、中国で最も大きなモスクのひとつだとされる。このモスクの完成後、金曜礼拝には、沙甸区中のムスリムが、このモスクに集まって礼拝をするようになったという。このモスクの建設に合わせ、モスク周辺の開発も行われ、沙甸大清真寺の正面から真っ直ぐ東へ延びる「ムスリム大通り（穆斯林大街 *muslin dajie*）」と呼ばれる道路が整備され、その通り沿いに商店やホテルなどの集まる商業地区が作られた。その商業地区の建造物にはアラビア風のモスクと同様のドーム屋根があしらわれている。さらにこの区域の道路標識には漢語、英語、アラビア語が併記されている（写真3―5）。沙甸区では、毎日ファルドの礼拝（義務としての礼拝）の時間が来ると一〇か所のモスク全てからアザーンが放送され、それが街中に鳴り響く。

写真 3-6 沙甸で見られる飲酒の弊害を訴えるポスター（2008 年 10 月 1 日筆者撮影）

こうしたアザーンの放送は、昆明市の状況とは対照的である。ただし、雲南省の回族が集住する農村地域でも行われており、必ずしも珍しいことではない。しかし、沙甸区のいたるところに掲示されている飲酒やアルコールの販売禁止を呼びかけるポスターは、少なくとも雲南省の他地域ではみられないものである（写真3―6）。

二〇〇七年以降、沙甸区では民族や宗教の別なく街全体でアルコールの販売を禁止している。これは政府によって法的に定められたものではなく、沙甸区のモスクのアホンや一般信徒の有志たちが自発的に始めたものであるという。また、アルコール販売の禁止を徹底するために、そうした有志たちによって、週に二回の見回りも行われているとされる。二〇〇八年八月に沙甸区で調査を行った際、このアルコール不買運動に携わっていたあるモスクの教長（四〇代回族男性）は、この運動に対する政府からの反応について、「アルコールを禁じてから、沙甸ではケンカも少なくなって、政府も喜んでいるよ」と語った。二〇一三年一月に沙甸区で調査を行った際にも、少なくとも表向きにはアルコールは販売されていなかった。これは序章で取り上げた西安市でのアルコール不買運動が、当局からの介入を受けて衰退したのとは対照的である［Gillette 2000: 187-189］。

このように沙甸区では、イスラームに関わる活動は、制度的に区画された宗教活動場所としてのモスクに限定されておらず、公共の場にまで拡がり、さらに町全体を秩序化してさえもいる。しかも、それは必ずしもインフォーマルにではなく、当局の支持あるいは黙認のもとに行われているのである。こうした沙甸区におけるイスラームの状況には、沙甸区の歴史的背景が大きく影響している。

2　沙甸事件とその影響

昆明市の回族のあいだで、回族のことを調査しているというと、「沙甸に行くべきだ」あるいは「沙甸には行ったか」といわれることがしばしばあった。昆明市の回族は「昆明の教門（イスラームに対する信仰）は良くないけど、沙甸の教門は良い」と異口同音に語る。確かに沙甸を訪れると、上述のようにまちなかには、アラビア語の表記もあれば、アルコールの弊害を訴えるポスターもあり、さらにそれほど広くない区域のなかに一〇か所ものモスクがあり、まるでイスラーム国家にいるような錯覚に陥ってしまう。

しかし、アルコール不買運動も標識のアラビア語併記も、上述のようにここ数年のうちに始められたことである。さらにいえば、沙甸区にこれほど多くのモスクが建設されたのも、近年のことである。沙甸にムスリムが定住するようになったのは、元代の末期から明代の初めにかけてとされるが、中華人民共和国建国時、沙甸区には三か所のモスクしかなかった［箇旧市沙甸区委・区政府編 一九九六：七、一〇四―一〇八］。それがわずか六〇年余のあいだに三倍以上に増加したのには、逆説的なことであるが、文化大革命の末期に起きた「沙甸事件（*shadian shijian*）」が大きく関係している。

沙甸事件とは、一九七五年七月に起こった回族虐殺事件である。この事件では、人民解放軍により九〇〇名以上の回族が虐殺された。文化大革命の初期、沙甸はその周辺地域における二つの派閥の争いの前線に位置していた。また、一九六八年一一月に設立された雲南省革命委員会が沙甸の多くの人びとを「間違った側に従う人びと（站錯隊 *zhancuodui*）」とし、さらに周辺の「間違った側に従う人びと」が沙甸に集まってきているとみなした。沙甸事件は、その結果、雲南省革命委員会の支左部と呼ばれる部隊が沙甸に入り、彼らがモスクで豚肉を食べ、豚の骨をモスクの井戸に投げ込むなどしたことに端を発している。沙甸の回族は、状況改善を訴える陳情のために代表者を北京に派遣するも、状況は改善されず、結果として回族が武力蜂起し（但し、その前に主な武器は人民解放軍に回収されていた）、圧倒的な武力をもって人民解放軍に鎮圧された[24]［馬紹美 一九八八：四六―五五、高発元主編 二〇〇三：一三四―一四九］。

文化大革命が終息した三年後の一九七九年、この事件は文化大革命を主導したとされる「四人組（四人幇 *sirenbang*）」と、雲南におけるその支持者により引き起こされたものとして、事件に関わった回族の名誉が回復された[25]。沙甸事件の際、沙甸区にあった三か所のモスクは全て破壊された。しかし、この名誉回復後、それらは政府の援助により全て再建された。さらに一九八〇年代始めに、新たに四つのモスクが建設された［箇旧市沙甸区委・区政府編 一九九六：一〇八］。その後もモスクの数は増加し、二〇〇九年までに沙甸区のモスクは一〇か所となった。

沙甸の回族たちは、モスクの急増やアルコール不買運動が可能になるのは、沙甸事件の際に多くの回族を虐殺した中国共産党による回族への配慮から来る優遇だと語る。沙甸区における政府の回族に対する優遇は、宗教的な面だけではなく、沙甸区のアホンに対する政治的なポストを優先して与えたり[26]［馬紹美　一九八六：七六］、産業の育成を支援したりと［高発元主編　二〇〇三：一六〇―一六二］、政治的、経済的な面でも実施された。

こうした経済面での政府からの支援もあり、「改革・開放」以降、沙甸区は鉛加工や貴金属加工などの産業を中心に目覚ましい経済成長を続けてきた［箇旧市沙甸区委・区政府編　一九九六：四六―五二］。沙甸区は、一九九三年には雲南省の「総合実力百強郷鎮（*zonghe shili baiqiang xiangzhen*）」に選ばれ、区住民の総所得が一億元を越える町「億元鎮（*yiyuanzhen*）」となった。さらに、二〇〇七年には、それが一五億元（ひとりあたり約五八八〇元）に達したとされる［桂榕　二〇〇九：四九］。

こうした経済発展を背景に、ハリーファやアホンに対して、イスラーム国家への留学費用の支援も実施されており、沙甸区のアホンには留学経験者が多い。昆明市のある回族男性（二〇代）は、大学を卒業した後、イスラーム国家への留学を目指して、留学支援が行われている沙甸区のイスラーム学校に入り直した。沙甸区は歴史的に雲南省ひいては中国におけるイスラームの中心地のひとつであるだけでなく、経済的な豊かさに基づくイスラーム教育への支援が実施されているため、ハリーファにも優秀な人材が集まる傾向にあると思われる。実際、現地調査中、大卒のハリーファに出会ったのは沙甸区だけであった。こうした状況を反映して、沙甸区の一般信徒のあいだでは、昆明市の一般信徒のあいだで聞かれる「文化がない」というアホンやハリーファに対する否定的な評価は聞かれなかった。そのため、沙甸区と昆明市では宗教的権威のあり方に大きな違いがあるといえるだろう。

以上のように、文革期に虐殺事件を経験した沙甸区では、政府によるイスラームに対する管理統制がそれほど厳格には実施されておらず、イスラームに関わる活動はモスクに限定されず、公共の場にまで拡がっている。これは前節で概観したように、昆明市においてイスラームに関わる活動が政府公認のモスクに限定され、イスラームが公共の場から排除されるのとは対照的である。このことは、中国共産党政府の宗教政策が必ずしも一様に働くわけではなく、地域により当局のイスラームに対する管理や抑圧の度合いが異なることを意味する。

但し、ここで注意すべき点は、こうしたイスラームを取り巻く状況の相違が、単なる地域による当局の宗教統制の度合いの相違以上の意味を持つということだ。前項で概観したように中国共産党政府の統治の論理は、特定の場所を対象化し、そこに一定の権限を与えることを通して人びとを統治システムに取り込むというものである。しかし、回族はこうした中国共産党政府の統治の論理と前提をともにしていない。それはまさに回族が地域を越えて移動するという特徴を持つからである。回族は宗教に対する当局の管理が厳しい地域では実施が困難、あるいは取り締まりを受ける危険性のある活動を、当局が宗教に対して寛容な地域に移動して行う。次項では、移動を伴うイスラーム実践として、トランスリージョナルなイスラーム学習活動の具体的な事例を取り上げる。

2　地域を移動して学ぶイスラーム

1　ジャマーアト訪問の活発化

一九九〇年代から沙甸区では、「出哲瑪提（*chu zhemati*）」と呼ばれる活動が活発化してきた。哲瑪提（*zhemati*）は、序章で述べたように、アラビア語で「集団」などを意味するジャマーアト（*jama'at*）の音訳で、雲南省ではモスクを中心としたコミュニティ「教坊」を意味する単語として使われることが多い。あるいは、単にムスリムの集団を指すこともある。「出哲瑪提」（以下、ジャマーアト訪問）[27]とは、あるムスリム自身の属するムスリム・コミュニティの複数のムスリムと共に別のムスリム・コミュニティへ赴き、イスラームについて学んだり、当地のムスリムと交流したり、宣教したりする活動の意味で使われる。一九九〇年代以降、沙甸区ではジャマーアト訪問が活発化し、新疆ウイグル自治区を含め全国各地からムスリムが訪れるようになった。さらに一九九〇年代半ばからは、タイやミャンマーの外国人ムスリムも訪れるようになったといわれる。二〇一三年一月に沙甸区で調査を行った際にも、タイとミャンマーのムスリムたちが活動していた。[28] 沙甸区の四〇代のある男性が、「ここ数年は、一か月の間に毎日ジャマーアト訪問の団体が来る月も珍しくない」と語っていたように、ジャマーアト訪問の参加者は増加しているとされる。こうした状況に対応するため、二〇一〇年代に入って、沙甸区のモスクのひとつは、ジャマーアト訪問の受け入れを専門的に行うようになった。

宣教活動を含むという意味で、ジャマーアト訪問はダアワに近い実践であり、現地ではそれらの用語は実際に互換的に使われることもある。[29] しかし、ダアワが宣教活動を主たる目的としているのに対して、ジャマーアト訪問は他地域のムスリムとの交流やイスラーム学習という意味合いが強い。そのため、複数のムスリムで他地域のムスリム集住地区やモスクを訪問するだけで、特に宣教活動を行わない場合もジャマーアト訪問とみなされる場合がある。たとえば、次のエピソードは、ジャマーアト訪問のそうした側面を理解する助けとなるだろう。

二〇〇九年二月一二日から二月一六日までの五日間、私は前章で取り上げた支教活動の事例で学生側の責任者を務めていたリ・ハン（二〇代回族男性）とともに雲南省大理州巍山イ族回族自治県（以下、巍山県と略称）を訪れた。巍山県は、雲南省のなかでも有名な回族集住地域のひとつであり、「教門（イスラーム信仰）」も良い地域であるとされていた。礼拝堂で活動している回族大学生のなかにも、巍山県出身の者も多かった。私は、リ・ハンからに巍山県にいる回族の友人たちを訪問しに行かないかと誘われ、同行した。そこで行ったことは、基本的にリ・ハンと共に友人らを訪ね、友人宅に宿泊し、そこの村のモスクに行き、アホンがいればアホンと話をするというものであった。そのため、私は単に遊びに来ただけだと思っていた。しかし、巍山県に滞在して三日目、ある友人宅に向かう道すがら、リ・ハンは「これはほんとうは『出哲瑪提（ジャマーアト訪問）』なんだけどな。残念なことに雅史（筆者）がムスリムじゃないから、ジャマーアト訪問にならないんだよね。ムスリムひとりだとただの旅行になっちゃうんだよ」とやや残念そうに語った。私が、「ジャマーアト訪問って何なの」と尋ねると、彼は「それは『外に出て行って学ぶ（出去外面学習 *chuqu waimian xuexi*）』のことだよ」と答えた。

このエピソードから明らかなように、ジャマーアト訪問は、広い意味でイスラーム学習活動の一環とみなされている。さらにこのエピソードに示されるように、その訪問先は一般にイスラーム信仰に篤いとされる地域が選ばれる。それは前章で取り上げた回族大学生による支教活動の事例において、宣教活動がイスラーム信仰があまり盛んではない地域で行われるのと対照的である。

一般にジャマーアト訪問は、モスクに滞在して行われる。ジャマーアト訪問に要する交通費は参加者により賄われるが、参加者の滞在期間中の食事はモスクにより賄われ、宿泊費も徴収されない。ジャマーアト訪問の活動内容は、滞在しているモスクや参加者の意向により異なるが、礼拝など基本的なイスラーム実践を欠かさないことに加えて、訪問先のアホンの説教を聞くことや「念経（*nianjing*, クルアーンの読誦）」、「走訪（*zoufang*, 滞在地域のムスリムの家庭を訪問し、交流すること）」を行うことが中心である。また、その規模もまちまちで、数名の場合から多ければ一〇〇名を超す場合もあるという[30]。また、活動期間についても、三日間、一〇日間、四〇日間などとある程度の目安が設けられてはいるが、長い場合には数か月に渡って活動を行う団体もあり、それぞれの団体により異なる。

このようにジャマーアト訪問は、明確な規定のある宗教活動ではないが、共通してみられる特徴として、活動期間中、イスラーム的で規則正しい集団生活を行うことが求められるということが挙げられる。上述した沙甸区にあるジャマーアト訪問の受け入れを専門的に行うモスクには、参加者が実施する項目として「礼拝（*libai*）、学習（*xuexi*）、交流（*jiaoliu*）、協商（*xieshang*、相談）、同吃（*tongchi*、一緒に食事をすること）、同睡（*tongshui*、共に就寝）、走訪（滞在地域のムスリムの家庭を訪問し、交流すること）、一起回家（*yiqi huijia*、皆で帰郷）」の八つが掲示されている。

二〇〇八年七月に筆者が沙甸区でジャマーアト訪問に参加した際も、参加者は全員モスクの朝真殿に布団を並べて就寝し、早朝の礼拝前に共に起床し、礼拝を行い、朝真殿で並んで食事をとり、使用した食器は参加者が持ち回りで洗った（写真3―7）。活動の参加者は、集団の和を乱すような行動は慎まなければならない。たとえば、消灯後には、モスクのアホンや管理委員による見回りがあり、話をしている者や携帯電話を使用している者は早く眠るように注意される。

写真 3-7　ジャマーアト訪問での食事の様子（2013 年 1 月 24 日筆者撮影）

参加者は、仕事や学校などの日常を離れ、他地域のモスクでイスラームに則った生活をし、ムスリムと交流することを通してイスラームを学ぶことを目的とする者が多い。しかし、ジャマーアト訪問は、単にイスラームを学習するための活動ではなく、モスクで規則正しい生活を行うということ自体に重要性がある。沙甸区の二〇代の回族男性は、ジャマーアト訪問には「家庭で暴力を振るう夫など、問題のある人たちも信仰心を高めて生活を改善するために多く参加する」と語った。このようにジャマーアト訪問には、教養としてのイスラームに則した生活による生活の改善更生という側面もある。

沙甸区でのジャマーアト訪問の活発化の要因には、第一に沙甸区がイスラーム信仰の篤い地域であるということとが挙げられる。そのため、イスラーム信仰がそれほど盛んではない地域のムスリムが、イスラームを学びにやってくるのである。たとえば、前章で述べた回族大学生によるダアワ運動が始められるきっかけとなった雲南省迪慶チベット族自治州の香格里啦県に位置する二つの回族村のイスラームへの「回帰」も、ジャマーアト訪問を契機としたものであったといえる。

第二に、前項で述べたように、沙甸区では当局がイスラームの活動に対して寛容であるということが挙げられる。昆明市のAモスクのイマームであるマ・ジエンは、「政府の取り締まりがあるから、（昆明市では）ジャマーアト訪問は行われていない」と語っていた。実際、当局によるイスラームに対する管理統制が比較的厳格である昆明市のモスクでは、ジャマーアト訪問の受け入れは行われておらず、ジャマーアト訪問のためにモスクを訪れる人びともいない。

以上、ジャマーアト訪問の事例にみられるように、昆明市のような行政当局によりイスラームに関わる活動が抑圧される地域の回族であっても、沙甸区のような行政当局がイスラームの活動に対して寛容な地域に移動することによって、当局から取り締まられる危険性を抑えながら、その居住地域では実施困難な活動を行うことが可能になっている。

中国共産党の公認宗教であるイスラームを信仰する回族の人々は、否応なく政府の宗教管理制度に組み込まれてしまう。その意味で、回族は政府からの政治的関与を免れ得ない。しかし、その宗教管理制度は、地域によって管理や抑圧の度合いが異なる。各地に分散して居住する回族は、そうしたイスラームに対する政府の管理統制の度合いの異なる地域のあいだを移動することで、政府の宗教管理制度に抵抗したり、その枠組みを変革しようと当局と交渉したりすることなしに宗教活動を展開しているのである。しかし、このトランスリージョナルなイスラーム学習活動は、単に当局がイスラームの活動に対して寛容な地域が、厳格な地域に代わってイスラーム学習の機会を与えるという二つの地域のあいだでの補完的な関係を超えた意味を持っている。次項では、大学生向けのイスラーム研修会を事例として、トランスリージョナルなイスラーム学習活動の影響が、二つの地域を越えて拡散していく側面に光を当てたい。

2　大学生向けのイスラーム研修会

長期休業期間の大学生向けイスラーム研修会[31]（以下、研修会）は、二〇〇二年に昆明市を中心に一〇〇名ほどの雲南省の回族大学生が参加し、沙甸区で始められた[32]。大学生向けの研修会は、陝西省西安市など他地域でも行われているが、沙甸区が全国に先駆けて始めたといわれる。この研修会は、年二回、夏季と冬季の長期休業期間に二週間ほどの期間で開催される。昆明市の場合、研修会の参加者は、前章で取り上げた回族大学生が集まる場となっている礼拝堂で募られる[33]。

研修会の主な内容は、地元のアホンや他地域の著名なアホン、さらには大学教員のムスリムによるイスラーム信仰に関する講義[34]、クルアーンの読誦やアラビア語学習、出身地や大学の異なるムスリム大学生によるイスラーム信仰に関するグループ・ディスカッション、「走訪（滞在地域のムスリムの家庭を訪問し、交流すること）」である[35]。これらの内容は、ジャマーアト訪問と類似する。また、研修会において参加学生が教養としてのイスラームに則った規則正しい生活を行うことを求められることもジャマーアト訪問と同様である。毎日の礼拝を欠かさないことはもちろん、日常的にヒジャーブを着用しない女子学生にもヒジャーブが貸し出され、着用することが求められる。また、男女混合の一〇数名からなる班を作って、持ち回りで食事に使用した食器の洗浄や、モスク内の「小浄処（*xiaojingchu*, ウドゥーを行う場所）」や宿舎のトイレ、モスクの敷地内の清掃が課せられる。

研修会はジャマーアト訪問と同じく、参加は無料で、宿泊先はモスク併設のイスラーム学校の宿舎が使用され、食事も無償で提供される。研修会がジャマーアト訪問と異なるのは、参加する大学生には交通費も全額支給される点である。そのため、雲南省各地からだけでなく、全国各地からも大学生が集まるようになり、参加者も増加している。二〇〇九年の時点で、三〇〇名から四〇〇名ほどの参加者がおり、寧夏回族自治区や青海省などの中国西北部から河北省や天津市などの北部、さらに河南省や四川省、海南島からの参加もあった。二〇一三年には、参加者は七〇〇名を越え、上記の地域に加え、吉林省からの参加もあった。参加学生の多くは回族であるが、ウイグル族など他のイスラーム系民族、漢族ムスリムも参加しており、さらに数名の非ムスリムが参加する場合もある。[36]

このように研修会は、数百人の規模で行われており、さらに全国各地の大学生が参加するトランスリージョナルな活動となっている。そのため、研修会は、少なくとも二つの条件を満たす地域でなければ開催が困難である。第一に、経済的な条件が挙げられる。研修会では参加者に対する二週間に渡る食事の提供や交通費の支給のために二〇万元以上の費用を要するといわれる。そのため、研修会を開催したい地域があっても、費用を工面することができずに行えない状況にある。[37]第二に、政治的な条件がある。一般的にモスクには、数百人の参加者が講義を受けられる施設がない。そのため、研修会の開催にはモスク外で参加者を収容できる施設を利用する必要がある。沙甸区では、小学校の大教室を利用して講義を行っていた（写真3―8）。モスク外というだけでなく、公共施設である公立学校の校舎をイスラームに関する講義のために使用することは、前節で概観したようにイスラームの活動がモスクに限定される昆

写真 3-8　小学校の教室を使って実施される研修会（2009 年 7 月 22 日筆者撮影）

明市のように、行政当局の宗教に対する管理統制が比較的厳格な地域では実質的に不可能である。そのため、昆明市のような地域で研修会が開催されることはない。

これらの条件を満たす地域は中国ではそれほど多くはない[38]。沙甸区出身で他地域のモスクのイマームを務め、研修会にも講師として関与している四〇代回族男性ワン・ハイヤンは、筆者が研修会に対する政府からの介入について尋ねた際、次のように語った。

（政府が介入してくるから）他の地域で研修会をやるのは難しい。だから、（沙甸区に）全国から大学生が集まってくるんだよ。ただね、（参加者が）あまりに多すぎると教育の質が下がってしまうから良くないんだよ。だから、本当は各地域で（研修会を）やれた方が良いんだけどね。

このように研修会の規模が拡大することは、研修会の運営に携わる者には必ずしも良く思われてはいないが、上述の条件を満たす地域が多くはないため、沙甸区に全国から大学生が集まる状況にある。

ワン・ハイヤンなど研修会の運営に関与する人びとにとって、このように多大な出費を伴う研修会を開催することには、単に大学生にイスラーム学習の機会を与え、彼らのイスラーム信仰を高める以上の意味がある。それは前章で支教活動について論じた際にみてきたように、近年、回族大学生による宣教活動が活発化してきたことに関連している。上述のワン・ハイヤンは昆明市の礼拝堂責任者らと研修会への参加学生の学年や支教活動への学生の参加状況について議論していた際に、「この研修会には、大学の一年生や二年生に参加させるようにして、彼らがここで学んだものを、三年生、四年生になって宣教活動の際に教えるようになれば良い」と語り、研修会に参加した大学生が宣教活動に参加することに期待していた。また、昆明市の礼拝堂の責任者たちもそうした考えを共有しており、その話し合いの際に男子学生（二〇代回族）の責任者は「研修会に参加した者が支教に行くという良い流れができつつある」と語った。その意味で、この研修会で大学生にイスラーム教育を実施することには、単に彼らにイスラームを学ぶ場を提供するというだけではなく、「宣教師」を養成するという意味合いもある。

但し、前章で取り上げた支教活動や公益活動の事例でもそうであったように、必ずしも参加学生たち全てが、研修会を開催する側と目的を共有しているわけではない。確かに、イスラームを学ぶことを目的として参加し、熱心に研修のプログラムを受ける者ももちろん少なくはない。しかし、必ずしも自主的に研修会に参加していない者もいる。

日常的にはヒジャーブを着用せず、必ずしも礼拝を行わない昆明市の大学に通う二〇代回族女性は、研修会への参加理由を「親に参加して来いと言われたから」と語った。その他にも「友達に誘われたから」、「面白そうだから」という理由で参加する者も多い。このように参加者によって研修会に対する意識が異なるため、礼拝を寝過ごしたり、講義で居眠りや私語をしたり、講義に出ずに寝ていたりする者も少なくない。そのため、大学生で研修会の運営に関わっている責任者たちが、講義中に教室を見回り、宿舎で寝ている者がいないか見回りをすることもある。私自身、はじめて研修会に参加した際には、こうした状況を目の当たりにして面食らったものである。それは研修会の運営に携わる学生の責任者にも共有されていた。研修会の運営に携わる学生の責任者が参加学生に対して行う注意は、それをよく表している。二〇〇九年夏季の沙甸区での研修会の初日に、学生の責任者が参加学生に対してどのような注意をしたのかをみてみよう。

毎日、ちゃんと礼拝を行い、講義にも参加してください。もし、礼拝や講義をさぼっているのを三回みつけたら、帰ってもらいます。（中略）ムスリムの女子学生は、ヒジャーブを着用してください。もし、ヒジャーブを持っていない人がいれば、こちらから貸し出すので、申し出てください。但し、非ムスリムには、ヒジャーブの着用や礼拝は強要しません。しかし、非ムスリムであっても、女子学生には、服装についてはできるだけイスラーム規範を尊重していただきたく思います。（中略）イスラーム規範に則って、男女が二人きりで話すことは慎んでください。また、男女がお互いの宿舎に行くことも禁じます。（中略）私たちは沙甸に遊びにきたのではなく、学習にきたのです。そのことを忘れないでいただきたい。

このような注意は、少なくとも私が参加したことのある研修会すべてでなされていた[39]。きちんと講義に参加することなどを呼びかける注意がわざわざなされることが示唆するように、参加学生の多くは必ずしも熱心に研修会に参加しているわけではない。たとえば、上述のように、研修会の冒頭で注意がなされているにも関わらず、二〇〇八年度夏季に玉渓市納古鎮で行われた研修会の際には、昆明市の男子学生（二〇代回族）が、同じ大学の女子学生を、彼が同じ宿舎になった昆明市の別の大学の男子学生に紹介していた。また、講義をさぼって、街に観光に出かける者もいた。こうしたことから、研修会を運営する側にとっては若い世代へのイスラーム教育や「宣教師」の養成がその目的である一方で、参加する大学生の多くにとっては、支教活動がそうであったように異性との出会いや娯楽、観光が目的となっていると思われる。

このように参加学生はイスラーム学習に対して必ずしも熱心であるわけではないため、研修会を通して「正しいイスラーム」を学び、敬虔になるわけでは必ずしもない。実際、研修会後も日常的に礼拝やヒジャーブ着用を行わない者も少なくない。しかし、その一方で、それまでは必ずしも敬虔ではなかった学生が研修会を機に、敬虔になり、イスラームを実践するようになることもある。ある女子学生（二〇代回族）は、それまでヒジャーブを日常的には着用していなかったが、研修会に参加してから着用するようになった。彼女は「沙甸での研修で師母

（shimu, 女性のアホン）が言っていたことが理にかなっていたから、ヒジャーブを着用するようになった」とその変化の理由を語った。また、上述の昆明市の大学生による宣教活動のまとめ役であった男子学生リ・ハンも研修会を機に、日々イスラームを実践するようになったという。彼は次のように語った。

中学や高校のときは（礼拝などのイスラーム実践）をやっていなかったんだよ。すごく小さい時にはやったりもしていたけどね。ただ、親も時間があれば礼拝をするくらいで、「五番功拝（wufan gongbai, 一日五回のファルドの礼拝）」を厳格に行っていなかったしね。だけど、大学一年の冬休みに、沙甸での研修会に参加して以降、「認識安拉（アッラーを知る）」して、毎日ちゃんと礼拝をするようになったんだよ。

このように研修会は、参加者にとって敬虔なムスリムになる契機となることもある。さらにリ・ハンのように研修会を通じてイスラームを学んだ者のなかには、研修会を開催する側が期待するように宣教活動の中心を担っていく者もいるのである[40]。

このように実際に、研修会の参加者が第二章で取り上げた支教活動を担っていくという意味で、研修会は、単に当局の宗教統制の緩やかな地域が統制の厳しい地域の大学生に対するイスラーム教育を補完するだけではない。大学生にイスラーム学習の場を与える研修会の影響は、農村地域で宣教活動を行う大学生を媒介とし、二つの地域を越えて、より多くの地域へと影響を与える可能性を持っているのである（図3―3）。

3　移動によるポリティクスの回避

前節で概観したように、中国共産党の宗教管理制度は、モスクなどのある限られた場所にのみ制限付きの宗教活

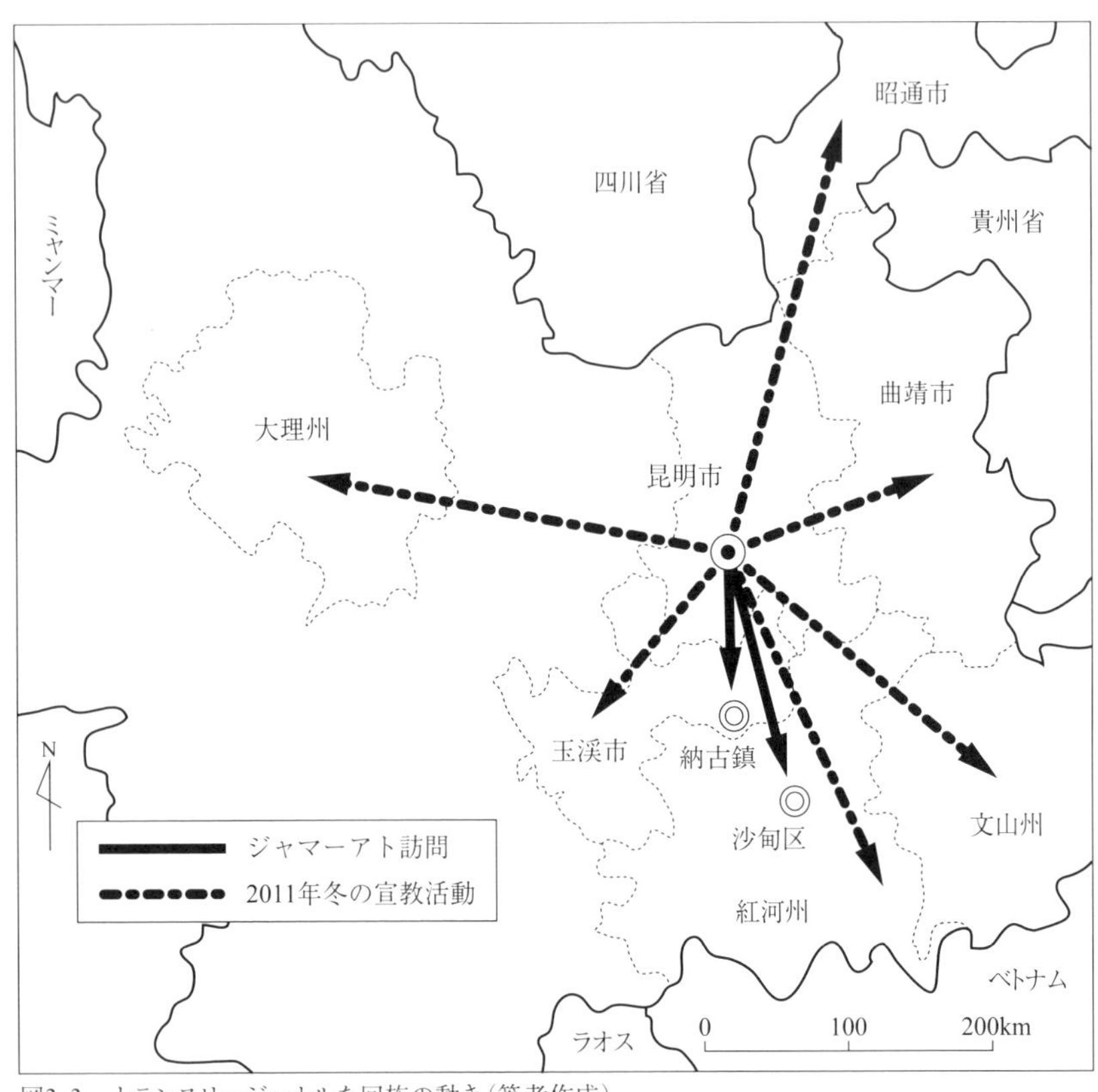

図3-3　トランスリージョナルな回族の動き（筆者作成）

動の自由の公認を与え、そこを通じて宗教集団をコントロールするというものである。雲南省の首府である昆明市においては、この宗教管理制度に基づく、政府による宗教活動に対する管理統制が比較的厳格に行われている。前章で取り上げたNGO設立の運動が、公安による取り締まりを受けたことからもこうした状況がうかがえる。

しかし、本節で取り上げた沙甸区におけるイスラームの置かれた状況は、昆明市のそれとは大きく異なっていた。その地域の歴史的背景や政治経済的な状況によって、中国共産党政府の宗教政策は必ずしも一様に働くわけではないためだ。ジャマーアト訪問やそれが大規模化した大学生の研修会の事例では、回族は政府による宗教統制の度合いの異なる地域のあいだを移動することで、当局からの取り締まりの対象となるリスクを抑え、宗教活動を行っていた。

上述のように回族は、他の中国の少数民族とは異なり、全国各地に分散して居住している。そして、彼らはそれらのあいだを移動して商業活動を展開するなど、その特徴を活かしてきた人びとである。本節の事例から明らかなように、回族のこれらの特徴は、国家の制度によって宗教が特定の領域に囲い込まれる現代中国のコンテクストにおいて、回族がイスラームを実践するうえでポジティブに働くものでもあった。つまり、彼らはある地域で当局から宗教活動が抑圧されたとしても、当局が宗教活動に対して寛容な地域に移動することにより、イスラームを実践することができるのである。

回族は少数民族として、また公認宗教であるイスラームを信仰するムスリムとして、中国共産党政府の民族・宗教政策から自由にはなりえない。しかし、回族の実践のロジックは宗教を縦割りの制度に位置づける中国共産党政府の統治の論理とその前提を異にしており、分散するコミュニティのあいだの地域を越えた移動を通して、宗教政策や宗教管理制度を部分的に形骸化しうる。言い換えれば、回族の人びとは、当局に対する抵抗や制度の逸脱などによってではなく、そうしたポリティクスを引き起こさないことによって、イスラームを実践するうえでの自律性を保っているといえる。

確かに、このように政府によるイスラームに対する管理統制が緩やかな地域へ移動することで、政府による宗教統制が厳格な昆明市の回族にも、当局からの取り締まりの危険があるイスラーム学習活動をそのリスクを抑えて行うことのできる可能性が開かれている。しかし、仕事や学業のある多くの回族にとって、日常的に地域を越えて移動することは現実的ではない。では、昆明市に暮らす回族は、日常的にイスラームを実践するうえで、いかに政府からの管理統制に対処しているのだろうか。次節では、昆明市内で行われるイスラーム教育活動の事例を取り上げ、この問題を検討したい。

三　インフォーマルな宗教活動の動態

1　昆明市におけるイスラーム教育

本項では、昆明市におけるイスラーム教育の実施状況を概観し、本節の中心的な事例であるインフォーマルなイスラーム教育活動が行われる背景を提示する。それは、前章第一節で述べた昆明市におけるイスラームのあり方の変化、および本章第一節で述べた中国共産党政府によるアホンの懐柔による伝統的な宗教的権威の衰退に関係する。

1　政府公認のモスクにおけるイスラーム教育

昆明市におけるイスラーム教育には、大きく分けて二種類ある。ひとつは、政府公認のモスクにおいてアホンが実施するものである。もうひとつは、モスク以外の場所でのアホン以外の一般信徒によって行われるものである。さらに前者には、アホン育成を目的とした専門的なイスラーム教育と、一般信徒を対象としたものとに分類される。アホン育成のための専門的イスラーム教育は、昆明市では順城街モスクと崇徳モスク（表1―1参照）、昆明イスラーム教経学院でのみ実施されていた。[41] 一般信徒向けのモスクにおけるイスラーム教育は、どのモスクでも無償で実施されている。しかし、それは基本的に「老年班（*laonian ban*, 高齢者対象のクラス）」と呼ばれるものである。[42] 前章第一節で提示した昆明市内のモスクのイマームであるハ・ウェイ（二〇代男性）の語りにおいて「高齢者対象のイスラーム教育の方が簡単である」とあったように、その内容はアラビア語でのクルアーンの朗誦の練習と、アホンによるその内容の解説、さらにアラビア文字の読み書きといったイスラームに関する基本的な知識を学ぶことが中心となっている。クルアーンの朗誦は、テキストのセンテンスあるいは節ごとにアホンの朗誦に続いて、受講者がそれを模倣して朗誦するという方法が採られている。また、私の知る限り、アホンによってアラビア語の発音の良し悪しはあるにしても、どのモスクにおいてもその教育内容や方法に大差はない。

モスクにおけるイスラーム教育は、「老年班」と呼ばれていることに示されるように高齢者を主な対象としている。そのため、その多くが平日の午前中（一部は平日一四時から）に行われている。昆明市において、基本的にこの「老年班」以外には、一般信徒を対象としたイスラーム教育は行われていないため、事実上、モスクにおけるイスラーム教育から、フルタイムで働く社会人や学生は排除されているといえる。

しかし、その一方で、第一章でも述べたように、「改革・開放」以降、漢語のイスラーム関連書籍や漢語のイスラーム系ウェブサイトなどのメディアが急速に普及してきた。そのため、上記のモスクにおけるイスラーム教育の内容は、一般信徒が自ら学ぶことのできるものになっている［cf. Eickelman 2000: 124-125, 128-130; 八木　二〇一一：一八二―二〇二］。実際に、一般信徒のなかには、わざわざモスクでイスラーム教育を受ける必要はないという者もいる。アラビア語についても、多くのアホンのアラビア語は漢語訛りが強く、現地の回族のあいだでは、「（アホンのアラビア語は）アラブ人が聞いても何を言っているか分からない」という笑い話もよく聞かれる(43)［cf. Gillette 2000: 106］。そのため、アラビア語によるクルアーン読誦についても、モスクに行って学ぶ必要はないと考える者もいる。

たとえば、前章で取り上げた大学生の宗教活動の場となっている礼拝堂の活動において、集まった学生のあいだで、イスラーム系ウェブサイトにアップロードされているアラビア語ネイティブによるクルアーン朗誦のＭＰ３ファイルに関する情報やそれをダウンロードしたファイルそのものが共有される。そのため、敬虔な回族大学生たちのなかには、これらの音声データファイルを使ってクルアーン朗誦を独学したという者も少なくない。ある学生リーダー（二〇代回族男性）は、「自分で（イスラームについて）学ぶことが出来るから、（イスラーム教育のために）モスクに行く必要はない」と語った。

以上のことから、政府公認のモスクは、二重の意味で、特に若い世代の一般信徒に対するイスラーム教育の場として機能していない状況にある。ひとつは、昆明市においては、実際にモスクが若い世代の一般信徒たちを対象にしたイスラーム教育を実施していないということである。これには、前章第一節のハ・ウェイの語りにみられたように、アホンたちが「若者の問題が複雑すぎる」として、若い一般信徒に対してイスラーム教育を実施することを忌避していることもその一因となっている。

もうひとつは、昆明市のモスクにおいてアホンにより行われるイスラーム教育そのものが、特に若い世代の一般信徒にとって魅力的なものではなくなっているということである。その一因には、上述のように宗教的知識へのアクセスを容易にする様々なメディアの普及がある。また、その他にも、第二章第一節で述べたように、昆明市においてはアホンには「文化がない」ため、イスラームを必ずしも深く理解できていないと一般信徒に不満を持たれるようになったこともその要因となっているといえるだろう。加えて、本章第一節で述べたように、制度的にモスクでのイスラーム教育に従事することが認められている者は、政府が発行するアホン資格を持ち、行政当局に登録されたアホンだけである[44]。彼らは、先述のように、一般信徒のあいだでは政府に与する者とみなされ、その求心力を失いつつある。このようにアホンが宗教管理制度に組み込まれていることも、若いムスリムたちがモスクにおけるイスラーム教育にそれほど期待しない一因であると考えられる。

2　インフォーマルなイスラーム教育

このように昆明市では、モスクにおいて若い世代の一般信徒に対するイスラーム教育が行われておらず、また若い世代の一般信徒からはモスクが彼らの求めるイスラーム教育を提供できないとみなされる傾向にある。これに加えて、第一章で述べたように伝統的な回族コミュニティが、「改革・解放」以降の急激な社会変化により解体してきた。これは、モスクを中心に集住する回族の居住形態が変化し、回族が都市のなかでも分散して居住するようになったことを意味する。回族の居住形態が変化した結果、モスクは回族にとって唯一の宗教的、社会的な活動の中心ではなくなっている。この回族を取り巻く宗教的、社会的状況の変化は、前章で取り上げた礼拝堂における活動にも示唆される。

こうした状況をうけて、昆明市の回族社会では既存のモスクやアホンに依らないインフォーマルなイスラーム教育活動が展開されてきた。大学生による礼拝堂での活動以外に、私の知る限り、昆明市におけるインフォーマルなイスラーム教育活動としては、前章でも言及したマ・タオというアホン資格を持たない回族男性によるイスラーム教育活動が挙げられる。本節では、彼によるイスラーム教育活動を中心的な事例として取り上げたい。マ・タオが携わるイスラーム教育活動について記述するにあたって、まず、マ・タオがどのような人物かを紹介しよう。

マ・タオは昆明市出身の三〇代の回族男性であり、調査時、昆明市の大学でアラビア語やイスラーム文化について教える大学教員であった。また、彼の父は、大卒のテレビ工場のエンジニアで、退職後は昆明市内のあるモスクの主任を務めたこともある人物である。マ・タオは、中国国内の大学とイスラーム国家それぞれの大学で学士号を取得し、その後アメリカでＭＢＡを取得している。また、彼はイスラーム国家留学中にメッカ巡礼を果たしたハッジでもある。

このように高学歴のエリートであり、さらにイスラーム国家での生活も長かったマ・タオは、昆明市の一般信徒のあいだで、一般的なモスクのアホンよりもアラビア語が堪能で、標準的なアラビア語を話すことができ、さらにイスラームに関する知識も豊富であるとみなされていた。そのため、彼はアホン資格を持っていないにも関わらず、一般信徒からアホンと呼ばれることもしばしばあった。

マ・タオは特定の教派への所属については言及せず、教派の違いを問題としなかった。また、彼は教派間での衝突を避けるべきものとみなしていた。しかし、その一方で、彼は昆明市のモスクで宗教業務に就くアホンのアラビア語発音が標準的でないことや、中国文化の影響を受けたとされる「イスカー[45]（伊斯科 *yisike*）」などの宗教実践を「正しいイスラーム」とはいえないとして批判した。さらに、マ・タオの礼拝方法は、現地ではサラフィー主義のシンボルとみなされる「三抬（*santai*，礼拝時に三度、手を上げる礼拝の仕方）」であった。以上の点から、彼はサラフィー主義に近いイスラームに対する考え方を持っていたといえる。

また、マ・タオは前章第一節で述べたように「文化がない」、つまり近代的な学校教育を受けていないという意味でのアホンの質の低下、さらにアホンが政府のエージェントとして働いている現状を憂いていた。マ・タオは、このように既存の宗教的権威に期待できない状況下、彼自身のイスラームに関する知識や能力をムスリム社会の発展に活かしたいと考えていた。ところが、マ・タオは中国共産党政府が発行するアホン資格を持っていなかった。そのため、彼はイスラーム教育を自由に行うことが出来ない状況に置かれていた。しかし、マ・タオは異なる二つの経緯から、異なる二つのイスラーム教育活動に携わっていくこととなる[46]。

ⓐ社会人向けのクルアーン朗誦教育

そのひとつは、社会人向けのクルアーン朗誦教育だった。二〇〇七年末、第二章第三節で取り上げた公益活動を主導していた回族企業家リュウ・ジエ（三〇代回族女性）は、彼女が経営する会社の研修室でクルアーン朗誦を教えてくれるよう、マ・タオに依頼した。これがマ・タオが社会人向けのクルアーン読誦教育に携わる直接的な原因となった。

そこに至る経緯は、まずリュウ・ジエがマレーシア留学帰りの回族男性から『ＩＱＲＯ』[47]（イクロ）（以下、イクロと略称）という教材を入手したことに遡る。リュウ・ジエは、Ａモスクのイマームであるマ・ジエンとマ・タオに、手に入れたその教材の有用性について検討することを依頼した。リュウ・ジエによれば、両者共にこの教材の有用性を認めたものの、マ・ジエンがこの教材での教育の実施にあまり協力的ではなかったため、マ・タオにのみ依頼することになったという。彼女の見解によれば、このようにモスクのアホンが協力的でないのは、彼らが「イスラーム教協会にコントロールされているため」とのことであった。

イクロはインドネシアやマレーシアで一九九〇年代以降に普及した児童向けのクルアーン朗誦の学習法である。その学習法の特徴は、アラビア文字の発音から始まり、クルアーンの章句の短い節のいくつかのパターンを繰り返し、正しく発音する練習をし、その節を徐々に長くしていくことで、最終的にクルアーンを標準的なアラビア語で読めるようになるというものである。先述したように、昆明市のイスラーム教育では、ひとつひとつのアラビア文字の読み方を習得した後、短いクルアーンの章句などをアホンに続けて読むという教育がなされていた。そこではアラビア語の発音の正確さはそれほど重視されない。標準的なアラビア語でのクルアーン朗誦を目指すという意味で、イクロはそうした伝統的なイスラーム教育とは異なるクルアーン朗誦の学習法であり、少なくとも昆明市においては新しいイスラーム教育であったといえる［cf. 中田　二〇〇五：三六―三七］。

リュウ・ジエは、マ・タオのように普通教育を通して近代的知識を身につけ、さらにイスラームについての知識も豊富な敬虔なムスリムからアラビア語やイスラームについて学ぶことを望んでいた。しかし、彼女はモスクのイマームを務めていたマ・ジエンの協力を得ることができず、モスクでイスラーム教育を実施することは出来なかった。

そこで彼女は、マ・タオによるイスラーム教育を実現するために、政府の宗教管理制度の外にある彼女の経営する会社のオフィスで、活動を行うことにした[48]。このイスラーム教育活動には、主に前章で取り上げた回族インターネット・コミュニティを通して募られた二〇代、三〇代の若者を中心に六〇代までの幅広い年代の三〇名ほどの回族の男女が参加した。参加者たちは、「（マ・タオ）先生のアラビア語能力が高い」（二〇代男性）とか、「（マ・タオが）他のアホンよりもレベルが高い」（五〇代女性）などというように、異口同音にマ・タオのアラビア語能力の高さ、イスラームに関する知識の豊富さを評価していた。さらには、リュウ・ジエがそうであったように、マ・タオが「文化」を持つ知識人であるということも関連し、彼のクルアーン朗誦教育を受講していた者もいた。

ⓑ大学生向けのアラビア語教育

マ・タオが行っていたもうひとつのイスラーム教育活動は、大学生向けのアラビア語教育であった。二〇〇八年初め、マ・タオは上述のAモスクのイマームであるマ・ジエンが所属するモスクで、大学生向けにアラビア語を教えることとなった。これは、マ・ジエンがアラブ諸国への留学を目指す大学生たちからアラビア語教育の要望を受け、アラビア語の堪能なマ・タオにそれを要請したことによる。

マ・タオにアラビア語教育が要請されたのには、上述のようにアホンの多くがアラビア語の読み書き能力はあるものの、アラビア語の口語能力はにはそれほど長けていないという背景がある。また、このアラビア語教育の目的は、直接的にはイスラームの教義などに関係しないという意味でイスラーム的なものではなく、語学としてのアラビア語の習得を主眼においたものであった。そのため、そこで用いられる教材もアラビア語の語学の教科書であり、クルアーンやハディースといったイスラームの聖典は基本的に使用されなかった。その意味では、このマ・タオのアラビア語教育は、原則的には政府の宗教管理制度における宗教教育に対する制限には抵触しないものであったともいうことができる。だからこそ、上述の社会人向けのクルアーン学習クラスの場合とは異なり、マ・ジエンはマ・タオにアラビア語教育を要請したと考えられる。

しかし、実際には、アラビア語教育だけではなく、イスラーム教育もマ・タオのアラビア語のクラスでは行われていた。具体的には、マ・タオが上述した「礼拝堂」で問題とされるような大学生の抱える問題に答えたり、彼がヒジャーブ着用やラマダーンにおけるサウム（断食）などのイスラーム実践を科学的に説明したり、孔子や老子の教えとイスラームの教えとの共通性を説いたり、彼が訪れたことのあるイスラーム諸国[49]の様子などを紹介したりなど、授業では頻繁に教義としてのイスラームに関わることにも言及された。

マ・タオのアラビア語のクラスは、当初アラブ諸国への留学を希望する二〇名ほどの学生が受講していた。しかし、前章で述べた礼拝堂での活動を通して、マ・タオのアラビア語教育の評判が伝わり、大学生を中心に受講者が一〇〇名以上にもなった。そのため、マ・タオは増えた受講者を留学のためにアラビア語の習得を目指す初期の受講者のクラスと、それ以外の受講者たちのクラスとに分割した。後者には多い時には一〇〇名ほどの受講者があり、アラビア語教育よりも、上述のようなイスラーム教育に多くの時間が割かれるようになった。

留学を目指す学生は、主にアラビア語習得を目的にこのクラスに参加していた。しかし、それ以外の受講者の多くは、確たる目的をもってアラビア語学習に臨んでいたわけではなかった。それは授業の内容の変化にも示されている。彼らは「イスラームに関する知識が豊富なだけでなく、様々な科学的知識を持っている」（受講者の男子学生）としてマ・タオを評価する。彼らにとっては、彼の高いアラビア語能力だけではなく、彼が説くイスラーム実践に対する「科学的」な解釈や訪れたことのない世界各地のイスラーム諸国についての話も大きな魅力を持っていた。たとえば、ヒジャーブ着用について、私の知る限り、モスクに属するアホンは、それは婦女暴行などを未然に防ぎ、女性を守るためなどと説明していた。しかし、マ・タオはこれらの説明に加えて、サウジアラビアの気候では、ヒジャーブを着用することで四〇度を越える気温でも体感温度が三〇数度に下がるのだと、彼のサウジアラビア滞在時の経験を交えて説明し、ヒジャーブ着用には「道理（*daoli*）」があるのだと述べた。

以上のように、マ・タオは、一般的なアホンよりもアラビア語が堪能であり、またアホンと同等かそれ以上のイスラーム的知識を有しているとみなされており、さらに昆明市の回族の間で最も「文化」があるといいうる経歴を持っていた。その意味で、先述の宗教的権威の変容を踏まえていえば、彼はアホンよりも宗教的権威を発揮しうる存在であった。だからこそ、上述のようなイスラーム教育活動が展開されたのだといえる。

しかし、ここで注意しなくてはならないのは、彼は宗教教育という文脈において政府にエンパワーされてはいなかったということだ(50)。つまり、彼には宗教教育に従事することのできるアホン資格が政府から与えられていなかった。それゆえに、彼のイスラーム教育はインフォーマルなものとならざるをえず、政府からの取り締まりを受ける危険に晒されることとなる。次項では、これら二つのインフォーマルなイスラーム教育活動が、政府からの取り締まりをいかに受け、またその活動に参加する人々が政府からの取り締まりにいかに対処したのか、そのプロセスを追っていこう。

2　取り締まりをかわす

1　名目的に制度内に入る

社会人向けのクルアーン朗誦教育は、二〇〇七年初めから、リュウ・ジエの経営する会社の一室を利用して、週一回のペースで行われた。しかし、二〇〇八年末、前章第三節で取り上げたように、リュウ・ジエたちが推進していた「ワクフ」のためのNGO設立運動が公安による取り締まりを受けた。リュウ・ジエ自身がそのNGO設立運動で主導的な役割を担っていたことに加え、この社会人向けのクルアーン朗誦教育活動の参加者にもNGO設立運動に参加していた者がいた。そのため、公安からのさらなる取り締まりがこの教育活動にまで及ぶ危険性があった。先述のように、彼女の会社では、それ以降、銀行からの融資なども受けにくくなり、彼女自身も犯罪者のように扱われるようになったという。

このように公安からの取り締まりの危険性が高まったため、リュウ・ジエたちはこのクルアーン朗誦教育活動を自主的に停止した。しかし、その後、リュウ・ジエやマ・タオらは、当局からの取り締まりを受ける危険性を抑えながら、マ・タオによるクルアーン朗誦教育を続けるために、その教育活動を名目的には政府の宗教管理制度を逸脱しないもの、つまり制度「内」の活動に変えたうえで活動を再開した。

二〇〇九年初め、リュウ・ジエらは、昆明市内のCモスクにおいてイスラーム教育に従事するアホンでもあったミ・モン（三〇代回族女性）に、彼女の名義を使って、彼女が属するモスク内でマ・タオのイスラーム教育活動を行えるように便宜を図ってくれるよう依頼した。ミ・モンは、リュウ・ジエやマ・タオの知人であり、リュウ・ジエらが主導していた公益活動にも参加していた。また、彼女は第二章第三節で取り上げた昆明回族QQ群三周年記念パーティーの出し物に私たちと一緒に参加した人物でもある。中断していたイスラーム教育活動は、政府公認のモスクのアホンであるミ・モンの協力を得て、彼女も加わるかたちで、彼女が所属するモスク内の教室を使用して再開することとなった。

ミ・モンは、沙甸区にあるサラフィー主義の影響の強いイスラーム学校でイスラームを学んだ経歴を持っていた。雲南省においてサラフィー主義の影響を受けたムスリムのあいだでは、上述したイスカーなど「中国的な」イスラーム実践や漢語訛りのアラビア語に対して批判的な見方がなされている。特にクルアーン朗誦については、しっかりと標準的なアラビア語でクルアーンを朗誦しなければアッラーには伝わらないとみなされている。

このような宗教的背景があったため、ミ・モンは、他のアホンに比べ、アホン資格を持ってはいないが、アラビア語能力の高いマ・タオのクルアーン朗誦教育への協力の要請を受け入れやすかったと考えられる。実際に彼女は、「マ先生（マ・タオ）は、アラビア語の能力もイスラームの知識レベルもとても高い」と評していた。また彼女は、彼女自身が所属するCモスクにおいてイマームや教長などの役職には就いていなかったものの[51]、管委会のメンバーであった。そのため、教室利用などの便宜を図るのが比較的容易であったと考えられる。

こうしてイスラーム教育活動は、ミ・モンを加えて、継続されることとなった。また、受講者のアラビア語レベルにバラつきがあったため、独学でアラビア語を学び、アラビア語レベルの高かったアホン資格を持たない回族男性リ・フォン（二〇代、会社員）を補佐として加え、参加者をアラビア語レベルによって三班に分けて、マ・タオ、ミ・モン、リ・フォンがそれぞれの班を担当するかたちで教育が行われるようになった。

このようにマ・タオによるイスラーム教育活動は、当局からの取り締まりを回避するために、一度その活動を中断した上で、名目的に政府の宗教管理制度を逸脱しないものとして、その活動を継続した。しかし、本章第一節で述べたようにモスクの管理運営を担う管委会には「政府のスパイ」がいるとされるなど、モスクは事実上、行政当局の管理統制下にある。そのため、彼らの活動は、依然として、当局から取り締まられる潜在的な危険性をはらんでいた。

2　問題のすり替え

その潜在的な危険性は、突如、顕在化することとなる。二〇〇九年一一月七日、この日もいつも通り、ミ・モンの所属するCモスクで、一四時からマ・タオのクルアーン朗誦のクラスが予定されていた。私が開始時間近くに行ってみると教室は騒然としていた。一四時の時点ではまだ受講者が集まりきっておらず、マ・タオとミ・モンが話し合い、早く来ていた受講者はその様子を心配そうに眺めていた。普段のマ・タオとは異なり、彼の語気は荒く、彼が怒っているのは誰の目にも明らかであった。

マ・タオによれば、前日にCモスクの管理委員から電話を受け、マ・タオがアホン資格を持っていないことを理由にこのクラスを解散するよう勧告されたとのことだった。マ・タオは「国家機関である大学でアラビア語やイスラームについて教えているのに、なぜ自分たちの場所であるモスクでそれができないのか」、「管委会がこのクラスを認めてくれさえすれば、問題は大きくならないのに」と憤っていた。また、彼は後日、こうした事態が起きた原因として彼にクラス解散の勧告をした管理委員の存在を挙げ、「モスクにはスパイがいるから」だと語った。

一方で、ミ・モンは「少し前にあった管委会の会議で管理委員の任を解かれ、今はアルバイトと同じで、（管委会に）出て行けと言われれば、出て行かなくてはならない身分でしかない」、そのため「私にはこのクラスを継続できるよう（管委会に）掛け合う権限がない。ほんとうに申し訳ない」と自分の力不足を涙ながらにマ・タオに詫びていた。

二人のこうした話し合いが続くうちに、受講生は徐々に集まってきたが、彼らは私と同じく尋常ではない状況を目の当たりにし、とりあえず席に着いてマ・タオとミ・モンの話し合いを聞いて事態の把握に努めていた。一五時近くになり、受講者がほぼ集まりきったところで、マ・タオは、受講者に対して事態の説明を始めた。彼はこのクラスが継続の危機にあること、さらにその理由が二つあることを受講者に告げた。

マ・タオが説明したクラス継続危機の理由のひとつは、ミ・モンが管理委員ではなくなり、いつまでこのモスクにいられるか分からなくなったことである。さらにもうひとつの理由は、マ・タオ自身がアホン資格を持っていないということであった。この説明を聞き、このクラスで、マ・タオとミ・モンを補佐し、彼らと共にクルアーン読誦の教育にあたっていた上述のリ・フォンは、「（マ・タオは）共産党のアホンじゃないだけだ！」と言って、怒りを顕にした。マ・タオもそれに応じ、「そうだよ、僕は国際アホンなんだ。イスラーム国家の大学を卒業した時のガウンを持ってきて（勧告した管理委員に）みせてやりたいよ」と言った。また、リュウ・ジエも「このクラスは絶対に潰させたりしない。私の息子にも受講させたいと思っているんだから」と憤っていた。

このように講師、受講者ともに、その場にいた者は、感情的になっており、管委会との衝突も辞さないという雰囲気であった。そうしたなか、マ・タオは「憲法では宗教の自由が定められているんだ」と述べ、管委会への抵抗の可能性を示唆した。しかし、司法官を務める受講者（三〇代回族女性）が「先生の意見は正しいが、個人的にはそうした主張は通らないと思う」と述べ、さらにモスクに対してクラスの継続を訴えるのではなく、小さな班に分かれて、受講者の家で行うのはどうかといった冷静な意見も出されるようになった。しかし、前章で述べたように公安に取り締まられた経験のあるリュウ・ジエは、モスク以外での宗教活動は公安からの取り締まりの危険があるとして、その提案に反対した。

以上の話し合いを通じて、マ・タオがアホン資格を持たないという問題は、彼らが解決できる問題ではなかったため、彼のクラスとして活動を継続するのは難しく、また公安に取り締まられた経験のあるリュウ・ジエの意見もあり、モスク外で活動を継続するのも難しいという現状への理解が参加者に共有された。そのため、必然的に議論の焦点は、Zのいう「もうひとつの問題」、ミ・モンをいかにCモスクに残すかに移っていった。マ・タオは、彼自身の問題は保留しようと言ったうえで、「ミ・モンがモスクに残ることさえできれば、このクラスを彼女がひとりで受け持つということにすれば良い。そのうえで、僕が当面のあいだ、受講者として参加し、そのうち問題が沈静化したら、また徐々に僕が教えるようにすれば良い」と語った。受講者の多くも、マ・タオのこの意見に賛同した。そこで政協委員であり、このクラスの班長でもある回族男性（六〇代）や小学校校長である回族男性（五〇代）ら、参加者のなかでも比較的、社会的地位の高い三名がクラスを代表して、Cモスクの主任にミ・モンをモスクに残すよう直訴することとなった。直訴した三名によれば、彼らの直訴を受けた主任はそもそもミ・

モンを辞めさせるつもりはないのだと彼らに弁解したという。結果として、ミ・モンが管理委員に再任されることはなかったが、彼女がCモスクを追い出されることもなかった。マ・タオは上述のようにひとまず授業を行わず、ミ・モンによる授業が行われた。マ・タオは一般の受講者として参加した。しかし、それほど深刻な事態には至らず、こうした措置はこの出来事の翌週にのみ取られただけであった。以降はそれまでのようにマ・タオも講師を担当するようになった。

マ・タオによるクルアーン朗誦教育は、名目上、政府の宗教管理制度に準拠した活動、つまり制度「内」の活動として再開した。ところが、制度内に入ったからこそ、今度はモスク内の政府寄りの管理委員（マ・タオが言うところの「政府のスパイ」）を通じて取り締まりを受けることとなった。そこでの根本的な問題とは、マ・タオがアホン資格を持っていないということであった。しかし、活動の参加者たちが取り締まりに際して焦点化した問題は、ミ・モンの去就問題であった。

ここで注意が必要なのは、それがまだ起こっていない問題であったという点にある。上述のように、昆明市のモスクではアホンが管理委員を兼ねることも多い。しかし、管理委員がアホンの任命権と罷免権と有しているため、本来的には制度上それらの兼任はありえず、ましてや兼任しなければならないというものではない。実際、管理委員の任に就かず、モスクでのイスラーム教育に従事するアホンも少なくない。また、活動の参加者たちはすでに実施されていたミ・モンの管理委員の解任自体には反対していなかった。管理委員を解任されることは、ミ・モンが「クラスを継続できるよう掛け合う権限がない」と述べたように当人のモスク内での発言力を弱めることにはなるかもしれないが、モスクでのアホンとしての職を失うことに直結するわけではない。実際、ミ・モンが「出て行けと言われれば、出て行かなくてはならない身分」と語ったように、この時点で彼女はまだ出て行けと言われたわけではなかった。

つまり、活動の参加者たちとCモスクの管委会とのあいだで交渉がなされたのは、マ・タオがアホン資格を持たないという根本的な問題でもなく、ミ・モンの管理委員解任でもなく、まだ起きていないミ・モンの去就問題であったといえる。よって、活動の参加者たちによるCモスク主任への直訴は、すでに起こっている問題に関して交渉を行い、彼らを取り巻く状況に変化をもたらそうとしたものではない。むしろ、活動の参加者たちは、マ・タオがアホン資格を持たないという根本的で解決困難な問題を取り上げず、まだ起きていないミ・モンの去就問題に論点をすり替えたといえる。そうすることで、彼らは当局との正面衝突を回避すると共に、当該モスクの管理委員たちに対してマ・タオの資格問題をうやむやにし、問題の鎮静化を図り、クラスを継続させたのである。

3　活動の「非宗教化」

しかし、三か月ほど経つと状況はまた一変した。ミ・モンが雲南省の別の地域のサラフィー主義のイスラーム学校に移ったためである。[52] クラスは再び中断することとなった。活動の再開を望む受講者たちは他のモスクでの活動再開を目指し、昆明市内のモスクのイマームなどに彼らの受け入れを打診した。しかし、色良い返事をもらうことはできなかった。こうした状況について、受講者のひとりのある回族女性（四〇代）は、「マ・タオのアラビア語やイスラームに関する知識のレベルが、彼ら（モスクのアホンたち）よりも高いから、彼らは自分たちの立場が危うくなるのを恐れているんだ」と語った。

それから半年ほどの間、マ・タオによるイスラーム教育活動は、再開できずにいた。しかし、二〇一一年一〇月から再びリュウ・ジエの会社の一室で、マ・タオによるイスラーム教育のクラスの開講が計画され、前章で取り上げた「昆明回族QQ群」のウェブサイトを通じて、改めて受講者の募集が行われた。[53]

しかし、このクラスは、「都市ムスリム結婚恋愛講座（城市穆斯林婚恋課程 *chengshi musilin hunlian kecheng*）」と銘打たれたものに変わっていた。言い換えれば、マ・タオによるイスラーム教育は「非宗教的」な活動になっていた。しかし、その内実はそれまでの活動と大きく変わるものではなかった。

昆明市では、先述のように「改革・開放」以降、モスクを中心とした伝統的な回族コミュニティが解体し、回族が分散して居住する状況が生まれている。そのため、昆明市では回族の人びとが回族あるいはムスリムの結婚相手を見つけることが困難になっており、それが昆明市の回族のあいだで大きな社会問題となっていた。そのため、敬虔さの度合いの相違に関わらず、結婚活動はより多くの回族を動員することが可能な場となっていた。そうした状況下、前章でも述べたように、リュウ・ジエたちはイスラームの宣教の場も兼ねたものとして、ムスリムを対象としたお見合いパーティーを開催していた。この講座もその宗教的な色合いを排した名称にも関わらず、イスラーム教育を目的としたものであった。実際、リュウ・ジエは「これまでの活動は一段落したし、新たなかたちで活動を始めるつもりだった」と語っており、上述のマ・タオによるイスラーム教育活動の延長として、この活動を捉えていた。また、「結婚恋愛講座」と銘打たれた活動ではあるが、その受講資格は「パートナーのいない未婚者、カップル、夫婦が受講可能」と定められており、事実上ムスリムであれば誰もが受講可能なものとなっていた。

以上のように、モスク内での形式的に合法な活動の継続が困難になると、今度はリュウ・ジエの会社の一室での活動の再開が目指された(54)。しかし、その際、この活動が始められた当初の、公安からの取り締まりを受ける危険性の高いあり方とは異なり、「結婚恋愛講座」という名目での再開が計画された。これは、それまでのイスラーム教育活動を名目的に「非宗教的」な活動とすることで、公安からの取り締まりの危険性を抑えつつ、活動を継続しようとするものであったと考えられる。

4　動けない

しかし、もうひとつのインフォーマルな活動である大学生に対するアラビア語教育は、そのように活動の場を変えたりなどする動きを生み出すことができなかった。前章で礼拝堂について取り上げた際にも言及したように、二〇〇八年九月の大学の新学期から、昆明市のいくつかの大学のキャンパスが郊外の呈貢県へ移転しはじめた。そのため、一時は一〇〇名近くもいたアラビア語教育の参加者は減少し、大学キャンパスの移転が始まってからは三〇名前後となっていた。

二〇〇八年一一月の授業の際、マ・タオは多くの参加学生がキャンパスの郊外への移転により、授業に参加できなくなったことに加え、それまで使用していたモスクの教室が別の目的で使用され、アラビア語教育で使用ができなくなることを受講者に告げた。そのうえで、マ・タオは郊外の学生も参加可能な活動場所での活動の継続について受講者に相談した。その年の一一月から一二月にかけての授業の際には、毎回、新たな活動場所についての話し合いが持たれた。そこでは、大学の教室や礼拝堂での継続に関する意見が出された。しかし、前者については、公的機関で宗教教育を行うことにマ・タオが難色を示した。後者については受講者が入りきらないとの理由で、結局、新たな活動場所は決められなかった。

そのため、引き続き受講学生のあいだで新しい活動場所について相談するということだけが決まり、同年一二月二一日が最後の授業となり、一年ほど続けられたこのアラビア語のクラスは、マ・タオ曰く「一時的に中断（暫停 *zanting*）」することになった。

しかし、その後しばらく経っても、マ・タオたちが使用していたモスクの教室が何か別なことに使用されている様子はなかった。このクラス受講者のひとりで、前章でも取り上げた礼拝堂の代表者でもあった男子学生シェン・ジンは、私がなぜアラビア語クラスがなくなってしまったのかと尋ねると、「マ先生（マ・タオ）が忙しくて授業ができないからだろ」と答えた。

しかし、実際には、このアラビア語教育活動は、昆明市イスラーム教協会からの勧告によって、中止させられていた。このアラビア語教育活動が「一時的に中断」してから一年以上経った二〇〇九年一月のマ・タオとのインタビューにおいて事の顛末を知ることとなった。

マ・タオによれば、昆明市イスラーム教協会のメンバーが、マ・タオがアホン資格を持っていないとの理由から、Aモスクのイマームであるマ・ジエンを通じて、マ・タオにアラビア語教育活動の停止を勧告して来たのだという。マ・タオは、モスクの管委会がイスラーム教協会に密告したことにより、こうした事態が引き起こされたとみなしていた。マ・タオは受講学生たちが活動の継続を求めていたこともあり、別の場所で活動を続けていく予定でいた。しかし、大学キャンパスの移転も重なり、新たな活動場所を決めることができなかった。そのために結局、マ・タオは活動を再開することができなくなってしまったのだという。

マ・タオによるアラビア語教育活動は、モスクのイマームによる要請により始められたにも関わらず、当局の意向を反映した取り締まりの対象となり、停止させられた。ここから明らかなのは、上記の社会人向けのイスラーム教育の事例と同様に、政府の宗教管理制度に組み込まれているモスクにおいては、そこに属するイマームやアホンが便宜を図ろうとも、一般信徒、あるいはアホンらが望む活動を必ずしも実施できないということである。

しかし、ここで重要なことは、マ・タオが当局からの規制に対して、活動の継続を望む学生を動員して、直接的に当局やイスラーム教協会に対して抵抗や交渉するのではなく、活動を一時的に中断して、別の場所で活動を継続しようとした点である。しかし、この場合は上述の事例とは異なり、大学キャンパスの移転も相まって、結果として、活動場所の移転はうまくいかなかった。但し、マ・タオによるアラビア語教育活動は新たな活動場所がみつかれば再開されうる状態にあったという意味では、マ・タオがいうように「一時的に中断」されたに過ぎず、完全に弾圧されてしまったわけではなかったとみなすこともできる。

3　動き続ける回族

本節で取り上げたアホン資格を持たない世俗的エリートによるインフォーマルな宗教教育活動は、アホンが政府に懐柔されるようになったことやイスラームのあり方の変化に伴って世俗的エリートが宗教的権威を発揮しうるようになってきたという、昆明市における宗教的権威の変容を反映したものであるといえる。しかし、政府は、宗教活動をその管理制度の枠組みのなかでのみ認めているため（それが伝統的な宗教的権威衰退の一因にもなっている）、上述の事例から明らかなように、少なくとも昆明市においては、その制度を逸脱するインフォーマルな宗教活動は、常に政府からの取り締まりにあう危険性がある。つまり、昆明市には、政府による宗教活動への管理統制が緩やかな空間という意味での「沙甸区」はないのである。

ここで重要なのは、そうした状況下において、インフォーマルな宗教活動を行う人々が、いかに政府からの取り締まりに対処するのかということである。本節で提示した事例から明らかなことは、政府からの取り締まりに対して、回族の人々は時に怒りを表出させることもあるが、しかし、それに直接対峙するのではなく、その活動を行う場所を変え、さらにその活動のあり方そのものを変化させ、動きを生み出していこうとすることである。

しかし、昆明市には当局からの取り締まりを回避することのできる安定した空間がないため、会社の一室であろうが、モスクのなかであろうが、取り締まりのリスクは常に潜在していた。そのため、本節の事例に明らかなように、回族は政府からの取り締まりにあう度に、活動を一時中断し、その度ごとに取り締まられ難いように、時に政府の宗教管理制度をも利用し、問題をすり替え、「非宗教的」な活動とするなど、その活動を次々と変化させていた。彼らがこのように政府からの取り締まりをかわし続けることで、彼らの望むイスラーム実践を可能にしているという意味で、こうした「動き」のなかで、彼らは自律性を保ちうるといえるだろう。

こうした彼らの実践は、彼らを取り巻く支配的構造に対して抵抗するものでも、それを変革していこうとするものでもない。そのため、政府から取り締まられる危険性を根本的に解決することができるわけではなく、彼らの活動には常にリスクが潜在し続ける。しかし、直接的な当局への抵抗に向かわないからこそ、この活動が政府に徹底的に弾圧されるような事態を招くことなく、彼らの求める活動内容を残しながら、断続的にではあるにせよ、活動の継続が可能になっているのである。

四　動きのなかの自律性

本章では、イスラーム学習あるいは教育に関係する二つの事例を通して、中国共産党政府の宗教管理制度の影響下で、回族の人びとがいかにそれに対処しながら、イスラームを実践しているのかを記述、分析してきた。

本章第一節で概観したように、現在の中国においてイスラームは、中国共産党政府の宗教管理制度を受け入れる限りにおいて、公認宗教として法的な地位を保障される。しかし、それは同時に政府の指導下に取り込まれることでもある。政府の公認を受けたモスクは、その運営を担う管理委員の選出にも、当局の意向を反映しなければならない。

では、回族の人びとが当局の宗教管理制度という枠組みにおいて、公認モスクを通じた当局との交渉を通じて宗教をめぐる権益を拡大することができるのかといえば、必ずしもそうではない。それは回族社会での宗教的権威の変容に示される。公認モスクの宗教指導者たちは、モスクを管轄するイスラーム教協会の幹部や政協委員のポストを与えられ、当局によって政治的にエンパワーされている。つまり、中国政府の宗教管理制度という観点からいえば、少なくとも昆明市においては、公認モスクでの宗教活動の実施は保障され、宗教指導者には政治的な地位も与えられている。その意味で、「改革・開放」以降、制度上はイスラーム、あるいはそれを信仰する回族の権益は拡大してきたということもできるだろう。

しかし、本章で示してきたように、制度上でのイスラームや回族の権益の拡大は、少なくとも昆明市における一般信徒の目にはモスクや宗教指導者が政府に取り込まれていく過程として映っているといえる。そのため、一般信徒はモスクの指導者や管理委員を当局側の人間とみなすようになり、それが逆に一般信徒のあいだでの宗教指導者の権威の衰退を招いている。

また、宗教指導者養成のための専門的なイスラーム教育についても同様の状況がみられる。そうしたイスラーム教育は、当局から宗教管理制度の枠組みの中でその実施を保障されている。しかし、それは同時に専門的なイスラーム教育を世俗的な普通教育から切り離すことでもある。結果として、制度上の専門的イスラーム教育は、「文化がない」宗教指導者を多く輩出することになり、宗教指導者の権威の衰退を助長している。アホンやハリーファのイスラーム国家への留学を支援し、優秀なハリーファが集まる沙甸区ではこうした状況はみられないが、昆明市ではそれが顕著に表れている。

つまり、昆明市では国家の宗教管理制度上の「宗教」のあり方と一般信徒が望むイスラームのあり方とのあいだに齟齬が生じており、それが宗教指導者の権威の衰退となって現れている。本章第一節で取り上げた一般信徒の「赤いアホン」や「スパイ」という言葉に示されるように、一般信徒はモスクの運営やそこでの宗教活動に中国共産党政府の強い影響力が及ぶことに対して批判的である。しかし、政府の指導下でのみ、宗教活動の実施が法的に認められる状況下では、モスクにおいて政府の影響力を排して、自律的にモスクの運営やそこでの宗教活動を行うことは極めて困難である。

第二節で取り上げた事例は、昆明市の回族が地域を超えた移動によって、このような板ばさみ的な状況に対処しようとするものであった。上述のように沙甸区はその歴史的背景から、雲南省において、あるいは全国的にみても、例外的な場所である。それは他地域では取り締まられるアルコール不買運動［Gillette 2000］が、沙甸区では継続されていることにも示される。つまり、沙甸区では行政当局によるイスラームに関わる活動への管理統制は必ずしも厳しく行われていない。加えて、伝統的なイスラームの中心地であることや留学支援、それらによって優秀なハリーファが集まってくることにより、沙甸区におけるアホンの宗教的権威は昆明市とは異なり、必ずしも衰退していない。このように政府の宗教政策は必ずしも一様に働くわけではない。そこで各地に分散して居住する回族はトランスリージョナルな移動を通して、居住地では取り締まりを受けるリスクの高い活動を、そのリスクを抑えて、別の地域で実施するのだ。その意味で、トランスリージョナルな移動によって回族は「ポリティクスの枠外」［川口 二〇一〇：二四］に出ることができるといえる。ただし、都市部に暮らす回族にとって、それは一時的なものに過ぎない。

一方、彼らが日常的に生活を送る昆明市内では「ポリティクスの枠外」［川口 二〇一〇：二四］にあることが極めて困難である。昆明市では宗教活動における管理統制が比較的厳格に行われているためだ。そのため、一般信徒たちが宗教的権威と認める者を宗教指導者とし、かつ政府からある程度自律的にイスラームを実践しようとすれば、政府の宗教管理制度を逸脱せざるをえない。しかし、制度を逸脱した宗教活動は政府からの取り締まりを受ける危険性が高い。それは第三節で提示した事例からも明らかである。昆明市の回族の人たちはさまざまな方法で、インフォーマルなイスラーム教育を実施していた。しかし、それは常に当局からの介入を受け、中止に追い込まれることとなる。そのため、回族の人たちは板ばさみの状態に置かれているといえる。彼らは国家による宗教管理制度に則って、宗教活動を展開しようとすれば、国家に取り込まれたモスクに基づいた活動を行わざるをえない。かといって、そうした制度を逸脱する活動を行えば、当局から取り締まりを受けることになる。また、都市部に生活の基盤がある昆明市の回族には、沙甸区に逃げてしまうこともそう簡単なことではない。言い換えれば、スコットが取り上げた近現代以前の山岳民族とは異なり、現代中国の都市部に生きる回族には政府の取り締まりから逃げることができる、自律性の確保された「アナーキーな空間」はないということである。

つまり、序章で論じたように、回族は逃れられない権力関係の網の目のなかで生きているのである。以上を踏まえたうえで、こうした逃れられない権力関係の網の目のなかで抵抗や交渉に依らない自律性がいかに可能か、という序章で提示した問題を検討してみたい。第三節で提示した事例は、参加者たちが直面したイベントを個別的に見た場合、単に回族が宗教をめぐる権力関係から逃れられないことを示しているに過ぎないようにみえる。しかし、その活動を一連のプロセスとして見た場合、そこには権力関係には必ずしも還元されない回族の実践のロジックが見えてくる。

ただし、こうした実践を通じても、回族を取り巻く支配的構造は変わらない。政府からの取り締まりの危険性は依然として潜在している。しかし、一方で、回族の人びとが当局の取り締まりに際し、直接的な当局への抵抗に向かわず、一時的にせよ、すぐに活動を停止することで、彼らの活動が当局に徹底的に弾圧されるような事態を生み出し難くさせているといえる[55]。その結果、活動の継続可能性は残される。

上述したように、昆明市の回族の人びとには安定して彼らの望む活動を行いうる空間はなく、宗教をめぐる国家との権力関係から逃げることはできない。しかし、彼らにはそれをかわし続ける可能性が開かれている。第二節で取り上げたジャマーアト訪問では、昆明市の回族の沙甸区への移動は一時的なものに過ぎない。しかし、仮に宗教的な自由を求めて各地の回族が沙甸区に移り住むような事態が発生すれば、行政当局による取り締まりのあり方は今までのように緩やかなものではなくなるだろう。よって、むしろ一時的に過ぎないことがここでは重要なのだ。一時的な移動の繰り返しは政府から取り締まりを受けるリスクが相対的に低いといえる。また、第三節で取り上げた回族のイスラーム教育活動も、それを連続した一連のプロセスとして捉えるならば、彼らは当局の取り締まりを受ける度に活動を中止し、活動場所や活動のあり方を変えながら、断続的にではあるが、活動を継続させているといえる。

回族のこうした動きのプロセス自体は、その度ごとの取り締まりのあり方などに条件づけられており、国家から自律的なものではない。それはジャマーアト訪問が沙甸区に対する政府の優遇措置に基づいていることや、第三節で取り上げたイスラーム教育活動が常に場当たり的に取り締まりに対処せざるをえなかったことから明らかである。よって、回族の人びとによる政府の取り締まりをかわし続ける動きのあり方は、ある特定の型として確立することはなく、常に不確実性をはらむ。それはマ・タオによる大学生向けのアラビア語教育活動が継続できなかったことにも示唆される。自発的に国家との権力関係をかわしつづけられる、あるいは動き続けられるというわけでは必ずしもないのだ。しかし、本章で取り上げた事例が示すように、そうした動きのなかで、回族は当局の宗教管理制度に取り込まれない、彼らの望む宗教活動を不完全ながらも実現させていた。よって、回族の自律性は、権力関係の網の目の中で国家とのポリティクスを巧みにかわし続ける不断の動きのなかで、常に不安定さを含みながら立ち現れてくるものだといえる。言い換えれば、国家権力をかわし、動き続けることで、彼らは必ずしも制度上の宗教に還元されないイスラームを実践することを可能にしているということである。

注

（1）民国期には、国民統合のための国民道徳としての儒教の利用と政教分離、近代的原則としての迷信の打破と信教の自由、それぞれの両立が政治的課題であり、そのなかで宗教という領域が形成された［広池　二〇〇三］。

（2）但し、中華人民共和国建国以降の五種の憲法（一九四九年、五四年、七五年、七八年、八二年）において、「信教の自由」

の位置づけはその時期ごとの政治状況を反映してやや異なる。たとえば、文革期に制定された七五年憲法には、それまでの憲法になかった「無神論宣伝の自由」が明記されたが、「改革・開放」以降に制定された八二年憲法で削除された［土屋　二〇〇九：三―六］。

（3）但し、伝統的中国社会においても地方官による淫祠（いんし）の破壊が行われた事例があり、宗教と迷信の区別を単に近代化の過程における問題とみなすことはできない［丸山　一九九五：二八二］。また、「宗教」と「迷信」の区別は、民国期から引き継がれた政治的課題でもある［三谷　一九七八、Duara 1995: 85-113］。

（4）一九六〇年代に中国共産党内で起こった宗教と迷信をめぐる論争が、それらを区別する端緒となったとされる［広池　二〇〇三］。

（5）刑法上、ここで言われる「迷信活動」を職業として利用したり、それを通して反革命活動を行う者は刑罰の対象とされる［土屋　二〇〇九：六五―六八］。

（6）第二章第三節でも述べたように、一九五八年のイスラームに対する五つの政教分離政策において、「宗教信仰は思想問題であり、宗教信仰自由政策は長期的に堅持しなければならない。しかし回族イスラームにおける宗教制度の大部分は封建的な教会制度であり、徐々に変えていかなければならないし、変えていくことができる」と記された［《当代中国的民族工作》編輯部編　一九九三：一一七］。

（7）『宗教事務条例』は、中国で初の宗教に関する全国規模の総合的な法規であり、二〇〇四年一一月に公布された［金炳鎬　二〇〇九：五三七］。『宗教事務条例』条文は、中華人民共和国国務院［二〇〇四］を参照。

（8）但し、宗教活動場所であっても外国人による宣教活動は禁じられている（宗教事務条例第四条）。また、イスラームについては、外国人に限らず、宣教活動は取り締まりの対象とされているといわれる［澤井　二〇一〇：五九］。その意味で、公認された宗教活動場所における宗教活動であっても、政府の政策による制限を受ける。

（9）この組織は、昆明市の回族のあいだでも「管委会（*guanweihui*）」と省略して呼ばれることが多い。あるいは、「寺管会（*siguanhui*）」と呼ばれることもある。また、雲南省では一般的に「清真寺管理委員会」と呼ばれるが、地域によっては「清真寺民主管理委員会」とも呼ばれる［cf. 澤井　二〇〇二：三七―三八］。

（10）昆明市では、「管寺（*guansi*）」と呼ばれることもある。

（11）但し、近年は比較的若いアホンを教長の任に就かせるモスクもあり、昆明市内のモスクではその半数のモスクで、三〇代・四〇代のアホンが教長を務めている。

（12）ハティーブ（*khaṭīb*）は、金曜礼拝やイスラームの祝祭の際の説教であるフトバ（*khuṭba*）やそれ以外の任意の説教であるワアズ（*waʿẓ*）を行う説教師を意味する。フトバは、漢語では「呼図白（*hutubai*）」、ワアズは「臥爾茲（*woerzi*）」と表記される。また、ムアッズィン（*muʾadhdhin*）は、礼拝の呼びかけであるアザーン（*adhān*）を行う者を意味する。雲南省では、アザーンは、ペルシア語の音訳であるとされる「邦格（*bangge*）」と呼ばれるのが一般的である。その他に、アザーンの漢語訳である「宣礼（*xuanli*）」、「喚礼（*huanli*）」と呼ばれることもある。

（13）昆明市の市街地においてこれらの全ての役職を置いているのは順城街モスクだけであった。他のモスクでは教長とイマームが基本的な構成で、モスクによってはそれに副イマームが加わることもある。

（14）昆明市内の南城モスクの「南城清真寺管理制度」の条文では、管理委員会のメンバーは、以下で述べるイスラーム教協会が直接招聘、任用し、それを行政当局が審査すると規定されている。

（15）管理委員の任期はアホンと同様に三年である。しかし、モスクによっては再任などの手続きなしに、任期を過ぎてもそのまま管理委員の職に就き続けている者もおり、一般信徒にモスクに対する不信感を抱かせる一因となっていた。彼らはモスクから毎月数百元（モスクにより異なるが、二、三〇〇元から七、八〇〇元）の報酬を受け取る。

（16）昆明市のあるモスクのイマームの在任期間は、二〇一三年二月の時点で約一五年間であった。また、彼はそのモスクの主任を兼務していた。

（17）これは郷老制度と呼ばれ、雲南省を含め、広く回族社会にみられるものであったとされるが［勉維霖主編　一九九七：二〇八―二〇九］、昆明市には現在、郷老と呼ばれる人びとはいない。しかし、一九九〇年代末に中国西北部の寧夏回族自治区の農村部では、どのように選出されたかは不明であるが、郷老と呼ばれる人びとがおり、彼らが管委会のメンバーを兼ねていたとされる［高橋　二〇〇〇：六六］。

（18）雲南省では、地域によっては、イード・アル＝フィトルの日程がモスクごとに異なる場合がある。それはラマダーンが明けたかどうかを、新月が確認できたかどうかで決めるためである。二〇〇九年のイード・アル＝フィトルは、昆明市イスラーム教協会の通知では一〇月一日だった。それは当時、私が訪れていた雲南省紅河州開遠市にある大庄という回族集住地区においても同様であった。しかし、大庄のあるモスクでは、アホンが新月を確認できなかったとして、イード・アル＝フィトルが一日ずれた。昆明市では、各モスクにこうした権限はないものと思われる。但し、スーフィー教団のジャフリーヤに属するモスクは、その教派独自のイスラームの祝祭については、モスクが教派で定められた日程に沿って実施していた。

（19）但し、金曜礼拝の際には、マイクを使用して、モスクの敷地内でのみ放送される。

（20）この原則が明文化されているのかは不明だが、昆明市の一般信徒のあいだでも広く認識されていた。

（21）政協委員とは中国人民政治協商会議の成員である。これは中国共産党、各民主党派、各団体、少数民族界、宗教界などの各界などの人士から成る。全国レベルの全国政協委員から地方の各レベルの政協委員まで行政区分に応じた役職がある。彼らは中国共産党の指導の下、民主発展の拡大や多党合作の実現、統一戦線の確立などに寄与することがその役割とされる［中国人民政治協商会議全国委員会　二〇〇四］。

（22）雲南省では、漢語で「古爾邦節（*guerbangjie*）」と呼ばれることが一般的である。

（23）沙甸区の人口数は、沙甸区党委員会と沙甸区人民政府より開設されているホームページ（http://www.ynszxc.gov.cn/S1/S64/S665/S674/C22975/DV/20071218/2261336.shtml）を参照した。最終アクセス日：二〇一三年三月二一日。

（24）沙甸事件の詳しい経緯については、馬紹美［一九八八］を参照されたい。

（25）これは、一九七九年二月に中国共産党雲南省委員会と中国共産党昆明軍区委員会の連名により発布された「沙甸事件の名誉回復に関する通知」（（一九七九）七号文件）によるものである。但し、この時点では、回族側のリーダーたちは中央の指示に背き、矛盾を拡大させたとの結論が出されていた。それが見直されたのは、一九八七年八月の中国共産党雲南省委員会による「中共雲南省委、中共昆明軍区委員会連発（一九七九）七号文件における個別的結論の取消に関する通知」の発布によってである。そのため、沙甸事件の名誉が完全に回復されたのは、事件発生から一二年後であった［馬紹美　一九八八：五五―五七］。

（26）名誉回復後、沙甸区のアホン二七名のうち九名が省、州、県の人民代表や政協委員に任命された。さらに、紅河州イスラーム教協会の常務委員九名のうち三名が、沙甸区のアホンから選ばれたとされる［馬紹美　一九八六：七六］。

（27）「出哲瑪提」は、以下でみるように多様な側面を持つ活動であるが、本章では便宜的に「ジャマーアト訪問」という訳を用いる。

（28）そのなかには、中国系ムスリムも非中国系ムスリムもいた。

（29）ジャマーアト訪問では、「政治や民族、教派、他のムスリムの欠点について語ること、ムスリム同士でケンカをすること」が禁止事項とされており、政治問題や教派間問題から距離を置くタブリーギー・ジャマーアトとの類似性がある（第一章注一六）。また、沙甸区においてジャマーアト訪問が活発になった時期と、タイやミャンマーなど周辺国の外国人ムスリムが頻繁に沙甸区に訪れるようになり始めた時期は重なっている。そのため、ジャマーアト訪問には、タブリーギー・ジャマーアトの影響があることが推察される。

（30）但し、沙甸区では人数が多すぎるとムスリム間の交流などが難しくなるという理由で、受け入れるジャマーアト訪問の団体の人数は、一五名までに制限されていた。

（31）この活動は、「休業期間の大学生のイスラーム研修（学習）会（仮期大学生伊斯蘭培訓（学習）班 *jiaqi daxuesheng yisilan peixun (xuexi) ban*）」や「休業期間の大学生による社会活動への参加（仮期大学生社会実践 *jiaqi daxuesheng shehuishijian*）」な

ど と呼ばれる。

(32) 本章では沙甸区の事例を中心的に扱うが、二〇〇四年からは雲南省玉渓市通海県納古鎮も加わり、研修会は夏季と冬季で沙甸区と交互に開催されてきた。また、二〇〇八年冬期には一度だけ雲南省昭通市昭陽区でも研修会が行われたことがある。これらの地域は雲南省における代表的な回族集住地域であり、特に納古鎮は「改革・開放」以降、鉄鋼業で栄え、経済的にも豊かな地域として知られる［高発元主編　二〇〇三：二、一六一、一七二］。昆明市の礼拝堂の一つは、納古鎮の回族の企業経営者による経済的援助によって運営されていた。

(33) 但し、大学生以外にも、昆明市からは回族の会社員が週末の二日間だけ参加したり、あるいは商売を行っている回族が全日程に参加することもあった。さらに、研修会の行われる地元の中高生や高齢者が任意で参加することもある。

(34) 講義の内容は講師によって異なるが、専門的なことや実践的なことはあまり語られず、なぜ宗教信仰が必要なのか、イスラームはどのような宗教であるか、預言者ムハンマドはどのような人間であるかなどの問題が取り上げられ、さらにイスラームと他宗教やマルクス主義との比較、イスラームと科学との関係などについて語られる。

(35) 参加学生のイスラームに対する知識のレベルに合わせた研修内容も用意されている。たとえば、礼拝のやり方を知らない者に対してはウドゥーや礼拝のやり方が教えられ、アラビア語を読める者に対してはクルアーンの読誦が教えられる。

(36) 研修会のあいだに、非回族がイスラームに改宗することもある。その場合、研修会の最終日に研修会の参加者全員の前で、改宗者によるシャハーダ（信仰の告白）が行われる。

(37) 雲南省大理州にある巍山県の回族のあいだでも、研修会を開催したいとの話が聞かれたが費用が大きいことを理由に実現されていなかった。

(38) 雲南省以外でも、陝西省西安市や山西省長治市などいくつかの回族集住地域で同様の活動が行われている。但し、沙甸区の研修会の運営に関わる回族たちによれば、数百人規模の研修会が継続的に行われているのは、沙甸区と先に挙げた納古鎮の他にはないとのことであった。

(39) ここで取り上げた二〇〇九年度夏季の沙甸区のほかには、二〇〇八年度夏季の玉渓市納古鎮、同年度冬季の昭通市昭陽区で行われた研修会でも同様の注意がなされた。

(40) たとえば、第二章の支教活動の事例で取り上げたマ・レイも研修会への参加経験があった。

(41) しかし、二〇一〇年までにいたハリーファが卒業して以降、昆明市市街地のどのモスクでもハリーファの受け入れを行っていない。昆明市のあるモスクのアホンは「政府が（モスクに）学生の受け入れをさせないからだ」とその理由を説明した。ただし、本章では、一般信徒向けのイスラーム教育を中心的に扱う。

(42) 但し、上述したAモスクのイマームであるマ・ジエンのみ、社会人を対象に、週二回、平日の夜にイスラーム教育を実施している。このクラスは、前章で取り上げた「昆明回族QQ群」のメンバーの要望により始められたもので、受講者の多くもそのメンバーから成る。

(43) 但し、ジャフリーヤというスーフィー教団では、むしろ漢語訛りのアラビア語が重視される。ジャフリーヤは、回民の馬明心がイエメンから持ち帰り、伝えた教えだとされる。但し、中国での教団としての発展は、馬明心の布教によるもので、ジャフリーヤのムルシド（導師）の系譜は馬明心が初代とされる［張承志　一九九三：四一―九二］。また、現在、イエメンにはジャフリーヤの教団は存在しないとされる。そのため、ジャフリーヤのムスリムは、自分たちこそ最も伝統的な「中国イスラーム」を体現しているとして、彼らのイスラーム実践における中国的な要素を積極的に評価する傾向にある。これは、第二章で概観した現地の回族社会で影響力を増すサラフィー的な宗教言説に対する対抗言説とも考えられる。

(44) たとえば、『宗教事務条例』第二七条では「宗教教育職員は宗教団体の認定を経て、県レベル以上の人民政府宗教事務部門への記録に載せるために報告した上で、宗教教育活動に従事することができる」と定められている。

(45) 死者の名においてなされる喜捨全般を指す。具体的には、葬儀の際に遺族が参列者に配る現金、遺族が死者の名においてモスクに寄付する現金を指すことが一般的である。イスカーはペルシア語由来の単語だとされる。

(46) 後述するイスラーム教育は全て無償で行われていた。

(47) イクロは、以下で説明するようにインドネシアなどで普及しているクルアーン速習法を指す。漢語では、「快速学会読古蘭（*kuaisu xuehui du gulan*）」と呼ばれる。

(48) こうした既存の宗教組織に依らないイスラーム教育のあり方は、序論で述べた中国のプロテスタントにおける「家庭教会（*jiating jiaohui*）」、あるいは「家庭集会（家庭聚会 *jiating juhui*）」と呼ばれる、個人の家や大学、レストランなどでのインフォーマルな教会活動のあり方に類似する［Kindopp 2004: 128; 村上　二〇一〇：三二］。

(49) 彼は中国で大学を卒業後、中東のイスラーム国家で大学を卒業し、中国に帰るまでの間に中東および東南アジアのイスラーム諸国およびアメリカに訪問した経験があった。

(50) 後述するように、彼は大学などの公的機関でイスラーム文化などの講座を持っていた。彼は、国家が彼の能力を利用する一方で、彼が彼にとって最も重要なムスリム社会のために彼の能力を使うことを国家に制限されることに憤りを感じていた。

(51) 普通のモスクでは、女性のアホンがモスクの役職に就くことはできない。但し、中国では、地域によって「清真女寺（*qingzhen nvsi*）」と呼ばれる女性用のモスクがあり、そのモスクの役職には女性が就く。

(52) それはミ・モンのモスクでの待遇の悪さから仕方のないことだと受講者は理解を示していた。ミ・モンの月収は六〇〇元ほどともいわれていた。しかし、春節の長期休暇のあいだの出来事で、他の受講者たちもミ・モンの移動については事後的に報告を受けただけで、ミ・モンの考えについては判然としなかった。

（53）「愛上愛、愛上学習——城市穆斯林婚恋課程開学啦、赶快来報名！」（http://www.2muslim.com/forum.php?mod=viewthread&tid=28357l&page=l&extra=#pid2453416）、最終アクセス日：二〇一三年六月二三日。

（54）但し、マ・タオが博士号取得のために、外国の大学院への留学に向けて準備が忙しいとの理由で、そのクラスの開講は延期され、二〇一二年二月の段階でも活動は実施されていなかった。

（55）行政当局が回族のインフォーマルな宗教活動をどのようなものと見なしているのかは重要な問題である。しかし、目下のところ当局に対する調査を行うのは困難であったため、今後の調査を踏まえ、稿を改めて論じたい。

第四章　揺れ動く宗教性

第一章で述べたように、「改革・開放」以降、回族社会では、イスラーム復興と漢化という二極化の傾向が見られる。それは、特に敬虔な回族のあいだで、それまで明確に区別されていなかった言説レベルでの「ムスリム」と「回族」という二つのカテゴリーの分化というかたちでも起こっている。これまでの章では、具体的事例を通して、回族が実践するイスラーム運動が、教義としてのイスラームを前提としたイスラーム主義運動やイスラーム復興運動としては実体化しないこと（第二章）、さらに現代中国における宗教管理制度における宗教としても実体化しないこと（第三章）を示すことを通じて、その運動の流動的で矛盾をはらんだ特徴を明らかにしてきた。

本章では、このような運動に関与する人びとのムスリムとしてのあり方に目を向ける。第一節では、これまでの章で「敬虔なムスリム」とされていた人びとの事例を取り上げる。第二節では、それとは対照的に「漢化した回族」とみなされていた人びとの事例を取り上げる。これらの事例を通して、イスラーム運動という文脈だけに還元されない彼らの生活世界における回族＝ムスリムとしての実践を記述する。そこから、彼らが実践するイスラーム運動だけではなく、彼らのムスリムとしてのあり方自体が、「ムスリム」と「回族」の分化という語りにみられる「敬虔／不敬虔」という二分法に還元しえないアンビバレントなものであることを明らかにする。

そのうえで、続く第三節では、「ムスリム」と「回族」という敬虔さに基づく境界が認識されるようになったことによる回族社会への影響に着目する。回族と漢族との通婚に関わる事例を取り上げ、敬虔さの境界により、回族と漢族という民族の境界が揺らいでいることを明らかにする。

一　「敬虔な」ムスリム

1　敬虔な回族

昆明市で働く会社員のリ・フォンは、昆明市出身の二〇代後半の回族男性である。私の知る限り、彼は常に熱心なムスリムであった。彼は毎週、金曜礼拝には欠かさずモスクでの礼拝に参加していた。私が彼の家を訪れた際や彼が私の住むアパートにやって来た際など日常生活においても、彼は礼拝を欠かさなかった。彼が私の住むアパートにやって来た際には、礼拝用の絨毯がなかったため、大きなビニール袋を敷いてその上で礼拝を行った。また、彼が敬虔なムスリムであるという認識は、現地の回族ともある程度共有されたものであったと思われる。というのも、リ・フォンは、第三章第三節で取り上げたインフォーマルな宗教教育活動にも参加しており、そこでマ・タオらと共に受講者たちにアラビア語の基礎を教えていたからである。

彼がいつから、どのような経緯でこのように一見すると「完璧に」イスラームを実践するようになったのか、彼は私にはっきりとしたことは教えてはくれなかった。しかし、若い頃の彼は、日々欠かさず厳格にイスラームを実践していたわけではなかったとのことだった。リ・フォン曰く、彼は「伝統的な回族の家庭（伝統的回族家庭 *chuantong de huizu jiating*）」で育った。

二〇〇八年一二月八日、この日は「イード・アル＝アドハー（古爾邦節 *guerbangjie*, 犠牲祭）」だった。マ・タオの家では、イード・アル＝アドハーのために羊を一頭購入し、それを犠牲に捧げていた。マ・タオの家では、その晩、その羊肉を食べて、イード・アル＝アドハーを祝う予定で、リ・フォンと私は他の数名の回族の友人と共にマ・タオの家に呼ばれていた。リ・フォンとマ・タオの家に向かう道すがら、私は昆明市に実家があるリ・フォンがマ・タオの家でイード・アル＝アドハーを祝うことに疑問を感じ、「リ・フォンの家では羊を犠牲にさげないの？」と尋ねた。すると彼は、「うちは伝統的な回族の家だからね」と皮肉交じりに答えた。

彼は、一人息子で、両親と共に昆明市のマンションで暮らしていた。彼によれば、昆明市の回族の多くは、漢化し、イスラームを実践しておらず、彼の家族もまたそうであった。彼の家族の中で礼拝をするのは、リ・フォンだけだという。彼は「伝統的な回族の家庭」において、ひとり「敬虔なムスリム」であった。

このように「伝統的な回族の家庭」で育ったリ・フォンではあったが、遅くとも高校時代には既に「真面目な」回族であったようだ。後述するリ・フォンの婚礼で花婿の介添えを行った彼の高校の同級生（二〇代漢族男性）は、婚礼の準備の際、リ・フォンの高校時代を思い返し、次のエピソードを私に語った。

　リ・フォンは回族だから豚肉食べないだろ、だから高校では毎日（昼食には）カップラーメンを食ってたよ。一緒にメシを食いに行ってもさ、ひとりで店の外で待ってたこともあったな。高校の時からあいつはすごい真面目なやつだったよ。

彼はそう言いながら、他の同級生らと笑っていた。彼はそれからまた私に語った、「『伴郎（*banlang*, 花婿の介添人）』の仕事っていうのはな、酒を飲むことなんだよ」。

リ・フォンは、二〇〇九年に彼が数年来交際を続けてきた昆明市出身の二〇代回族女性ユイ・ホアと結婚した。

彼らの婚姻は、彼らが複数の社会的つながりの中で生きていることをよく示していた。彼らが結婚するには、婚姻届を役所に提出する以外に、二つの手続きが必要だった。それはイスラームにおける婚姻手続きと彼らが生活する漢族を中心とした社会での承認を得るための婚姻手続きである。昆明市において、回族の婚姻は、一般に「ニカーフ[1]（*nikāh*, イスラーム法に則った婚姻）」の儀式と漢族的な「婚礼（*hunli*）」という二つのプロセスからなる。婚姻におけるこの二つのプロセスは対照的な実践である。以下では、リ・フォンたちの婚礼の事例から、社会的文脈によって異なる回族の実践をみていきたい。

2　二重の婚姻

1　イスラームの婚姻

この二つの手続きは、別々の日に行われた。二〇〇九年一一月二一日、まず先にニカーフの儀礼が、昆明市のDモスクで執り行われた[2]。その様子をみていきたい。

この日の午前九時半、モスクの前にリ・フォンとユイ・ホア、そして彼らの両親が集まった。さらに、婚姻の立会人[3]としてマ・タオとワーフィル、マスウードがやって来た[4]。参加者が集まった九時四五分頃、我々はDモスクのシャ・ビン教長の待つモスクの事務室へと向かった。ユイ・ホア、新郎新婦の母親は、ヒジャーブを着用していた。新郎新婦の父親は、事務室に行く前に白帽をかぶり、リ・フォンもニット帽から白帽にかぶり替えた。マ・タオは最初から白帽をかぶっていた。シリア人の二人は無帽であった。

両家の人々と立会人たちは、事務室でシャ・ビン教長に「サラーム（アラビア語の挨拶）」を言い、事務室のソファに座った。テーブルを挟んで、新郎新婦の向かい側にシャ・ビン教長、教長を挟むように立会人が座った（私はムスリムではないが、立会人扱いで一番端に座った）。そして、新郎新婦の右手側、シャ・ビン教長の左手側に両家の両親が、男女分かれて座った。ユイ・ホアの母親は、落花生、ヒマワリの種、飴を皿に盛り、テーブルに置いた。[5]そして、ニカーフが始められた。

ムスリムの婚姻には、五つの条件がある。それは、（一）共通の信仰、つまり新郎新婦がムスリムであること、（二）両家の両親の同意、（三）新郎新婦が結婚を望んでいること、（四）婚姻の立会人（二名以上の成人男性ムスリム）、（五）「新郎側から新婦側への結納（聘礼 *pinli*）」である。ニカーフは、アホンが新郎新婦とそれぞれの両親にこれらの条件が満たされているかを確認し、それらの条件が満たされていればその婚姻を承認し、祝福を与えるというものである。リ・フォンたちのニカーフでもそれは同様であった。

シャ・ビン教長は、参列者との挨拶をすませると、「中国のムスリムの結婚は、三つあります。それはイスラームの結婚、法律の結婚、中国の結婚です。但し、私たちムスリムにとって最も重要なのは、イスラームの結婚です」と説明し、イスラームの婚姻における上記の五つの条件をひとつずつ挙げ、それを新郎新婦および彼らの両親に確認していった。シャ・ビン教長は、新郎新婦それぞれに結婚相手のことが好きか、両家にこの婚姻に同意するか、結納[6]は支払ったかを尋ねていった。そして、シャ・ビン教長は、二名以上の男性ムスリムの立会人が必要であることを説明し、その条件も満たしているため、リ・フォンとユイ・ホアの婚姻が成立したと宣言した。それから、彼は新郎新婦を祝福し、彼らに礼拝やサウム（断食）を二人で励まし合いながら続けていって欲しいと述べた。さらにシャ・ビン教長は、新郎新婦に、「これから婚礼などで非ムスリム、漢族を招待することもあるだろうと思いますが、イスラームに則った婚礼を行っていただきたい、特に飲酒については注意して欲しい」と注意を促した。そして最後に、シャ・ビン教長が婚姻のための「ドゥアー[7]（du'ā'; 祈願）」を捧げ、参列者も皆その祈りに参加し[8]、ニカーフは終了した。

ニカーフが終了すると、新郎新婦の両親からシャ・ビン教長と立会人に「喜糖」が手渡された。これは、ニカーフが始まる前に皿に盛られたものと同じものを小さな袋に詰めたものである。それから、新郎新婦の両親は、それぞれの家に帰って行った。彼らは、モスクを出るとそれぞれ白帽、ヒジャーブを外した。新郎新婦と私を含む立会人は、この日、ワーフィルが帰国する予定であったため、彼の住むマンションへと向かった。

その道中、私がリ・フォンに「二人はもう一緒に暮らしているの？」と尋ねると、「ムスリムとしては、ニカーフが終われば一緒に住んでも何も問題ないんだけどね。でも、中国では婚礼を行ってからでないと、一緒に暮らすことができないんだよ。そうしないと（周りから）何を言われるかわからないからね」と彼はやるせなく答えた。

上述のように彼は生活全般において厳格にイスラームを実践しようとしていた。しかし、彼がいくら敬虔であろうとも、彼らのムスリムとしての婚姻は、彼らの生きる社会的状況において、それだけでは「婚姻」として実質的に機能するものではなかった。彼は漢族を中心とする社会的なつながりの中で、部分的には「漢族」（あるいは「中国人」）でもあらねばならなかった。ニカーフから約一か月後に行われたリ・フォンたちの婚礼は、新郎新婦の両親と数名の立会人しか参加せずしめやかに行われたニカーフとは対照的に一〇〇名以上の招待客が参加する華やかなものであった。

2　中国の婚姻

昆明市には、婚礼などの比較的大規模なパーティーを行える大きなハラール・レストランが五軒ほどあった。二〇〇九年一二月一九日午前九時過ぎ、その内のひとつのハラール・レストランにリ・フォンと彼の親族男性二名、および先述した花婿の介添えである「伴郎」を含む高校時代の同級生などの親友五、六名（漢族）、そしてシリア人留学生のマスウードと私が集まり、式場に飲み物を運んだり、参列者に配る「喜糖」やタバコを準備したりなどその日の夜に予定されていた婚礼に向けた準備を行った[9]。リ・フォンは、マレーシア製のイスラーム帽をかぶり、スーツを着ていた。その他の参列者は普段着であった。リ・フォンたちの婚礼の準備は、「伴郎」を中心に彼の漢族の友人たちが取り仕切っていた。

雲南省における「中国の婚姻」は、一般に三つのプロセスから成る。それは（一）新郎と親友らが「花車[10]（*huache*）」に乗って新婦の家に「討媳婦（*tao xifu,* 嫁をもらう）」に行き、新婦を新郎の実家に連れて帰ること、（二）披露宴としての婚礼、（三）「鬧房[11]（*naofang*）」である[12]。以下では、リ・フォンとユイ・ホアの婚姻におけるこのプロセスを追っていきたい。

ⓐ嫁をもらう

新郎と集まった人々は式場であったハラール・レストランから六台の「花車[13]」に分乗して、新婦の実家を訪れた。また、結婚式場で雇われている非ムスリムのカメラマンとディレクターが同行し、その一部始終を記念のために撮影した。また、ディレクターは参列者に花道を作らせ、拍手させるなどの演出を行い、また儀式の手順を把握していない新郎新婦やその親族に代わって、何をすべきか指示を出した。新婦の家族の住むマンションに着くと、リ・フォンは「私は嫁をもらいに来ました」と言って、その到着を知らせた。それに対して新婦とその親友たちは、新郎に対し「誰だ」、「何をしに来た」などと言って、なかなか扉を開けてくれない。さらに、新郎に歌を歌うことや、腕立て伏せ、「紅包（祝い金）」を渡すことなどの要求をする。新郎がそれに応えるとやっとマンションに入ることができる。しかし、新郎は、新婦の部屋の前で、家事もちゃんと手伝うかなどとまたいくつかの要求を飲まされ、やっと新婦の部屋に入ることができる。そして最後に新郎は新婦の部屋に片足ずつバラバラに隠された新婦の靴を探す。それを見つけて、新郎が新婦に靴を履かせると、やっと新郎は新婦を連れ出すことが可能となり、二人で新婦の両親に挨拶を行う。[14] 新婦は、マレーシア製のヒジャーブとセットになっているイスラーム風のドレスを着用していた。

新郎から新婦の両親への挨拶は、ディレクターの指示の下に行われた。彼は新郎、新婦、新婦の父、新婦の母と挨拶の順番を指定した。さらにその後、彼は新郎新婦には三度の「お辞儀する（鞠躬 *jugong*）」をし、新婦の両親に一杯ずつお茶を渡すよう、また新婦の両親にはお茶を飲んだ後に紅包（祝い金）を新郎新婦に渡すよう指示した。それに対し、リ・フォンはディレクターに「私たちムスリムは『お辞儀』はできません」と抗議した。ディレクターは「そんなに深々としなくても、感謝の表現として軽く『頷く程度に頭を下げる（点頭 *diantou*）』だけで良いから」とリ・フォンを説得した。[15] そして、ディレクターの指示通りに行われた。挨拶を終えた後は、新婦の家から参加者全員に「湯円[16]（*tangyuan*, 白玉）」が振舞われた。そして、ディレクターは新郎新婦にお互いに湯円（白玉）を食べさせ合うよう指示した。

その後、新郎の一団は、新婦と新婦の親友と共に新郎の家へ向かった。「中国の婚姻」では、新婦宅を出る時、新郎宅に入る時、新郎は新婦を背負うものとされている。リ・フォンもディレクターや友人たちに囃し立てられて新婦を背負った。新郎宅では、新婦宅でと同じように新郎の両親に対する挨拶が行われた。その後、新郎宅近くのハラール・レストランで、新郎が参列者に食事を振る舞った。食後、新郎新婦とその友人たちと撮影隊は市内にある風光明媚な公園に行き、撮影隊の指示の下、新郎新婦に抱擁をさせたり、キスをさせたりするゲームが行われ、その様子が撮影された。

ⓑ披露宴

披露宴は、その日の一八時から始められる予定であった。新郎新婦とその友人たちは一七時過ぎには式場に戻り、新郎新婦と伴郎伴娘は来客者の出迎えを行った。出迎えは建物の入り口の外で行われる。そこで来客者はご祝儀を新郎新婦に渡し[17]、新郎新婦に祝福の挨拶をして、伴郎伴娘から喜糖やタバコを受け取り、会場に入る。会場には、一〇人用のテーブルが一六脚あったが、それは大きく二つに分かれていた。九脚のテーブルは主に漢族の参列者のためのもので、アルコールとタバコが供されていた。一方、七脚は回族の参列者のためのもので、アルコールもタバコも供されておらず、飲み物はジュースなどのソフトドリンクしか供されていなかった。一八時半には、特に始まりの挨拶もなく、料理が出され、招待客は食事を始めた。まもなく、来客の出迎えを終えた新郎新婦が登場し、ステージで挨拶を行い、続いて新郎新婦の父母が挨拶を行った。これらの挨拶では、来客への感謝と今後の新生活への抱負が述べられたが、「サラーム」などのイスラーム的な文言は使用されなかった。その後、ステージでは「葫蘆絲（*hulusi*. 雲南省の少数民族であるタイ族やブーラン族などに演奏される瓢箪で作られた楽器）」の演奏などが行われた。そのあいだ、新郎新婦は各テーブルをまわり、「敬酒（*jingjiu*. 酒を注ぐこと）」をした。「中国の婚姻」では、「敬酒（酒を注ぐこと）」の際、新郎も一緒に酒を飲まないといけないとされるが、リ・フォンは酒を飲むのを断り、ワイングラスに水を注いで飲んでいた。彼らが各テーブルへの挨拶を終え、二〇時近くになり、食事を終えたテーブルから順に来客者たちは帰っていった。婚礼のあいだに、マグリブの礼拝（日没後の礼拝）の時間があったが、礼拝を行うために席を立ったのはマ・タオら六名だけであった。新郎のリ・フォンは「敬酒

（酒を注ぐこと）」をしていた。

ⓒ鬧房

披露宴が終わり、招待客がみな帰った二〇時半過ぎ、式場併設の宿泊施設の一室で、朝から会場での準備や「討媳婦（嫁をもらう）」に参加した新郎新婦の近しい友人たちだけで「鬧房」が行われた。そこでは新郎新婦の友人が新郎新婦のために用意したセクシャルなゲームが行われた。たとえば、リ・フォンの股間に挟まれた空のペットボトルの入り口に、目隠しされたユイ・ホアが口にくわえた割り箸を入れるといったことが行われた。酒を飲んでいた新郎新婦の友人たちは、「もっと上」などといって、楽しそうにはやし立てていた。さらにベッドの上で、股間にアルミ製の灰皿を挟んだユイ・ホアを寝かせ、股間にグラスを挟んだリ・フォンがそのグラスで灰皿を打ち鳴らすといった性交を模したゲームも行われた。リ・フォンとユイ・ホアは、照れながらもそれなりに楽しそうにゲームをしていた。しかし、私が参加したいといったために渋々同行したマ・タオは「ムスリムの婚礼では本当はこんなことはしないんだよ、これは漢族の文化なんだ」と他の人びとには聞こえないよう小さな声で私に囁き、遠巻きに苦々しい様子で、これらのゲームが行われるのを眺めていた。この部屋は宿泊ではなく、「鬧房」のためだけに用意されており、二二時頃にはゲームを終えて、各々家路についた。

この婚礼の一連のプロセスにおいて、食事がハラールであったことと新郎新婦の服装がイスラーム風であったことや、飲酒やお辞儀の忌避といった点でイスラーム規範に則っていたことを除けば、教義としてのイスラームが強調される場面はなかった。婚礼のプロセスにおいて、リ・フォンとユイ・ホアは「漢族」のように振る舞うことを求められていた。リ・フォンたちは、ディレクターの指示に従って両家の両親に頭を下げることをある程度許容しなければならなかったし、酒は飲まなくても招待客に注いでまわらなければならなかった。

リ・フォンは、他の敬虔な回族と同様に、日常でのムスリムとの挨拶で、「元気か？」と聞かれた際には、始めにほぼ必ず「アル＝ハムド・リッラー（*Al-hamd li-Allāh*）」あるいはその漢語訳である「知感真主（*zhigan zhenzhu*, アッラーに賛えあれ）」とアッラーへの感謝を口にしていた。しかし、披露宴での挨拶でアッラーへの感謝の意は表されなかった。[18] そして、彼はファルドの礼拝（義務の礼拝）も行えなかった。

しかし、リ・フォンは、参列者にみえないところで、この婚礼にイスラーム的に積極的な意味を与えようとしていた。婚礼当日は、新郎新婦は朝から晩まで忙しかった。しかし、新婦を迎えに行くにあたって「花車」にリ・フォンと同乗した際、リ・フォンは私に新婦を新郎宅に迎え入れた後から昼食まで空き時間に、二〇ラクア[19]（*rak'a*）の「副功拜[20]（*fugongbai*, 自発的礼拝）」を行うのだと語っていた。

このように「中国の婚姻」において、ムスリムとしての実践が周縁化し、「漢族」としての振る舞いが顕著になるのは、リ・フォンの生活が漢族を中心とした社会的なつながりからも成り立っていたことを示唆している。彼は、彼がイスラームを厳格に実践し、敬虔なムスリムでいられる回族やムスリムとのつながりだけで生きているわけではなかった。上記の披露宴の参加者が回族よりも漢族の方が圧倒的に多かったことに明らかなように、彼の社会関係はむしろ漢族とのつながりを中心としていた。リ・フォンが「漢族」のように振る舞わなければならなかったのは、婚礼のような非日常だけではない。次に示すように、彼は日常生活においても、必ずしもイスラームを実践できず、そのことが彼に中国社会での生きにくさを感じさせていた。

3　「原則」に従うことによるイスラーム実践

リ・フォンは、昆明市にあるウェブデザインの会社に務めていた。その職場で彼は礼拝を行えなかったという。

彼の職場に関するエピソードをみてみたい。

先述した二〇〇八年のイード・アル＝アドハー（犠牲祭）の際、午前中にモスクでの礼拝を終え、マ・タオの家で購入した羊の「宰羊（zaiyang:イスラーム法に則った羊の屠殺）」を見届けてから、羊肉を受け取り、イードのお祝いをする予定だったマ・タオの姉夫婦の住むマンションにそれを届けた（写真4―3）。その後、私はムスリムの祝祭[21]のため、会社が休みだったリ・フォンと共に街を散策した。私が彼に「イードで会社が休暇をくれるなんて、理解がある会社だね。だったら、会社で礼拝とかしても問題なさそうだね」と言うと、[22]彼は「会社では礼拝は行っていないんだよ。会社で礼拝をすると職場の統一を乱してしまうからできないんだ。中国で『ムスリムをする（做穆斯林 zuo musilin）』ことは本当に難しいよ」と不満気に答えた。

写真4-1　昆明市内のモスクでの「宰羊」の様子（2008年12月8日筆者撮影）

リ・フォンは、このエピソードからも明らかなように職場の漢族を中心としたつながりのなかでは、イスラームを厳格に実践できなかった。昆明市のイスラームに熱心な回族のあいだで、本書でこれまでに取り上げた事例における語りにも何度か出てきたように、「ムスリムをすることの難しさ」はかなり頻繁に言及される話題であった。リ・フォンは、職場で礼拝ができないだけではなく、職場で同僚たちに飲酒しないことを批判されることもあった。中国社会でムスリムとして生きるには、「融通がきかなければならない」。

二〇一〇年一二月一六日、第三章第三節で取り上げたインフォーマルなイスラーム教育活動に参加していたある受講者の家に、リ・フォンとユイ・ホア夫妻など数名の受講者が晩餐に呼ばれ、集まっていた。そこで中国において「ムスリムをすることの難しさ」が話題として上がった。その際、リ・フォンは「僕たちムスリムは周りから『杓子定規（死板 *siban*）』だと思われてしまうんだよ。会社の付き合いなどで酒を飲むような場合、一緒になって飲めば良いじゃないかといわれるんだ。彼ら（職場の同僚たち）は『融通がきかない（不霊活 *bu linghuo*）』だと言う。でもさ、人間が生きて行く上では『原則（*yuanze*）』がないといけない。原則がないとメチャクチャになってしまうよ」とみなに語った。

リ・フォンは、ここでいう「原則」、すなわち信仰と実践の一致を求める厳格なイスラーム言説に則って生きることを望んでいたが、上述のように彼は職場でも婚礼の場でも、必ずしも「原則」に従うことは出来なかった。彼の置かれた社会的文脈が変わると、そこでは「原則」が通用しなくなるためだ。そのため、リ・フォンはこのように生活全般において厳格にイスラームを実践することが困難な中国社会を出ることを考えていた。リ・フォンは、ワーフィルがまだ昆明市に滞在しているあいだ、定期的に彼からアラビア語を個人的に習っていた。それは中国を出るための準備であった。

ラマダーン期間中の二〇〇九年八月二二日、土曜日のこの日、仕事が休みだったリ・フォンはいつもよりやや早くモスクにやってきた[23]。マグリブの礼拝（日没後の礼拝）までまだ時間があったため、拝殿の前で私はリ・フォンがワーフィルからアラビア語を習っていることに関して質問した。私がリ・フォンに「ワーフィルからアラビア語を習っているのは、商売のため？」と質問すると、彼は「アラビア語を（ワーフィルから）習っているのは商売のためじゃないよ、それは信仰のためだよ。ただ、アラビア語ができれば商売にも使えるけどね」と答えた。

彼は、第三章第三節でも取り上げるようにインフォーマルなイスラーム教育活動に参加し、マ・タオから標準的な発音のアラビア語を教わるとともに、マ・タオを手伝い、アラビア語を教えてもいた。二〇〇九年一一月一四日のその活動の帰り、リ・フォンと私は私の住むアパートの近くにあるハラールの「ホットドッグ」を売っているハラール食品店に行った。(24) そこで彼は私を一週間後に行われるニカーフに招待してくれた。そして、彼は翌年エジプトに留学する予定でいることを明かした。彼は今の仕事をやめて、妻もつれていくつもりだと言った。彼は留学の理由を中国にいてもアラビア語が上達しないからだといった。私が留学後について尋ねると、彼は「行ってみないと分からないけど、向こうで仕事が見つかってやっていけるようだったら、そのままエジプトに残るつもりでいるよ」と答えた。

リ・フォンは留学の理由をアラビア語のためだといった。しかし、彼が信仰のためにアラビア語をワーフィルから習っていたと語っていたことを考え合わせれば、エジプトに行くことは、彼にとってより「理想的な」ムスリムを実践するためのものであったと考えられる。彼は、二〇一〇年三月に中国を経つ予定だったが、ビザがなかなか下りず、予定より半年遅れてエジプトに旅立った。その後、彼は、エジプトで大学院に通いながら、仕事をしていた。

リ・フォンは、現地社会において必ずしも特殊な事例ではない。それは第三章第三節で取り上げたマ・タオによる大学生向けのアラビア語授業が、イスラーム国家への留学を希望する学生の要望により始められたものであったことにも示される。

これまでにも何度か言及した礼拝堂の代表者であった回族男性シェン・ジン（二〇代）も、マ・タオのアラビア語授業に参加し、イスラーム国家への留学を目指すひとりであった。彼は、雲南省のなかでも回族集住地域として有名な地域のひとつである紅河州大庄の出身で、二〇〇七年九月、大学入学を機に昆明市にやって来た。彼も、私の知る限り、リ・フォンのように礼拝やサウム（断食）を厳格に実践する敬虔なムスリムであった。イスラーム信仰に篤い地域の出身であるシェン・ジンにとって、進学のための都市部への移動は、リ・フォンが就職を機に経験したのと同様の「ムスリムをすることの難しさ」を伴うものであった。

シェン・ジンは大学生活において、イスラームについて同級生に語ると「ああ、回族のね」といわれることに対してよく憤っていた。彼は「イスラームは回族のものではなく、全人類のものなんだよ」といって、彼の周囲の非ムスリムたちがイスラームを「回族のもの」として矮小化することに不満を感じていた。

また、彼は「実家にいた時には、サウム（断食）はすごく楽しみなものだったよ。毎晩の断食明けは本当に嬉しいものなんだよ。でも街では、不便だし、大変だよ」と語った。続けて、彼は、二〇〇七年のラマダーンでは、「サウム（断食）を完遂できなかったんだ」と、申し訳なさそうにいった。さらにシェン・ジンは、昆明市への移住のこうした経験を次のように語った。

> 小さいとき、僕たちの住む人間社会は「完美[25]（*wanmei*, 完璧）」だったのに、今は醜いものになってしまった。成長するにつれて、「完美」だと思っていたものが人間社会のほんの一部に過ぎないということが分かってきたんだ。（中略）でも、イスラームはひとつの正しい道を示しているんだよ。だから、僕はこの社会はアッラーが与えた「試練（考験 *kaoyan*）」なんだと思うよ。

シェン・ジンは、この語りにみられるように、都市部の漢族を中心とした社会を「醜い」ものと捉えていた。リ・フォンにとっての「原則」がそうであったように、シェン・ジンがイスラーム国家への留学を目指していたのは、彼がいう「正しい道」としてのイスラームを厳格に実践するために、「漢族」でもあらねばならない中国社会を抜け出す必要があったためだとも考えられるだろう。彼の出身村のモスクのイマームは、シリアに留学経験のあるアホンであった。彼は大学二年生の頃から、留学に向けて準備を進め、このイマームにも留学手続きなどの相談をしていた。しかし、二〇〇九年七月五日にウイグルで騒乱が起きると雲南省でも当局からの締め付けが厳しくなり、彼は大学卒業に合わせて留学することができなくなった。しかし、彼は漢族の経営する会社の社員として働きながら、留学の準備を進めていた。

以上のように、本節で取り上げたリ・フォンやシェン・ジンは、前者が第三章で取り上げたイスラーム教育活動で補助的にではあるがアラビア語を教え、後者が「礼拝堂」の代表者を務めていたことが示すように、昆明市の回族のあいだで、敬虔なムスリムとみなされていた。そして、実際に彼らは厳格にイスラームを実践しようとしていた。

ここで注目したいのは、彼らがイスラームを社会的なつながりから切り離された超越的な「原則」や「正しい道」として対象化し、それらを前提としてイスラームを実践することを「ムスリムをすること」だとみなしていた点である。しかし、彼らは彼らが「原則」などと呼ぶ厳格なイスラーム言説が通用しない漢族中心の社会的なつながりのなかで生きている。そのため、リ・フォンは結婚に際して、また就職を機に、彼にとってのイスラーム実践を部分的に諦めなくてはならなかった。「原則」が通用しない社会的なつながりのなかで、彼は部分的には「漢族」のようにも振る舞わなければならなかった。だからこそ、リ・フォンは宗教言説と社会的現実とのあいだで「ムスリムをすることの難しさ」を経験する。また、同様にシェン・ジンも、回族集住地域から昆明市への移住によって、非ムスリムを中心とした日常のなかでムスリムとしての生きにくさを経験した。シェン・ジンにとって、それは「正しい道」を行うに際しての「試練」とみなされた。

このように、現代中国の都市部で回族が、「原則」に従ってムスリムとして生きることは、必然的に矛盾をはらむ。だからこそ、リ・フォンやシェン・ジンは、彼らの「原則」が通用すると考えるイスラーム国家への留学を目指したのだといえるだろう。

しかし、これまで取り上げた事例においても示唆されるように、昆明市の回族には、リ・フォンのように厳格にイスラームを実践しようとする敬虔なムスリムがそれほど多いわけではない。次項では、本項で取り上げた敬虔な回族が、「ムスリムではなく、回族に過ぎない」と否定的に評価する回族の事例から、「不敬虔」な回族のイスラーム実践および彼らのムスリムとしてのあり方を記述したい。

二　「漢化した」回族

1　漢族のように見られる回族

はじめにあるエピソードを紹介するところからはじめよう。

二〇〇八年一〇月二五日一九時過ぎ、昆明市内にある大学Aの近くにある礼拝堂で、毎週土曜日に行われているイスラーム勉強会が始められようとしていた。この日は大学Bの回族学生グループが勉強会に参加していた。大学Bのムスリム学生グループのリーダーであるソン・ヨン（二〇代回族男子学生）が、普段は大学Aの礼拝堂の勉強会に参加していない大学Bの回族学生たち（男性七名、女性二名）を連れてきていた。礼拝堂には、大学Bの学生たち以外に、大学Aの回族学生を中心に一〇名（男女ともに五名）の参加者がいた。

この日は、また別の大学のムスリム学生グループのリーダーであるM（二〇代回族男子学生）が、彼が夏季休業期間中に西安などの中国西北地域で行った「ジャマーアト訪問（出哲瑪提）」の経験について、礼拝堂の活動に参加しているムスリム学生に報告するということが勉強会の主な内容であった。

この日の参加者は、二〇名ほどと多かったため、礼拝堂のなかで最も広い男性用の礼拝を行う部屋で勉強会が行われた。参加者は車座になってMの話を聞いた。話の最中、私の隣にいたソン・ヨンは、小声で「あれは誰？　漢族？」と尋ねた。ソン・ヨンは、大学Aの礼拝堂における勉強会にはあまり参加したことがなかった。そのため、彼は自分の所属する大学の回族学生以外では、どの礼拝堂での活動にも参加するような熱心なムスリム学生しか知らなかった。彼が尋ねたのは、ヒジャーブを着用していない女性だった。私が彼に「回族だよ、大学Aの学生だよ」と答えると、彼は「そうなんだ⁉てっきり漢族なのかと思ったよ」と驚いた。

ソン・ヨンが漢族と勘違いした女性は、ワン・イェンという女子学生（二〇代回族）であった。第二章で述べたように、礼拝堂の活動には、回族大学生が、時々漢族の友人を連れてくることがある。その意味で、ソン・ヨンが礼拝堂に漢族がいると思うことは必ずしも不自然なことではない。しかし、回族（特に敬虔な回族）から、回族が漢族だとみなされることには、否定的な評価が含まれている。第一章で概観したように、「漢化した回族」というカテゴリーは、「ムスリムではない、ただの回族」として、ムスリムがすべきイスラーム実践を行っていないことや敬虔さの欠如に対する批判のニュアンスを含むものである。そのことが示すように、回族が漢族と間違われるということには、そこには敬虔な回族が「原則」や「正しい道」と呼ぶイスラームにおける敬虔さが欠如していることを意味する。

すでに見てきたように、第二章で取り上げたダアワ運動や第三章で取り上げたイスラーム学習活動には、日常的には礼拝をしない回族やヒジャーブを着用しない回族女性が少なからず参加している。そのため、ワン・イェンのような存在は、昆明市の回族のあいだで特殊なわけではない。ただし日常的にイスラームを実践しない回族は、ソン・ヨンのような厳格にイスラームを実践する敬虔なムスリムから、「本当のムスリム（真正的穆斯林 *zhenzheng de musilin*）」ではないと否定的に評価される。昆明市で大学に通うワン・イェンもそうした回族のひとりであった。彼女は、昆明市では、ここで挙げたようなムスリムの集まる活動においても、基本的にヒジャーブを着用したり、礼拝を行うようなことはなかった。そのため、上記のエピソード以外でも、彼女は回族大学生などから漢族と間違われることが幾度かあった。

上記のエピソードにおいて、ソン・ヨンが、ワン・イェンを漢族と見間違えたことにも示されるように、確かに、ワン・イェンのように日常的にイスラームを厳格に実践していない者は、「漢化した回族」のようにみえる。そして、実際に回族のあいだでも、そのような評価が下される。

しかし、ここで注意しなくてはならないのは、前章において、回族の人びとが動きながら様々なイスラームに関わる活動を行っていたように、彼らも動きのなかで生きているということである。その動きのなかで、彼らを取り巻く社会的文脈は変わる。そして、異なる社会的文脈において、彼らのイスラーム実践も変化しうるのである。以下では、そうした動きに焦点を当てながら、「漢化した回族」とされる人びとのイスラーム実践、あるいは彼らのムスリムとしてのあり方を明らかにしていきたい。

2　実家でのみ着用されるヒジャーブ

ワン・イェンは、日常生活においてヒジャーブを着用することはなく、礼拝堂での勉強会のような回族の集まりにおいてもそれは同様であった。ソン・ヨンが彼女を漢族だと勘違いしたように、昆明市の社会的状況において、彼女は一見すると漢族のようであり、イスラームを実践していないようにみえた。しかし、それは彼女が不敬虔なムスリムであることを表しているわけでは必ずしもなかった。彼女は異なる社会的文脈において異なる実践を行っていた。

ワン・イェンは、前章でも取り上げた沙甸区の出身であった。すでに述べたように、沙甸区は雲南省でも有数の回族集住地域で、中国全土においてもイスラーム信仰が盛んなことで知られる地域である。彼女の祖父母は、二〇〇五年にメッカ巡礼を行ったハッジであり、彼らと共に暮らす彼女の「四叔[26]（*sishu*, オジ）」はマディーナ・イスラーム大学[27]において四年間シャリーア[28]（*shari'a*）について学んだアホンであった。また、彼女の父方祖父の妹の息子は、同じく前章で取り上げた沙甸区で最も大きなモスクである沙甸大清真寺の教長であった。ワン・イェンは、彼女の実家がある沙甸区における親族を中心とした社会関係のなかでは、昆明市とは異なる実践を行っていた。

二〇〇九年一月七日、ワン・イェンの帰省に合わせて、私はワン・イェンと彼女が後にルームシェアをする二人のタイ人ムスリム留学生（二〇代女性）と共に沙甸区にある彼女の実家を訪れた。昆明から五時間半ほどバスに揺られ、二〇時過ぎに到着した私たちは、用意されていた食事を食べ、眠りに就いた。彼女の実家の居間の壁には、彼女の祖父母のメッカ巡礼を記念したカアバ（*Ka'ba*）神殿[29]を描いた大きなタペストリーが飾られていた。彼女の実家には、両親のほかに祖父母と四叔夫婦も住んでいたが、男性は白帽、女性はヒジャーブをみな着用していた。

翌朝、まだ日も昇らない五時から六時過ぎにかけて、沙甸区内の各モスクのスピーカーを通じて、クルアーンの朗誦が街中に鳴り響いた。そして、六時半頃にはファジュルの礼拝（早朝の礼拝）の始まりを告げるアザーンが響き渡った。男性は近くのモスクへ行って礼拝を行い、女性は家で礼拝を行う。そして礼拝後にもう一眠りする。ワン・イェンの実家の人々は、九時過ぎに起き出してくる。私は早めに起きて中庭にいた。部屋から出てきたワン・イェンは、ヒジャーブを着用していた。彼女は私に「おかしいでしょ？」と恥ずかしそうにいった。続けて起きてきたタイ人ムスリムの二人は、ワン・イェンをみつけて驚くとともに、彼女のヒジャーブ姿を美しいと褒めた。彼女は「実家ではヒジャーブを着用しているんだ」と私たちに語った。私だけでなく、ワン・イェンの友人たちにとってもワン・イェンがヒジャーブを着用しているのをみるのは初めてだった。彼女は、その後の三日間、実家に滞在するあいだ、毎日ヒジャーブを着用した。また、一日五回の礼拝も欠かさず行った。彼女は昆明に帰るまではヒジャーブを着用していた。しかし、昆明での生活に戻るとまたそれまでのようにヒジャーブを着用しなくなった。

ワン・イェンは、このように実家のある沙甸と彼女の通う大学のある昆明市とで、異なる実践を行っている。これは一見するとただ単に彼女が不敬虔なムスリムで、実家では家族の目を気にして、敬虔に振舞っているだけのようにもみえる。しかし、そのような解釈は、現代中国社会に生きる彼女のムスリムとしてのあり方を単純化してしまうことになる。というのも、彼女は昆明市においても部分的には厳格にイスラームを実践していたからである。彼女のムスリムとしてのあり方を理解するために、以下で昆明市における彼女の宗教実践および彼女のイスラームに関する語りをみていこう。

3　折り合いをつけることによるイスラーム実践

イスラーム信仰の盛んな沙甸区において、上述したようにイスラームに熱心な家庭で育ったワン・イェンは、幼い頃からイスラームに関する基本的な知識は学んでいた。そのため彼女はクルアーン読誦やウドゥーや礼拝などの基本的なイスラーム実践のやり方は一通り知っていた。また、結果的には、SARSの影響[30]で実現はしなかったものの、彼女は高校卒業後、エジプトの宗教女子学校へ留学する予定であったという。ワン・イェンは、上述したように昆明市においては同じ回族から見ても漢族と見分けがつかないように振舞っていた。しかし、家族の意向も大きいとは思われるが、イスラーム国家のイスラーム学校への留学を計画していたことにも示されるように、教義としてのイスラームに対して無関心なわけではなかった。そして、それは彼女が昆明市にある彼女が暮らすアパートにおいて、礼拝やサウム（断食）を実践していたことにも示される。

二〇〇九年九月二五日、私はワン・イェンの誕生日会に呼ばれた[31]。彼女は、この年の七月下旬から上述のタイ人ムスリム留学生二人と彼女らの通う大学近くの三部屋からなるアパートの一室をルームシェアしていた。その日の一八時頃、私は彼女らのアパートを訪れた。すると、ワン・イェンたちはサウム（断食）をしているとのことで、食事は日没予定時間の一九時半を待ってからになると告げられた。この年、中国では九月二一日がイード・アル＝フィトル（ラマダーン明けの祭り）であった。ワン・イェンがサウムを行っていることもさることながら、ラマダーンがすでに明けていたにも関わらず、彼女らがサウムを続けていることを不思議に思った私は、彼女になぜまだサウムを続けているのか尋ねた。彼女は「『補斎（*buzhai*、ラマダーン期間中に何らかの理由で行えなかった分のサウムを後日行うこと）』をしているんだよ」と答えた。この日、私とこの部屋の住人たちの他にアハイというタイ人ムスリム留学生（二〇代男性）がひとり来ていた。その彼が、よく理解していない私になぜ彼女たちが「補斎」をしているのかを説明してくれた。[32]

この日はさらにもうひとり、回族男子学生シュ・ジー（二〇代）もやって来ることになっていた。アハイは、シュ・ジーが来ることを知ると、「彼はラマダーンの時にもよくここに来ていたんだけど、彼はサウムもしないし、礼拝もしないんだよ」と私に不満を述べた。アハイは、このアパートで暮らしていた二人のタイ人ムスリム留学生と同郷で仲が良かったため、このアパートを頻繁に訪れていた。また、アハイがこうした不満を述べる背景として、アハイもシュ・ジーも、その年の夏に行われた沙甸区での大学生向けのイスラーム研修会（第三章）に参加していたことが挙げられる。研修会のあいだ、シュ・ジーは、毎日礼拝を行っていたため、アハイは彼が敬虔なムスリムであると思っていた。

アハイのこうした不満を聞きつけたワン・イェンは、アハイに対して、「シュ・ジーは『心理礼拝（*xinli libai*, 心の中での礼拝）』をしているんだよ」といって、シュ・ジーを擁護した。ほどなくしてシュ・ジーがやって来た。そして、シュ・ジーと私以外の人たちがマグリブの礼拝（日没後の礼拝）を終えると、ワン・イェンの誕生日会は始まった。

昆明市においては、ラマダーン期間中、あるいはイード・アル＝フィトルの後、回族のあいだでラマダーン期間中にサウムを何日間行ったのかということが話題となる。ここで問題とされるのは、サウムを完遂できたかどうかではなく、あくまでサウムを実施できた日数である。つまり、このことが示すのは、少なくとも昆明市の多くの回族のあいだで、ラマダーンの一か月間、サウムを継続するということが必ずしも前提とされていないということだ。そのため、ワン・イェンが「補斎」まで行い、ラマダーン期間中に実施できなかった分のサウムを行っていることは、少なくとも昆明市のこうした文脈において、彼女がかなり厳格にイスラームを実践しているということを意味する。また、ワン・イェンは、昆明市における漢族との交友関係のなかでも、豚肉と飲酒の禁忌は守っていた。たとえば、次のエピソードは彼女が食物に対する禁忌をかなり厳格に守っていたことを示すものである。

二〇〇九年六月六日から翌日にかけて、私はワン・イェンと彼女の大学の同期リン・ジ（漢族女性）、さらに彼女らより一年学年が上の漢族女性二名と共に、バスで三時間半ほどの時間をかけて、昆明市から七〇キロメートルほどの距離にある撫仙湖という景勝地にやって来た。その日の晩は、当地のハラール・レストランで、撫仙湖で捕れた魚をつかった料理などを食べることができたが、翌朝ハラールの朝食を売っている店をみつけられなかった。リン・ジと先輩らは、ワン・イェンに「藕粉（*oufen*, レンコンからとった澱粉、あるいはそれをお湯で溶いた食べ物）」なら食べられるだろうとワン・イェンを説得し、彼女も同意して、結局ハラールではない店で朝食を食べることとなった。ワン・イェンは、料理を作っていた店の女性に、自分が回族であることを説明し、使い捨ての容器とレンゲで「藕粉」を出してくれるよう頼んだ。しかし、店の女性に話がうまく伝わっておらず、店で使用されている陶器の器で「藕粉」が出された。ワン・イェンは、「これでは食べられない」といい、朝食は食べなくても良いといいだした。リン・ジたちが使い捨ての容器で作り直してもらえば良いとワン・イェンを説得し、彼女はあまり乗り気ではない様子で作り直された「藕粉」を食べた。

ワン・イェンは、実家のある沙甸区に滞在している時とは対照的に、昆明市では私的領域において、食物禁忌

について など、部分的にのみ厳格にイスラームを実践していた。言い換えれば、彼女は、異なる社会的文脈において、一見矛盾するようにみえる異なる実践を行っていた。これは、彼女が昆明市において旅行業界で働きたいという願望を持っていたことと関係していた。彼女は、昆明市において自宅以外でヒジャーブ着用や礼拝などのイスラーム実践を行わない理由を、仕事が見つからないからだとしていた。第二章でも述べたように、昆明市では、ハラール食品を扱うムスリムの企業、あるいはそれほど多くはないムスリムが経営する会社に就職する場合を除けば、ヒジャーブの着用や礼拝は就職に際して大きな枷となるためである。さらに、彼女は回族の集まりにおいてもヒジャーブを着用しなかったが、それは彼女曰く、日常的に着用していないのにも関わらず、回族の集まりの時だけ着用するのは「申し訳ない（不好意思 *buhao yisi*）」からだと語った。

しかし、アハイが非難したのと同じく、昆明市においても、前項で取り上げたリ・フォンやシェン・ジンのように「認識安拉（アッラーを知る）」した敬虔な回族は、ワン・イェンやシュ・ジーのように生活全般において厳格にイスラームを実践しない回族を「ムスリムではない」として批判的に見る向きが強くなっている。それは、リ・フォンがいうところの「原則」に従うことがムスリムとしての重要な要件とみなされる傾向が強まっているためである。社会的文脈によって異なる実践を行うワン・イェンも、このような宗教的な変化と無関係ではない。そのため、彼女自身も「原則」に従い、厳格にイスラームを実践することが必要だとみなさないわけではない。しかし、彼女は「原則」に従うことを先延ばしにするのだ。

二〇一〇年一二月二八日、長期調査を終えた約七か月後、昆明市に戻っていた私はワン・イェンを訪ねた。ワン・イェンは、大学を卒業し、彼女の通っていた大学の近くにある三部屋の個室からなるマンションの一室の大家をやっていた。彼女はその一室を賃借し、それらの個室を賃貸することによる差額を収入としていた。

ワン・イェンを訪ねた際、彼女の二人の店子を交えて、マンション近くの喫茶店で話をすることになった。ワン・イェンの店子のひとりは、先述した彼女の大学時代の同級生で英語教師をやっている漢族女性リン・ジで、もうひとりの店子は、昆明市で商売を行っている三〇代の漢族男性であった。

私は初めにその漢族男性に自己紹介し、中国ムスリムの研究をしていることを告げた。すると彼は、私とワン・イェンが知り合いであることに納得し、続けてワン・イェンに「そういえば、ムスリムはヴェールをかぶらないといけないんじゃないの?」と尋ねた。ワン・イェンは、その質問に戸惑いながら、「うまくいえませんが、それは『個人の問題（箇人問題 *geren wenti*）』なんです。ただ、ヒジャーブを着用していると仕事が見つからないから、今はしていません」と答えた。

ワン・イェンは、大学卒業後、実家の家族から沙甸区に戻って早く結婚するよう強くいわれていた[33]。喫茶店で雑談が続いた後、店子の漢族男性は用事があるといって先に帰った。彼が帰った後、ワン・イェンは家族からの結婚に対する圧力と、彼女の都会で働きたいという希望を家族が理解してくれないことに対する憤りとやるせなさをリン・ジと私に語った。「家族はみんなわかってくれないんだよ、早く結婚して家庭に入ることが良いことだと思っているの。私だって結婚が大事なのはわかっているけど、でも、今はまだ私にとっては結婚よりも仕事の方が大切なの。私は旅行業に就きたいと思っているんだ。だから、勉強して『ツーリストガイド資格（導遊証 *daoyou zheng*）』も取ったんだよ」。

さらに、彼女はヒジャーブを着用していないことについても説明した。「ヒジャーブをすることは、敬虔であることを示すひとつの『しるし（標志 *biaozhi*）』だし、ヒジャーブをするに越したことはないけどね。でも、大事なことは『信仰が心の中にある（信仰在内心 *xinyang zai neixin*）』ことだと思っているの。それに確かに今はヒジャーブをしていないけれど、それは今後もしないということではないし、ひとつの『移行（過渡

guodu）』が必要なんだと思うんだ」。

以上のエピソードが示すように、ワン・イェンはヒジャーブを着用するべきだと考えてはいた。しかし、彼女は自身が希望する職業に就くために、厳格にイスラームを実践できない現状を「移行」期間とし、さらに将来的には従いうるものとして教義としてのイスラームと折り合いをつけていた。

このようにワン・イェンが実践するイスラームは、前項で取り上げたリ・フォンが「原則」と呼び、それに従うことで実践されるイスラームとは異なる。ワン・イェンは、リ・フォンらのように普遍的な「原則」に従うことによってイスラームを実践するというよりも、様々な社会的なつながりのなかで、イスラームを実践していた。ワン・イェンは、昆明市では漢族を中心とした社会的なつながりのなかで生きているため、そこで「ムスリムをする」ことは、前項のリ・フォンがそうであったように、教義としてのイスラームにそぐわないことも行わなくてはならない。しかし、ワン・イェンは就職のためにヒジャーブを着用しない一方でハラール以外のものは決して食べないといったように、そうした矛盾を部分的に受け入れながら「ムスリムをする」。ワン・イェンのこうしたムスリムとしてのあり方は、シュ・ジーが礼拝を行わなかったことを「心理礼拝」だと擁護したことにも表れているといえる。

ワン・イェンは、二〇一一年五月、当初の希望通り、昆明市のある旅行業の会社に就職し、仕事を始めた。彼女は職場ではヒジャーブを着用していないといっていた。しかし、毎日ラーメンを食べているといって笑った[34]。彼女は、部分的に「漢化した回族」でもあり、「敬虔なムスリム」でもある、そんな毎日を生きていた。いうなれば、前項のリ・フォンやシェン・ジンたちが「ムスリムをする」のに対し、彼女は「回族をする」のだということができるかもしれない。

本節では、ワン・イェンという特定のインフォーマントに焦点を当てた。しかし、こうした曖昧さを持った、あるいは敬虔なムスリムからすれば矛盾するムスリムとしてのあり方は、昆明市の回族のあいだでは必ずしも特殊なものではない。第二章で取り上げた支教活動や公益活動を担っていた人びとも、必ずしも日常的には厳格にイスラームを実践するわけでなく、また本節の事例に登場したシュ・ジーがそうであったように、前章のイスラーム研修会に参加する学生の多くもリ・フォンのような敬虔なムスリムではない。しかし、彼らの多くはワン・イェンのように、部分的に敬虔に、部分的に不敬虔にイスラームを実践していると考えられる。

三　回族と漢族の境界の揺らぎ

1　潜在的なムスリムとしての漢族

本章では、ここまで回族の異なるムスリムとしてのあり方を具体的な事例を通して、記述してきた。リ・フォンやシェン・ジンが「原則」に従おうとすることによって経験する「ムスリムをすることの難しさ」から、イスラーム国家への留学を志向していた一方で、ワン・イェンは「ムスリムではない」と敬虔な回族からは批判されうるが、「原則」と折り合いをつけながら、「ムスリムをすること」によって中国社会で希望する職業に就いた。これらのことから、第一章第四節で述べた敬虔さを基準とした「回族」と「ムスリム」というカテゴリーの分化は、現代中国社会で暮らす回族に生きにくさを感じさせてしまうことだといえるだろう。しかし、その一方で、厳格なイスラーム言説の影響による敬虔さの重視は、回族に別の可能性を開いてもいる。それは回族と漢族とのあいだの関係の変化の兆しにみられる。

第一章第四節で挙げたエピソードは、私が調査を始めたばかりのころ、回族の人びとに「お前は回族か、漢族か」と問われることが多かったが、時に居合わせた他の回族がムスリムと回族が別のカテゴリーだと説明してくれることがあったというものである。このエピソードは、中国社会で「ムスリムをすることの難しさ」とは別の、敬虔さの重視がもたらしうる可能性を示唆する。

たとえば、回族とムスリムを区別しない人びとは漢族がモスクにやって来ることを望まない。上記のエピソードに関連するが、調査を始めた当初、モスクに行くと同様に、礼拝に来ていた回族の高齢者から「回族かどうか」を尋ねられ、回族ではないというと、「ここは回族の場所だ」として、立ち去るようにいわれることが少なからずあった。しかし、回族とムスリムを区別する、「認識安拉（アッラーを知る）」した回族は、漢族を含め非ムスリムがモスクにやって来ることをむしろポジティブに捉える傾向にある。序章第三節の調査の経緯で述べたように、彼らにとって、非ムスリムは宣教の対象なのであり、その意味で潜在的なムスリムなのだ。そのため、第二章で取り上げた礼拝堂でのイスラーム勉強会や公益活動に、回族が漢族などの非ムスリムを連れて来ることも少なからずあった。

他にもたとえば、回族ＱＱ群三周年記念パーティーで、私が一緒にステージで歌を歌った、昆明市内の不動産会社に勤めるハ・ユイは、彼女が勤める会社の上司の漢族男性をパーティーに招待していた。ハ・ユイによれば、その上司に日頃よくしてもらっているから招待したとのことだった。というのも、先述したようにパーティーの参加には三〇元のチケットが必要であり、それには会場となっていた昆明市で最も高級な部類に入るハラール・レストランの食事代も含まれていたからである。

敬虔さをムスリムであることの基準とみなすイスラーム言説が影響力を増すことにより、民族的差異よりも、ムスリムかどうかが重視される傾向が強まっている。そのため、回族と漢族のあいだの境界は、操作の余地がほとんどない民族的出自の相違とムスリム／非ムスリムの区分が一体となったものから、それらが切り離され、ムスリム／非ムスリムという境界として読み替えられていく可能性がある。このムスリムかどうかという違いは、少なくとも原則的には改宗によって変更が可能であるため、民族的な相違に比べて操作の余地が大きい。

敬虔さを基準にすることで「回族」と「ムスリム」を異なるカテゴリーとする言説は、その一方で、このように昆明市の回族にとっての主要な非ムスリムである漢族との関係に変化をもたらしつつある。そして、それは回族と漢族との境界が顕在化する主要な局面である婚姻においても見受けられる。

2　回族と漢族の通婚の余地

第二章第三節で、昆明市で会社員として働く二〇代漢族女性ナ・チンがイスラームに改宗したにも関わらず、新疆ウイグル自治区の回族男性との結婚をその男性の両親に拒否されたという事例を取り上げた。そこで示された回族のあいだでの回族と漢族との通婚に対する忌避感は、昆明市においても時としてみられる。エピソードのひとつを紹介しよう。

昆明市在住の回族男性リン・バオ（六〇代）は、三〇代になるひとり息子が結婚しないことに悩んでいた。彼はアホン資格を持ってはいなかったが、モスクでイスラームを学んだ経験があり、さらに毎日モスクに礼拝にやってくる敬虔なムスリムだった。ズフルの礼拝（正午過ぎの礼拝）のあと、私は彼とともに漢族との通婚について話していた。彼は回族と漢族との通婚が増えていることを嘆いていた。そして、彼は「今は、漢族男性と回族女性との結婚も増えているし、もう『手に負えない（管不了 *guan bu liao*）』状況なんだよ」と述べた。[35]

彼の息子の結婚に対するリン・バオの悩みは、まさに漢族との通婚に関わることだった。リン・バオの息子は、以前、漢族女性と結婚しようとしたことがあった。その際、リン・バオは、漢族女性との結婚に強く反対したという。彼の息子とその漢族女性が一緒に暮らし始めた時、リン・バオは「ここはオレの家だ！出て行け！」といって、彼らを家から追い出したとのことだった。その結果、リン・バオは、彼の息子が漢族女性と結婚することを阻止できた。

しかし、そこから彼の悩みは始まる。それ以来、リン・バオの息子は、全く結婚しようとしなくなったという。それは彼の息子が三〇代になっても変わらなかった。そのため、リン・バオは、焦り始め、彼の息子に見合い話を持って行くようになった。しかし、リン・バオは、息子に「（忙しくて）時間がない（没有時間 *meiyou shijian*）！」と一蹴されてしまうのだという。リン・バオは、こうした状況に打つ手がなく、どうしたものかと悩んでいた。

このリン・バオの息子の結婚に関するエピソードが示すように、昆明市の回族のあいだでは、漢族との通婚に対する忌避感は確かにみられる。言い換えれば、族内婚への選好があるということだ。第二章で取り上げた支教活動や公益活動の事例で、異性との出会いがその運動の重要な構成要素となっていた。それは都市部の回族の若者たちにはムスリムの異性と出会う機会があまりなく、さらに漢族との婚姻によってイスラーム信仰が失われることに対する危機感が昆明市の回族のあいだに生まれていたためであった。前節で述べたように、ワン・イェンが実家のある沙甸区に帰ると、結婚するように家族から催促されるのにも、同様の背景があると考えられる。その意味で、雲南省の回族のあいだには族内婚への選好が一定程度あるといえるだろう。

しかし、前項で述べたように、昆明市の回族のあいだで使われる「回族」という概念自体が変化しつつある。「回族」は「ムスリム」という概念と必ずしも同義とはみなされなくなってきた。「回族」は「中国の少数民族」のひとつとみなされ、民族的属性を表すものとされる傾向にあるのだ。その一方で、「ムスリム」は民族の別なく、イスラームを信仰、実践する人を指すものとみなされ始めた。これは本章第一節で取り上げたシェン・ジンの「イスラームは全人類のものだ」という語りにも示される。ムスリム概念を回族に限定されない拡がりをもったカテゴリーとみなす認識は、先に述べたように、回族が漢族を民族的かつ宗教的他者ではなく、潜在的なムスリムとみなすことを可能にしうる。このような「回族」および「ムスリム」カテゴリーにみられる変化は、漢族であろうとも改宗してムスリムになれば、回族が結婚対象としうる余地を拡大することにつながる。

上述のナ・チンやリン・バオの例が示すように昆明市の回族のあいだでは漢族との通婚に対する忌避感、あるいは族内婚への選好は確かにみられるが、その一方で、漢族との通婚を許容する語りも多く聞かれる。たとえば、本章第一節で取り上げたシェン・ジンの漢族との通婚に対する語りは示唆的である。

二〇〇八年八月二六日、マ・ジエンがイマームを務めるAモスクで、マ・ジエンが開講していた社会人向けのイスラーム常識講座（第三章第三節）に、見慣れない一組のカップルが来ていた。男性は西安市で大学に通う漢族の大学生で、女性は新疆ウイグル自治区出身の回族女性で昆明市に住んでいた。その漢族男性は、その日の授業の際に、マ・ジエンに依頼し、授業に参加していた回族ムスリムを証人として、イスラームに改宗した。

授業後、私はシェン・ジンと歩いて大学へと帰った。その際、シェン・ジンは「今日のあの二人は男の方が非ムスリムで、結婚するために今日、ムスリムになったんだよ」と改めて説明した。その際、シェン・ジンは「アル＝ハムド・リッラー（アッラーに賛えあれ）」といって、漢族男性の改宗を喜んだ。私が「ムスリムと非ムスリムの結婚ってけっこうあるの？」と尋ねると、シェン・ジンは「オレの姉（母方の年上の従姉妹）は、この前、非ムスリムの彼氏を家に連れてきたよ。（中略）それにオレの二番目の母親[36]も改宗したムスリムだよ」

と答えた。さらに私が「シェン・ジンが非ムスリムの女性と結婚したいっていったら、家族は反対するかな？」と尋ねると、彼は少し悩んで「うーん、少し雰囲気は悪くなるかもしれないね。反対するかしないかは断言できないな。でも当人同士が望んでいるんだったら大丈夫だと思うよ」と語った。

これらの語りに示されるように、シェン・ジンは、回族と漢族との通婚を必ずしも否定的に評価してはおらず、「アル＝ハムド・リッラー」といっていたように、むしろ新たなムスリムの誕生を喜ばしいこととみなしていたといえる。

このように昆明市の回族のあいだでは、一方で漢族との通婚に対する強い忌避感もみられるが、他方でそれが許容可能なものとみなされうる状況も生まれている。そのため、漢族との結婚を望む回族が、それに反対する家族に対して、交渉しうる余地が生まれている。第二章第二節で取り上げた支教活動の事例で、私が一緒に活動に参加した女子学生シャ・ジュエン（二〇代回族）は、同郷の漢族男性と交際しており、その男性との結婚を望んでいた。

二〇一〇年一月三一日、大理州Z県Y鎮での一〇日間の支教活動を終えて、シャ・ジュエン、マ・レイ、そして私は、大理駅から汽車で昆明市への帰路についた[37]。その汽車のなか、シャ・ジュエンの交際相手の話が出た。彼女の交際相手は、彼女と同郷で中学校からの同級生でもある漢族男性（二〇代）であった。

シャ・ジュエンは大学卒業後、その漢族男性との結婚を考えていたが、彼女の両親に強く反対されていた。シャ・ジュエンは、交際相手の漢族男性がシャ・ジュエンの実家を訪れても、彼女の両親が彼に会おうとしないと語った。シャ・ジュエンは、その説明として「自分の村[38]では、『漢族に嫁ぐ（嫁給漢族 *jiagei hanzu*）』ことはあまりなくて、『恥さらしになる（丟臉 *diulian*）』なことだと思われているんだ」と語った。

その漢族男性との結婚に対する両親の強い反対を受け、シャ・ジュエンは困っていた。そこで、どうしたら良いか、マ・レイと私に相談したのであった。マ・レイは、シャ・ジュエンに対して、本当に結婚する気があるのなら、その漢族男性にまず「イスラームへの改宗（進教 *jinjiao*）」をしてもらって、そのうえで両親を説得するのが良いだろうと語った。私もそれに同意した。シャ・ジュエンは、はじめは交際相手の漢族男性がイスラームに改宗したとしても、両親は認めないのではないかと悲観的であった。しかし、マ・レイと私とで改宗しか方法がないと励ました。さらに、マ・レイは、その交際相手のイスラームへの改宗の件も含め、Ａモスクのイマームであるマ・ジエンに相談したら良いとアドバイスした。シャ・ジュエンは、最終的に納得し、Ａモスクのマ・ジエンのところに相談に行くことに同意した。

二〇一〇年三月二〇日に昆明市内のホテルの会議室で行われた支教活動の報告会で、シャ・ジュエンと再会した。その際、彼女は支教活動から昆明市に戻った後すぐに交際相手の漢族男性とともにＡモスクのマ・ジエンを訪ね、結婚について相談したとのことだった。結果、マ・ジエンの勧めもあり、交際相手の漢族男性は、すぐにイスラームに改宗したとのことだった。さらに、シャ・ジュエンによれば、その漢族男性の家族は、二人の結婚に賛成で、結婚に際して交際相手の両親もイスラームに改宗してくれるとのことだった。シャ・ジュエンは、これで両親も結婚を認めてくれるだろうと嬉しそうに語った。

その月末に長期調査を終え、帰国した私がシャ・ジュエンと再会したのは、私が短期調査で昆明市に戻った二〇一一年一月九日だった。彼女の通う大学のキャンパスで、シャ・ジュエンと再会した私は、彼女にその後、交際相手とのことを彼女の両親が認めてくれたかどうか尋ねた。彼女はこれまで通りヒジャーブを着用していなかった。彼女は、「まだなんだよね。まだ親が彼氏の『贈り物（礼物 *liwu*）』は受け取らないっていっているのよ」と不満気であった。その原因は、結婚に際して、交際相手の両親もイスラームに改宗するという話だったが、まだ改宗していないためであるとのことだった。しかし、交際相手の改宗後、シャ・ジュエンの両親は、以前のように彼に会わないといった強硬な態度をとらなくなったとのことだった。そのため、結婚についてはまだシャ・ジュエンの両親からの同意は得られていなかったが、一年ほど前に比べると状況は好転しており、シャ・ジュエンもそれほど困っているといった様子ではなかった。

この事例は、シャ・ジュエンが漢族男性との結婚に際して、その漢族男性の両親までイスラームに改宗させるという点で、昆明市では特殊な事例であるといえる。調査中、回族と漢族の通婚については何度も耳にすることがあったが、姻族まで改宗させるというのはこの事例以外知らない。また、この事例はシャ・ジュエンの語りを中心としたものであり、交際相手の両親や親族がこの婚姻についてどう思っているのかについては定かではない。しかし、少なくともこの事例からいえるのは、シャ・ジュエンとその交際相手である漢族男性との婚姻がシャ・ジュエンの両親に反対される状況があったこと、そしてそうした状況が交際相手の改宗により、多少なりとも打開されたということ、あるいは打開しうるとみなされていたということである。

第二章で述べたように、マ・レイは、「礼拝堂」の代表者であり、昆明市の回族のあいだで敬虔な回族とみなされていた。敬虔な回族であるマ・レイが問題としたのは、シャ・ジュエンの結婚相手が回族ではないことよりも、ムスリムでないことであった。マ・レイは、シャ・ジュエンが漢族男性との結婚について相談した際に、それ自体には反対しなかった。さらに彼は、交際相手の漢族男性がイスラームに改宗することで結婚に反対するシャ・ジュエンの両親を説得しうると考えていた。

これは、上述のリン・バオの息子のエピソードとは対照的である。リン・バオは、彼の息子が漢族女性と結婚することと自体に反対しており、問題とされていたのは、彼の息子の結婚相手がムスリムでないということよりも、回族でないことであったといえるだろう。

第二章第一節で述べたように、マ・レイが大学に入学して以降イスラームに目覚めたムスリムであることを考慮すれば、漢族との通婚についてのリン・バオとのこうした見解の相違は、「回族」と「ムスリム」のカテゴリーの分化と関係するものと考えられる。「認識安拉（アッラーを知る）」を経た回族や、シェン・ジンのように「正しい道」としてイスラームを客体化した回族は、「回族」を「ムスリム」と切り離し、敬虔さを基準にムスリムかどうかということをより重視する。そのため、彼らは婚姻に際しても、ムスリム同士であれば、民族の差異はそれほど大きな問題ではないとみなしうる。それは第二章第三節で取り上げた宣教活動の一環として行われたお見合いパーティーにおいて、「回族」ではなく「ムスリム」という単語が一貫して使われていたことにも示唆されているといえる。そのように考えることができるとすれば、お見合いパーティーの際に、マ・タオが私に改宗すれば問題ないとして、お見合いパーティーへの参加を勧めたことも単なる冗談というわけではないといえる。

以上の事例は、「回族」と「ムスリム」のカテゴリーの分化によりもたらされる民族間関係の変化に光を当てるものであり、この分化は厳格なイスラーム言説を前提とした敬虔さに基づくものであるため、本章第一節で述べたように、漢族を中心とした社会的つながりのなかに生きる敬虔な回族は「ムスリムをすることの難しさ」を経験することとなる。また、同時に、この分化は、前節で取り上げたワン・イェンのように必ずしも厳格にイスラームを実践しない回族を「ムスリム」カテゴリーから排除するように働く。しかし、その一方で、民族の別に関わらず、イスラームを実践する者を「ムスリム」カテゴリーに包摂することを可能にもしている。そのため、回族によるイスラームに関わる活動への漢族の参加や、回族と漢族との通婚が許容されうる余地を拡げているといえるのだ。その意味で、「回族」と「ムスリム」のカテゴリーの分化は、回族と漢族とのあいだの境界に揺らぎを生じさせているといえるだろう。

四　回族とムスリムのあいだ

従来のイスラーム研究では、イスラーム復興を敬虔運動と捉え直したマフムードの研究に顕著なように［Mahmood 2005］、イスラーム復興に伴い、ムスリムが敬虔になることに焦点が当てられる傾向にあった。また、回族研究においても、「改革・開放」以降、宗教復興が進展する状況での回族の敬虔さが強調されてきた［松本 二〇一〇］。しかし、本章で取り上げた事例は、それらの研究において描かれてきたムスリムの敬虔さが部分的なものでしかないということを示唆している。言い換えれば、シャルケが指摘するように［Schielke 2009］、ムスリムや回族の生活世界がはらむ矛盾や複雑さが等閑視されてきたために、彼らのイスラーム実践のある一側面を強調して、そのムスリムとしてのあり方全体を説明してきたということである。しかし、本章の事例から明らかなように、回族のムスリムとしてのあり方は、敬虔／不敬虔といった二分法によって説明することは必ずしもできない。

昆明市の回族たちは、教義としてのイスラームとのあいだに矛盾をはらむ漢族を中心とした社会的つながりのなかで生きている。そのため、彼らはその社会的文脈によって否応なく部分的に敬虔でもあり、不敬虔でもあらねばならない。その意味で、昆明市の回族たちにとって、聖典主義なイスラーム言説におけるハラールとハラームの境界が明確な基準に則った敬虔さの実践は彼らの生活のすべてを規定するわけではない。そのため、マフムード［Mahmood 2005］や松本［松本 二〇一〇］がいうように、敬虔になることによってエージェンシーを発揮しうるというよりも、彼らが従うべきと考える「原則」としてのイスラームとそれが通用しない社会的現実とのあいだで「ムスリムをすることの難しさ」を経験するのである。対照的に、第二節で取り上げたワン・イェンの事例が示すように、昆明市で必ずしも敬虔だとはみなされない回族は、「原則」としてのイスラームを前提とせず、必ずしもそれとは合致しないという意味で世俗的な社会的現実のなかで、折り合いをつけながら、イスラームを実践する。聖典主義的なイスラーム言説の影響力が増す昆明市において、彼らは敬虔な回族から「ムスリムではない」と批判される。しかし、彼らはそうしたアンビバレントな実践によって、矛盾をはらみながらイスラームを実践することで、現代中国の都市部でムスリムでありながら自己実現を図ろうとしているといえる［cf. Schielke 2009］。

しかし、留意すべきは、回族社会では、シャルケが指摘したように厳格なイスラーム言説が、ムスリムに現代社会での生きにくさや挫折を与えてしまうというだけではないということである。第三節で論じたように、厳格なイスラーム言説の影響による「回族」と「ムスリム」のカテゴリーの分化は、それまでの回族と漢族とのあいだの境界に変化をもたらしている。たとえば、回族にとっての漢族とのあいだの通婚が、改宗を経れば、同じ「ムスリム」同士の婚姻として許容されうる余地が拡大しつつある。

厳格なイスラーム言説の影響が強まることによって回族と漢族との通婚が許容されるようになる状況は、先行研究において漢族との通婚が、「漢化」、すなわち回族の宗教意識の低下やイスラーム実践をしなくなることなどの指標とされてきたことを鑑みれば［e.g. Gladney 1996; 虎有澤　一九九七、馬・金　一九九七、馬寿栄　二〇〇二］、逆説的なものにみえるかもしれない。しかし、第一章で論じたように、明代から清代初期にかけて、回民は漢人との通婚によってムスリム社会を拡充させてきた。加えて、回族の族内婚への選好も、清末における回民蜂起にいたる過程において、歴史的に構築されたものである。以上を踏まえれば、現在、昆明市において、回族と漢族との通婚がそれまでよりも受け入れやすくなりつつある状況もそれほど奇異なことではないといえる。

注

（1）ニカーフは、雲南省ではアラビア語の音訳で「尼卡哈（*nikaha*）」、あるいは「証婚（*zhenghun*）」と呼ばれる。

（2）リ・フォンがいつも礼拝に訪れるのは、Aモスクであった。彼によれば、始めはAモスクのイマームにニカーフを執り行ってくれるよう依頼したが、イマームのマ・ジエンの都合がつかなかったため、普段はほとんど訪れることのないDモスクでニカーフを行うことになったという。第二章第四節でも述べたように、モスクごとの回族コミュニティがほとんど見られないのは、昆明市の回族の特徴のひとつである。

（3）雲南省におけるニカーフでは、成人のムスリム男性二名以上の立ち会いが必要とされていた。

（4）ワーフィルは、シリア人男性の元留学生（二〇代）で、この当時は中国で商売を行っていた。金曜礼拝で、マ・タオやリ・フォンと知り合い、親しくしていた。リ・フォンは、彼から個人的にアラビア語を習っていた。また、マスウードは、この時二ヶ月ほど前に昆明市にやってきたシリア人の男子留学生（二〇代）で、ワーフィルとは親族関係にあった。

（5）これらの食べ物は、婚礼を行う際に配られる祝いの飴を意味する「喜糖（*xitang*）」と呼ばれるものである。昆明市では、一般に「喜糖」は小さな巾着に入れて、婚礼の招待状と共に配られる。

（6）昆明市において、結納は一般に現金で支払われる。この婚姻では二〇〇〇元の結納が支払われていた。私は何度か回族に結納の相場を尋ねたことがあるが、いつも「結納はいくらでも良い」との返答がかえってきた。そして、彼らからは「拝金主義の漢族」との対比の美談として貧しいムスリムがクルアーン一冊を結納として送ったということがしばしば語られた。しかし、私が昆明市で参加した他の四つのニカーフでは、いずれも一万元が結納として支払われていた。これは昆明市では、一般的な会社員の月給の三〜五か月分に相当する。リ・フォンの結納が少なかったのは、後述するように結婚後ほどなくして海外に行く予定があったからだと思われる。

（7）雲南省では、ドゥアーは、「堵阿（*dua*）」あるいは「堵阿義（*duayi*）」と呼ばれる。

（8）ここでは、シャ・ビンが祈願の言葉を捧げた。このように祈願を主導することは、「做堵阿（*zuo dua*）」と呼ばれる。それに対し、その他のドゥアーを主導しない者たち（但し、自分で唱えられる者は自分で祈る場合もある）は、両手を手の平を上にして胸の前から顔の前くらいまでの位置に持って来て、「アーミーン（*āmīn*, アーメンのアラビア語で「そうでありますように」の意）」と唱える。この動作は、「做堵阿」でも行われる。「アーミーン」は、漢語では、「阿敏（*amin*）」と表記される。標準アラビア語を学んでいない漢語訛りのアラビア語を話す者の場合は、「艾米納（*aimina*）」と唱える者が多い（第二章注78参照）。それを何度か唱え、手の平で顔を上から下へと軽く撫でて、最後に皆で「アッサラーム・アライクム」と唱え、それに対してその場にいる任意のひとりが「ワ・アライクム・サラーム・ワラハマトンラーヒ・ワバラカートフ（アッラーがあなたにこそ平安をお与えになりますように）」と返答してドゥアーは終わる。

（9）私の知る限り、モスクの食堂で行われた婚礼以外は、どの回族の婚礼でも来場者にタバコが配られた。婚礼の参列者を新郎新婦と「伴郎」と「伴娘（*banniang*. 新婦の介添人）」は、婚礼の参列者を会場の入口で迎える。その際に、「伴郎」と「伴娘」が「喜糖」とタバコを載せた盆を持って、それらを来客者に配布する。タバコは箱から出され、一本ずつ盆の上に並べられる。

（10）生花や「囍（*shuangxi*）」の文字のステッカーなどで飾られた自動車を指す。

（11）新郎新婦の友人らが新郎新婦の寝室に行き、新郎新婦にセクシャルなゲームなどを行わせてからかうことを指す。

（12）昆明市在住の回族でも、あまり漢族との関わりが多くない者（商売人など）には、ニカーフと披露宴しか行わない場合もあった。私が参加したことのある六つの回族の婚礼のうち、三つはそうだった。また、第二章第二節で述べたインターネット・コミュニティのメンバーは、メンバーの婚姻もイスラーム布教の機会とみなして、ニカーフが大々的に行われるようになっていた。たとえば、ニカーフの参加者をインターネット・コミュニティ内で募り、数十名を集めて行ったり、披露宴でニカーフを行うといった試みがなされた。

（13）ベンツなどの高級車を借りて「花車」とすることもあるとされるが、リ・フォンたちの婚礼では彼の親族や親友らが所有する自動車が使用された。

（14）これらのプロセスは雲南省の漢族のそれと同様のものであるとされる。「靴探し」は、新婦を新郎宅へと連れて行くことを象徴しているとされる。

（15）雲南省では、回族あるいはムスリムは、礼拝時にアッラーに対してしか頭を下げないといわれる。

（16）雲南省では、湯円（白玉）はイード・アル＝フィトルなどの祝い事の際に食される。

（17）新郎新婦との関係の親しさにもよるが、調査を行っていた二〇〇九年当時、昆明市における婚礼の参列者の渡す紅包の相場は、一〇〇元であると言われていた。

（18）敬虔な回族は、日常会話においても、喜ばしいことがあると枕詞のように「アル＝ハムド・リッラー」、「知感真主（*zhigan zhu*）」、「感賛安拉（*ganzan anla*）」などとアッラーへの感謝の言葉を述べる。これらの言葉はどれも同じような意味で使われる。

（19）ラクアは、立礼、屈礼、平伏礼からなる礼拝の最小単位を指す。

（20）アラビア語では、「ナフル（*nafl*）」の礼拝と呼ばれる。

（21）中国共産党の民族政策では、各少数民族にその民族の祭りの際に有給休暇をとることのできる権利を定めている。具体的には、『城市民族工作条例』の第二六条［中華人民共和国国家民族事務委員会　一九九三］などにそうした規定がある。

(22) 少数民族は、中国の民族政策で定められた少数民族の祭りの際に有給休暇をとることのできる権利を必ずしも行使できるわけではない。たとえば、保険会社で事務員をしていたリ・フォンの結婚相手であるユイ・ホアは、イード・アル＝アドハーのこの日も、休暇をとることができずに働いていた。

(23) ラマダーン期間中、サウム（断食）をしているムスリムには、毎日モスクでイフタール（*iftār*, 断食明けの食事）をとる者が多い。モスクでイフタールをとるムスリムは、マグリブの礼拝（日没後の礼拝）前にモスクに集まり、共に日没を迎え、礼拝を行う場所である朝真殿でイフタールをとる。昆明市におけるイフタールとしては、モスクにやって来るムスリムが差し入れた果物などもあるが、最も一般的なものは塩である。マグリブの礼拝を終えると、ムスリムたちは、モスクに併設されたハラール・レストランで食事をとる。漢語でイフタールは「開斎飯（*kaizhaifan*）」と呼ばれる。

(24) 「ホットドッグ」と英語の音訳で呼ばれていたが、ソーセージをパンに挟んだものではなく、ソーセージに串を打って焼いたもの。「熱狗（*regou*）」と表記されることもある。ハラームのホットドッグは街中どこでも売っているが、ハラールのものは当時、昆明ではこの一か所しかなかった。

(25) 雲南省の回族のあいだでは、イスラームを形容する際に「完美」という形容詞が使われることが多い。イスラームはしばしば「完璧な生き方（完美的生活方式 *wanmei de shenghuo fangshi*）」であると説明される。

(26) 雲南省では、一般に父の弟を「叔叔（*shushu*）」と呼ぶ。また、一文字目を漢数字に変え、長幼の序を示す。従って、「四叔」は、父方祖父母の四男を意味する。

(27) マディーナ（*al-Madīna*）は、イスラーム第二の聖地であり、預言者ムハンマドが六二二年にヒジュラ（*al-Hijra*）によって移住した地である。マディーナは、漢語で「麦地那（*maidina*）」と表記され、ヒジュラは現地では一般に「遷徙（*qianxi*）」と呼ばれる。

(28) 現地では、一般に「教法（*jiaofa*）」と呼ばれる。

(29) メッカのマスジド・ハラーム（*al-Masjid al-Harām*）のほぼ中心にあるイスラームの聖殿。ムスリムが礼拝をする方向は、このカアバの方向である。雲南省では、カアバのことを「天房（*tianfang*）」、マスジド・ハラームのことを「禁寺（*jinsi*）」と呼ぶ。

(30) 重症急性呼吸器症候群（severe acute respiratory syndrome）の略称。ＳＡＲＳは、二〇〇二年一一月に中国広東省で発生し、香港を拡散地として世界的に流行した感染症である。二〇〇三年七月までにその流行は終息した［川名　二〇〇四］。現地社会では、一般に「非典（*feidian*）」と呼ばれる。

(31) 昆明市では、回族のあいだでもムスリムの誕生日を祝うことは少なからず行われてはいた。しかし、第二章で述べたようにサラフィー主義的なイスラーム言説の影響が増すなか、誕生日を祝うことを否定的に評価する人びともいる。というのも、誕生日を祝うことが、第二章で言及したマウリド（預言者ムハンマド聖誕祭）が否定されるのと同様に、クルアーンやハディースに依拠することではないからである。

(32) ラマダーン期間中に月経があった場合、その期間中のサウムはカウントされないため、イード・アル＝フィトル後もその分のサウムを行う必要がある。

(33) 雲南省では回族の結婚は漢族に比べて早く、特に農村では一〇代後半での結婚も多いといわれていた。また、ワン・イェンの出身地ではある沙甸区では、一般的に親の決めた相手と結婚することが多いとされる。

(34) 昆明市におけるハラール・レストランの多くは、ラーメンなどの麺類を売る「小吃（*xiaochi*, 軽い食事、あるいはそうした食事を出す店）」である。

(35) 第二章でも論じたように、歴史的に回民女性が漢人男性に嫁ぐことは少なく、それは中華人民共和国建国後も同様であったとされる［黄庭輝　一九九六：九―一〇］。リン・バオの語りに示されるように、回族女性が漢族男性に嫁ぐことに対する忌避感は見受けられるが、現在の昆明市の回族のあいだでは、回族男性と漢族女性との通婚よりも殊更に忌避するような語りは聞かれなかった。回族と漢族との通婚を問題とする者は、男女の違いに関係なく、漢族との通婚自体を問題とする傾向にあった。

(36) 彼の生みの両親は彼の中学時代に離婚しており、彼の父親は非回族の女性と再婚し、彼は高校時代までは継母と一緒に暮らしていた。少なくとも私がシェン・ジンの実家を訪れた際、彼の継母はヒジャーブを着用したり、礼拝をしたりはしていなかった。しかし、シェン・ジンは継母との関係も良好だと語った。

(37) 一緒に支教活動に参加していたシャ・ジュエンの友人の回族女性は、彼女の地元で中国共産党員になるための面接試験を受けるために三日前にY鎮をあとにしていた。

(38) 彼女の出身地は、雲南省昆明市尋甸回族イ族自治県という雲南省における回族集住地域のひとつであった。

終章

本書では、現代中国の都市部における回族を中心に行われるダアワ運動やイスラーム教育活動などのイスラーム運動、さらにこれらの運動に関わる人びとのムスリムとしてのあり方について、教義としてのイスラームとの関係におけるイスラームと非イスラームという区分、および世俗主義的な国家の制度における宗教と世俗の区分を前提とせず、記述、分析してきた。本章では、まず第一節でこれまでの議論を踏まえ、回族によるイスラーム運動の特徴について論じ、そのうえで序章において概観した先行研究の議論に立ち返り、宗教と世俗を分けて捉えることの有用性とその限界について考察する。第二節では、イスラーム運動と回族のムスリムとしてのあり方との関係から、教義としてのイスラームおよび世俗主義的な国家の制度との関係において曖昧性を持った回族によるイスラーム運動の意味について論じる。さらに、第三節では、そうした回族によるイスラーム運動を、回族の歴史との関わりから考察したい。

一　もつれ合う宗教と世俗

1　イスラーム運動を通して現れる回族にとってのイスラーム

本書では、人類学における儀礼研究のように、宗教をその他の諸領域から分割された領域とみなすことを前提とせず、現地の人びとの実践を記述、分析してきた。本節では、そうすることで回族によるイスラーム運動のどのような側面に新たな光を当てることができたのかを論じたい。

第二章第二節で取り上げたダアワ運動は、その運動を支援する宗教指導者やそれを主導する回族大学生にとって、イスラームの発展を目的とした宣教活動であった。しかし、この活動は、普通教育の普及による回族の発展を目指す一般信徒の支援者や、娯楽や観光、ムスリムの異性との出会いを求める回族大学生の担い手を巻き込むことで、その規模を拡大し発展してきた。

また、対照的に第二章第三節で取り上げた回族のインターネット・コミュニティを基盤とした活動は、第一章第四節で述べたように都市部において分散して居住するようになった回族の相互扶助、あるいは異性との出会いの場の確保、回族企業への就職といった目的で始められたものであった。しかし、敬虔な回族ムスリムたちがそこに加わることで宣教活動やムスリムのための公益活動として展開された。

第一章第四節で述べたように、当該社会では、より厳格なイスラーム言説、すなわち何がハラールで、何がハラームでないかをより明確に区分する聖典主義的な言説が影響力を増している。そのため、特に敬虔さの度合いの高い参加者たちがこれらの活動をムスリムの活動ではないと批判することや活動のあり方をめぐるコンフリクトがたびたび起きる。そこから明らかになるのは、これらの活動が聖典主義的なイスラーム言説のレベルにおいて、イスラーム的要素と非イスラーム的要素が混在しているということである。

しかし、現地の社会的文脈に即してみると、それらは必ずしも異質なものではないことがわかる。現地では、回族がモスクを中心に集住する伝統的コミュニティが解体し、日常的に回族が顔を合わせる機会はほとんどなく、また回族は漢族など非ムスリムを中心とした職場に就職せざるをえない状況下にある。そのため、ムスリムとの婚姻のための異性との出会いやイスラームを実践しやすい回族企業への就職は、敬虔な回族が「原則」、「正しい道」などと呼び重視する教義としてのイスラームと切り離して理解することが必ずしもできないのである。

加えて、第二章第一節で述べたように、当該社会では、よりよいイスラームの理解、「認識安拉（アッラーを知る）」と語られるイスラームへの目覚めのためには、中国政府により提供される普通教育を通して近代的知識を習得することが必要であるとみなされる傾向にある。上述のダアワ運動の主要な担い手が大学生であることや、第三章第三節で取り上げたイスラーム教育活動の担い手がアホン資格を持たない世俗的エリートであったことは、イスラームへの目覚めと近代的な学校教育が密接な関係にあることを反映している。その意味で、ムスリムとしての敬虔さは、一見すると教義としてのイスラームと関係しない非イスラーム国家である中国の公的教育と不可分な関係にある。

これらのことから、現代中国における回族の様々な活動やイスラームのあり方を理解するうえで、ア・プリオリにイスラームのあり方を設定することはできないといえる。それは彼らの実践を通して立ち現れるものなのだ。ゆえに、ダアワ運動が宣教活動として始められながら、民族運動やレクリエーション活動でもあるようなものとして、あるいは対照的にインターネット・コミュニティを中心としたレクリエーション活動が宣教活動やワクフの設立といった活動でもあるようなものとして発展してきた過程が示すように、実践を通して現れる「イスラーム」は、その地域の文脈に即して、多様な目的を持ったアクターを巻き込みながら、変化していくのである。

言い換えれば、回族によるイスラーム運動は、実践に先立つ、第四章第一節で取り上げたような普遍的な「原則」としてのイスラーム、あるいは教義としてのイスラームに基づいて展開されているわけでは必ずしもないということである。その意味で、回族によるイスラーム運動は、先行研究における社会レベルでのイスラーム化を推進するイスラーム復興運動やイスラーム的社会運動［e.g. Nagata 1982; Eickelman and Piscatori 1996; 小杉 一九九四、Gillette 2000］、あるいは聖典主義的なイスラーム言説に基づいてムスリムが敬虔な自己を形成していく敬虔運動［e.g. Mahmood 2005; 松本 二〇一〇］といった枠組みでは十分に理解することができない。回族によるイスラーム運動は、普遍的な教義としてのイスラームを志向する運動ではなく、そうした「イスラーム」に規定されながら、それとは矛盾する要素をはらむ回族の生活世界のなかで、彼らの実践を通して立ち現れる「回族のイスラーム」をめぐる運動なのである。

上述のように教義としてのイスラームに依拠すれば、回族のイスラーム運動は、イスラーム的要素と非イスラーム的要素が混在しているといえ、その意味でこの運動は宗教と世俗を横断して展開しているとみなすこともできる［cf. 大塚 二〇〇四、多和田 二〇一〇］。しかし、敬虔な回族が重視する聖典主義的なイスラーム言説からすれば非イスラーム的とされる男女混合による活動や普通教育の振興なども、先に述べたように当該地域の文脈において回族の実践を通して現れる「回族のイスラーム」に即していえば、必ずしも非イスラーム的なものではない。そのため、宗教と世俗との分離を前提にしては、回族によるイスラーム運動のあり方、あるいは彼らが実践する「回族のイスラーム」のあり方をよりよく理解することを妨げることになってしまう。その意味で、序章で概観した宗教概念批判、すなわち宗教と世俗を密接な関係にあるものとして捉えようとする試みは［e.g. Asad 1993; McCutcheon 1998］、回族のイスラーム運動を理解するうえで部分的にしか有用ではないといえる。

2　制度化しないイスラーム運動

しかし、国家の制度上は宗教と世俗が分離される、という点には留意が必要である。現在の昆明市においてイスラームは、戦前の回族コミュニティとは異なり、回族の生活世界の全体を秩序づけるものではない。第三章第一節で論じたように、現代中国では中国共産党政府によって宗教は、世俗すなわち政治、司法、教育などの諸領域から切り離され、管理統制が可能な領域として対象化される。すでに取り上げたように、現代中国において宗教活動は制度的に「拝仏、誦経、焼香、礼拝、祈祷、講経、講道、ミサ、受洗、受戒、サウム、宗教上の祝祭日を過ごすこと、神父の聖油による祝福、追想など」〔中共中央文献研究室総合研究組・国務院宗教事務局政策法規司編 一九九五：六三〕と規定され、その活動場所は政府の公認を得た宗教施設に、宗教指導者は政府発行のアホン資格を持つ者に限定される。

本書で取り上げた回族によって実際に行われるイスラーム運動と、国家の宗教政策における宗教の境界づけを安易に結びつけることには注意が必要である。しかし、国家の宗教政策は回族のイスラーム運動に介在し、そのあり方を規定する大きな要因のひとつとなっている。

上述のダアワ運動の事例では、参加者たちはその活動が国家により法的に定義される宗教の範疇を超えていることを意識しており、実際の活動の際にかたまって移動しない、ダアワ運動と公言しないなどと注意が払われる。また、公益活動についてはワクフのための基金運営を目的としたＮＧＯの設立が公安による取り締まりで頓挫した。

さらに、第三章第三節で示したように、宗教を管理しようとする国家権力は、モスク管理委員会や宗教事務局などの機関を通して、インフォーマルな活動の取り締まりというかたちで働く。それは上述のように教義としてのイスラームに還元されないという意味で宗教と世俗という区分には回収されない拡がりを持つ「回族のイスラーム」を、宗教政策において宗教と名づけられた領域に囲い込もうとする。

その意味で、先行研究において論じられてきたように［e.g. McKinnon 2002; Asad 2003］、世俗主義的な国家による宗教と世俗の分離は、単に政策のレベルでだけではなく、実際の回族によるイスラーム実践にも影響を及ぼしている。

以上を踏まえると、現代中国の都市部における回族のイスラーム運動は、上述のように宗教と世俗というカテゴリーを前提としては理解しえない「回族のイスラーム」をめぐる運動であると同時に、国家の宗教政策によって制度的に世俗的諸領域から切り離され、宗教という特定の領域に限定されている。そのため、ここにはアサドが指摘するように、世俗主義が対象化する「宗教」と回族の実践を通じて立ち現れる「回族のイスラーム」とのあいだにズレがあるといえる［Asad 2003: 199］。

しかし、ここで重要なのは、回族のイスラーム運動では、先行研究において論じられてきたように［e.g. Nagata 1982; Gillette 2000; Asad 2003: 200-201; 野中　二〇〇八］、このズレが国家と人びととのあいだでの宗教の境界線をめぐるポリティクスには必ずしも向かわないということである。

第二章第三節で取り上げたワクフのためのNGO設立の運動には、それまで現地のムスリム社会においてワクフを担う「領導（*lingdao*、指導）」が欠けていたという認識の下、従来モスクが主要な引き受け手となっていたザカートを集約し、社会的に還元する「領導」を、政府公認の宗教指導者ではない一般信徒が中心となって担っていこうとするものであった。そのため、これは政府の宗教管理制度下における宗教的資源の配置に転換をもたらそうとするものであり、その意味で、国家が定める宗教の境界線の再定義に関わる運動であったと解釈することができる。また、本書で取り上げた事例以外でも、序章で述べたように、中国の近代化の過程で、国家や宗教集団など多様なアクターの相互作用のなかでいかに宗教が制度化されてきたのかが主要な問題として論じられてきたように［e.g. Chau 2005; Ashiwa and Wank 2009］、宗教の境界線をめぐるポリティクスは、イスラームに限らず、中国においても広くみられる現象である。

このように世俗と対置して規定される制度上の宗教と、人びとが実践する、その区分には還元されない人びとによって生きられる宗教、本書でいうところの「回族のイスラーム」との齟齬が、宗教の境界線の再定義へと向かう状況がみられる。よって、制度上の「宗教」と「回族のイスラーム」とのズレが国家への抵抗や社会的な変革を目指す運動へと向かうとみなす視座は、現代中国における宗教現象の重要な一側面を説明するものではある。

上述のように、NGO設立運動には、たしかに中国共産党政府の宗教政策に対する挑戦とみなされうる面があった。しかし、そこで等閑視すべきではないのは、その後の展開である。公益活動は、公安による取り締まりを受けた後、政治的に先鋭化するのではなく、政府の宗教政策の射程に入らないグレーな領域で、政府の取り締まりを惹起しにくい形式で、それまでと同様に世俗主義の立場からすると宗教と世俗とを横断するものとして継続されていった。たとえば、その後も継続されている活動のひとつとして、ムスリムを対象としたお見合いパーティーがある。お見合いパーティーは、政府が管理の対象とする宗教の領域に含まれないため、原則的には政府の宗教管理の対象とはならない[1]。ただし、そこでは異性との出会いの場を提供すると同時に、政府の管理統制の対象となる宣教活動も行われる。しかし、重要なのは、ここでは制度上の宗教の範疇に変更を加えようとすることが目指されるのではなく、むしろ政府の注意を引かないことが重視されるということである。

このように行政当局との関わりを避ける態度は、本書で提示した事例に共通して見られるものである。宗教管理制度上、それを逸脱し、政府の取り締まりの対象となるダアワ運動は、「支教」という、政府が使用し、社会的に流通する形式を援用して展開され、実際の活動の際に上述のように目立たないよう注意が払われていた。また、第三章第二節で取り上げた「ジャマーアト訪問」の事例では、人びとは政府の宗教活動に対する取り締まりの緩やかな地域へ移動することで、居住地では取り締まりを受ける可能性の高い活動の実施を可能にしていた。さらに、上述のインフォーマルなイスラーム教育活動は、政府の取り締まりを受ける度に取り締まりを受けにくいように実施する場所やその活動のあり方自体を変えていくことで、断続的ながら継続されていた。

このように、回族のイスラーム運動は、宗教の境界線をめぐるポリティクスへと収斂していくわけではなく、むしろその基調をなすのは、ポリティクスの回避なのである。言い換えれば、回族によるイスラーム運動は、中国共産党政府の宗教管理制度における宗教として実体化せず、世俗主義的な国家の制度においても宗教でも世俗でもあるような曖昧なものとして展開されるのである。

3　二重の曖昧性を持った回族のイスラーム運動

すでに述べたように、回族のイスラーム運動は、教義としてのイスラームとの関係におけるイスラーム／非イスラームという区分を必ずしも前提としないという意味で、そこに宗教と世俗という区分を想定しえない。しかし、その一方で宗教を世俗的諸領域から切り離す中国政府の宗教政策による規定を受ける。上述の抵抗と抑圧の図式は、このズレを理解する際に、その焦点を宗教の境界に向けるため、教義としてのイスラームに還元されないという意味で、宗教と世俗が不可分である回族のイスラーム運動が、国家の宗教管理制度によって宗教と世俗という領域に分割されたことにより、制度上のそれらのカテゴリーを超えて拡がっていることに十分な注意が払われていない。

近代の国民国家が宗教と世俗が不可分である「宗教的なるもの」、本書では「回族のイスラーム」を「特殊的な概念、態度、実践」〔Asad 2003: 194〕から成る「宗教」として切り詰め、管理統制の対象とするとするならば、宗教という領域が囲い込まれたがゆえにその宗教の領域に入らない世俗の領域における「宗教的なるもの」が同時に生み出されることになる。アサドが近代国民国家においてあらゆる社会活動が法の許可を必要とすると述べるように［Asad 2003: 199］、現代中国の都市部においても、国家の管理統制から完全に自由な空間はない。しかし、本書で取り上げた事例に即していえば、会社の研修室、お見合いパーティー、婚姻、「支教」などは、少なくとも政府の宗教管理制度の対象とはならない場所や活動である。その意味で、それらは政府の宗教管理制度上は世俗の領域に位置するといえる。

しかし、回族のイスラーム運動は、教義としてのイスラームには還元しえない「回族のイスラーム」に関わるものであり、それは教義としてのイスラームに直接関係しない拡がりを持つ。そのため、イスラーム教育が会社の研修室で、宣教がお見合いパーティーでも行われる。そのため、国家の制度において区分された宗教が世俗と連鎖する。また、対照的に婚姻がイスラームの重要な要素としてムスリム同士で行われ、ダアワ運動が「支教」として展開されるように、制度上の世俗が宗教と連鎖する。

ここで「連鎖」という表現を用いたのは、それらが一体となって制度上の宗教として実体化し、宗教の境界線の再定義を要請するというわけでは必ずしもないためである。ここで重要なのは、「宗教的なるもの」、すなわち「回族のイスラーム」が制度的に宗教と世俗とに切り離されていることであり、切り離されているがゆえに、切り離されたままつながることが可能になるということである。

実践することを通して現れる教義としてのイスラームとの関係における宗教と世俗の区別を前提としない「回族のイスラーム」が、制度的に宗教と世俗に切り離されることによって生み出されるのは、必ずしも新たな宗教の境界ではない。それは制度的に宗教と世俗が区別されるなかで、回族がイスラームを実践することを通して紡いでいく制度上の宗教と世俗とのあいだの新たなネットワークである。回族によるイスラーム運動は、教義としてのイスラームに基づけば、イスラーム的でもあり、非イスラーム的でもあるものとして展開される。そのなかで、その運動は世俗主義を原則とする国家の制度上の宗教と世俗の領域を越えて拡がるグレーな領域を形成し、そこに回族がポリティクスを回避しうる余地が生まれているといえる。だからこそ、上述のように回族によるイスラーム運動は、制度上の宗教として実体化せず、宗教の境界線をめぐる国家とのポリティクスへとも必ずしも向かわないのである。

つまり、ここには世俗主義を原則とする国民国家が管理統制しようとして宗教という領域を対象化し、世俗的な諸領域から分離することで、その管理統制の対象である宗教の領域の外、すなわち世俗的な諸領域に「宗教的なるもの」を配分することとなり、国家の管理統制の試みを部分的に破綻させてしまうというパラドックスがあるともいえる。

以上を踏まえると、本書で取り上げた回族のイスラーム運動は、現代中国の国家制度において分離された宗教と世俗が連鎖し、教義としてのイスラームとしても、世俗主義を原則とする制度的にも曖昧で、どちらにも還元されない新たなネットワークを形成するプロセスと捉えることができるだろう。しかし、上述のように回族のイスラーム運動を必ずしも「イスラーム化」しない、さらに「政治化」もしないプロセスとして捉えた際、相互に関連する二つの問題が未解決のまま残される。

上の議論を踏まえれば、回族によるイスラーム運動は、二重に曖昧性を持った活動であるといえる。換言すれば、社会のイスラーム化を志向するイスラーム復興運動、あるいはイスラーム的社会運動でもなければ、国家の制度における宗教の境界を拡大していこうとする政治的な運動でもないということである。だとすれば、この運動は、回族社会においてどのような意味を持つのか。これが第一の問題である。

第二の問題は、回族のイスラーム運動が二重に曖昧性を持つ新たなネットワークの形成プロセスだとすれば、そのネットワークはどこまで拡がりうるのか、すなわち回族のイスラーム運動には外延があるのか、あるとすればどこにあるのかということである。以下では、第四章で取り上げた日常を含めた回族のムスリムとしてのあり方との関連から、これら二つの問題を考察していきたい。

二　生きにくさを生きる

まず、第一の問題について、上述の二重に曖昧なネットワークの形成過程としてのイスラーム運動を、第四章で取り上げた回族のムスリムとしてのあり方から捉えなおすことを通して考察していきたい。

第四章で取り上げた事例に示されるように、ムスリムであることは回族にとって、イスラーム運動の文脈だけではなく、彼らの生活全般に及ぶものである。しかし、第三章第一節で述べたように、現代中国において、宗教は法的に「宗教活動場所」に限定され、公共の場に現れることを規制される。つまり、前節の議論における「回族のイスラーム」がそうであったように、宗教と世俗が不可分な回族の生活世界に宗教的空間と世俗的空間という区分が、国家によって制度的に設けられている。

加えて、第一章第四節で概観したように、中華人民共和国建国以降、特に「改革・開放」政策導入後の都市開発に伴い、伝統的な回族コミュニティの特徴であるモスクを中心とした集住という居住形態が解体するなか、回族は漢族を中心とする非ムスリムとより一層深く関わる、あるいは関わらなければならない状況に置かれている。そのため、回族が「ムスリムをすることは難しい」と感じる状況が生まれる。たとえば、第四章第一節で示したように、現地において敬虔なムスリムとみなされる回族であっても、婚姻の社会的な承認を得るために漢族と同様の婚礼を実施する必要があり、また非ムスリムを中心とする職場において礼拝などを行うことができない状況にある。あるいは、第四章第二節で述べたように、現地で「漢化した回族」とみなされる回族は、生活全般においてイスラームを実践するのではなく、実践することが可能な場所でのみ実践することで、ムスリムであることと彼らを取りまく社会状況とのあいだで折り合いをつけていた。

回族のムスリムとしてのあり方は、その敬虔さの度合いに関わらず、回族が部分的に敬虔であり、部分的に不敬虔でもあること、あるいはそうあらざるをえないことを示している。第一章第四節で概観したように、言説レベルで回族は、その敬虔さによって「敬虔なムスリム」と「漢化した回族」とに二分法的に分類される傾向にある。しかし、第四章で論じたように、彼らの日常を含めた実践からみると、敬虔さの境界線は極めて曖昧なものであるといえる。このように回族のムスリムとしてのあり方に目を向けることは、前節で論じた二重の曖昧性を特徴とする連鎖がなぜ可能になるのかという問題に新たな光を当てることを可能にする。

たとえば、第二章第二節で取り上げたダアワ運動の事例における重要なポイントのひとつは、利害の異なるアクター、すでに述べたようにイスラームの復興を目指すアホンや敬虔な回族大学生、農村部の回族のあいだでの普通教育の普及を目指す一般信徒、異性との出会いや、観光を求める多くの回族大学生が、それぞれの目的を果たすためにプラグマティックに結びつくということであった。しかし、部分的に敬虔でもあり、非敬虔でもある回族のムスリムとしてのあり方を踏まえたうえで、この運動を捉えなおそうとすれば、それが単なるプラグマティックな結びつきによってのみ可能になっているわけではないことがわかる。この運動の文脈では、一見すると敬虔なムスリムにはみえない回族であっても、第四章第二節で取り上げた回族の事例に示したように、異なる社会的文脈や時間の流れのなかで敬虔になる潜在性を有していると考えることが可能ならば、彼らにとってもイスラームの宣教という目的は部分的に共有されているとみなすことができるだろう。それは普通教育の普及を主要な目的とする一般信徒の支援者にもいえることだ。また、多くの回族大学生だけでなく、宣教を目的とするアホンや敬虔な回族大学生にとっても、回族が分散して居住する今日の都市部の社会状況において異性との出会いの場の確保は大きな問題である。婚姻がイスラーム信仰における重要な要素のひとつであるため、彼らが敬虔であればあるほど、ムスリムの異性との出会いの確保は切実な問題となるのだ。

これは第二章第三節で取り上げたインターネット・コミュニティを基盤とした公益活動にも当てはまる。公益活動を主導する回族たちは、彼らがたとえイスラームの発展や宣教をより強い目的としてその活動を行っていたとしても、日常的に回族と接する機会が限られ、漢族を中心とした社会関係のなかで「ムスリムをすることの難しさ」を感じざるをえない状況下、娯楽や就職、異性との出会いのために回族の集まる場を設けることの必要性を広く他の活動参加者と共有していたといえる。また、彼らほど明確にイスラームの発展などの目的を持たずに活動に参加する多くの回族に、たとえば、お見合いパーティーにクルアーンやハディースの解説が組み込まれていることに対して場違いだと異議を唱える者がいないこと、さらに宣教を兼ねたお見合いパーティーが、必ずしも敬虔ではない回族の参加により継続的に行われていることからも彼らがイスラームの教育などを全く不必要なものとは考えていないことが示唆される。

以上を踏まえると、前節で二重に曖昧性を持ったネットワークが形成されるプロセスとして論じた回族のイスラーム運動が、一体どこへ向かうものなのかがみえてくる。それは、アクターの敬虔さの度合い、あるいはムスリムとしてのあり方の違いによって、どういった要素に焦点が当てられるのかは異なるにせよ、広く言えば、第一章第四節で示したようにより厳格なイスラーム言説の影響が強まる一方で、伝統的コミュニティの解体により漢化が進展する現代中国の都市部の社会的状況のなかで宗教的、民族的マイノリティとして回族がムスリムとしていかに生きていくか、さらにそうした社会集団としての回族をいかに再生産していくかに関わるものであるといえるだろう。イスラーム教育や宣教、さらに普通教育は、回族が漢族を中心とした中国社会において、「中国のムスリム」として生き、「中国のムスリム」という集団を生み出し続けていくうえで重要である。それは現地でイスラームの理解と近代的知識の獲得が相補的な関係にあるとみなされている点にも表れている。さらに回族のイスラーム運動において、婚姻が重要なファクターのひとつとなっていることは、この運動の特徴が回族の再生産にあることをより直接的に示しているといえるだろう。

回族のイスラーム運動がこうした特徴を持ったものだとすれば、その外延も自ずと明らかになる。この運動での、教義としてのイスラームとの関係におけるイスラーム的要素と非イスラーム的要素の連鎖は、宗教的、民族的マイノリティとしての回族の生活、あるいはそうした回族の再生産に関わるものに限定される。そのため、たとえば、「バー（酒吧 *jiuba*）」でのお見合いパーティーのようなイスラームの教義に全く反するような活動が行われることはない。また逆に、男女が完全に分離されたイスラーム学校における宗教教育のような教義としてのイスラームの側面が極めて強い活動も行われない。実際に、第二章、第三章で取り上げたほとんどの事例において、活動は男女混合で行われていた。また、それ以外にも私の知る限り、個人的な交友関係の集まりを除いて、男女別で行われる活動はほぼみられなかった。これらのことが意味するのは、この運動が、単なる民族的マイノリティとしての回族、あるいはムスリム・マイノリティとしての回族どちらか一方ではなく、あくまで宗教的、民族的マイノリティとしての回族の生活や再生産に関わるものだということである。

そうであるならば、回族のイスラーム運動が、国家の制度上の宗教の境界線をめぐるポリティクスに向かわないという現象に、前節で論じた世俗主義を原則とする国家における宗教と世俗の分割によって逆説的にそれが可能になるという解釈とは異なる解釈を与えることができるだろう。上述の議論を踏まえれば、回族のイスラーム運動は、「ムスリムとしての生きにくさ」を伴う漢族を中心とした中国社会を前提としたものであり、その「生きにくさ」自体を解決しようとするのではなく、その「生きにくさ」のなかで回族が宗教的、民族的マイノリティとしていかに生き、発展していくのかに関わるものなのである。そのため、この運動は、中国共産党政府の宗教管理制度において囲い込まれた宗教の位置づけの変更を迫るような、政治的な運動へとは向かいにくいのである。そうだとすれば、「認識安拉（アッラーを知る）」し、唯一の「原則」や「正しい道」としてのイスラームを実践しようとする敬虔な回族は、この運動を通して、現代中国社会において彼らが抱える問題、すなわち「ムスリムをすることの難しさ」を根本的に解決することはできない。第四章第一節で示したように、敬虔な回族のなかには、ムスリムとしての生きにくさを必然的にはらむ中国社会を出て、イスラーム国家へ移住する、あるいはそれを目指す者もいる。これは、回族のイスラーム運動の持つ上記の特徴を逆照射しているといえるだろう。

ただし、ここで留意すべき点は、回族の再生産といった時、だれが回族かということを固定的には捉えることはできないということである。以下、本書で取り上げた回族のイスラーム運動を歴史的に位置付け、本節で提示したものとは異なる運動の意味の可能性について考察したい。

三　再び開かれゆく回族のあり方

現在回族と呼ばれる「民族」には、宗教概念がそうであったように、何らかの本質をあらかじめ想定することはできない。第一章で論じたように、現在回族と呼ばれる人びと[2]は、歴史的にその時代の政治的、社会的状況によって、そのあり方を変えてきた。その歴史的過程のなかで、本書が取り上げた回族のイスラーム運動と類似した現象も幾度かみられる。ここでは第一章で取り上げた二つの事例を振り返ろう。

ひとつは、第一章第二節で示したように、明代から清末にかけてのイスラーム教育改革である。先述したように、明代に入ると漢化政策が推し進められ、当時、色目人と呼ばれていた中国ムスリムは民族集団内での婚姻が禁じられ、また中国風の姓氏に改めることが促進されるなど、彼らはそれまでの「外国人ムスリム」としての特権的地位を失い、漢人との通婚の増加、漢語の日常的使用などにより「中国ムスリム」となっていった［中田一九七一：二六―二八、邱樹森主編　一九九六：三七三―三七四］。こうした状況下、漢語使用の日常化により、多くの回民が礼拝や儀礼で使用するアラビア語の意味を解さないなどの問題が生じた。そのため、この時代に「経堂教育」と呼ばれるアラビア語やペルシア語に基づくイスラーム教育が普及した。

しかし、経堂教育の普及によっても当時のムスリムの信仰を維持することは困難であったため、明末清初には儒教の思想と用語を用いた漢文でのイスラーム教義の著述が「回儒」と呼ばれる儒教に関する知識を持ったイスラーム知識人によって書かれ、漢文によってイスラームを学ぶことのできる状況が生まれた［田坂　一九六四：一三一九―一三六〇、Lipman 1997: 49-50; 堀池　二〇〇五、二〇一二］。しかし、こうしたイスラーム教育改革は、清末にまた新たな問題と新たな改革を引き起こすこととなる。明代のイスラーム教育改革による影響もあり、清代には漢文に基づくイスラーム知識人とアラビア語に基づくイスラーム知識人との相互理解が困難な状況が生まれていた。そのため、清末には漢語とアラビア語両方の習得がイスラーム教育において重視されるようになったのである［松本耿郎　一九九九］。

もうひとつの事例は、第一章第三節で取り上げた清末から民国期にかけて回民の近代的知識人と改革派アホンを中心に展開された、イスラーム復興運動とも呼ばれる「中国イスラーム新文化運動」である［松本　二〇〇〇、安藤　二〇〇九］。先述のように、この運動は多岐にわたるものであるが、その核心は回民のエスニシティの再編成であり、それをいかに国民国家体制のなかに位置づけるかということであった。そこでこれら二つのタイプの知識人に共有された主要な問題のひとつが、清代から続くイスラーム教育と漢語教育の乖離であった。この問題への対処として、近代教育の普及および近代的な諸価値と接合された漢文による「正しい」イスラーム教育が目指され、宗教的知識を持った教員、近代的知識を持ったアホンを養成するための学校が設立された。第一章第四節で述べたように、これらの回民の試みと中国共産党の民族政策が結びつき、「回族」というエスニック・グループが作られるにいたるのである。

これら二つの事例には、本書で取り上げた回族のイスラーム運動と共通する部分がある。それはこれらの事例に共通して、アラビア語教育あるいはイスラーム教育と漢語教育あるいは世俗的、近代的教育との両立が問題とされてきたことに示されるように、非イスラーム圏である中国社会において、いかに宗教的、民族的マイノリティとして生き、そしてそのような回民という社会集団を生み出し続けていくかということである。

しかし、回族のイスラーム運動がもつ意味を理解するには、これらの事例との共通性だけではなく、差異にも注意を向ける必要がある。その差異は、回民あるいは回族の再生産のみには必ずしも還元しえない。明代から清末にかけてのイスラーム教育改革についていえば、結果としてアラビア語教育と漢語教育の両立が目指されるようになった。しかし、そこにいたる過程において、「回儒」の著述に示されるように、漢文、儒教の用語によってイスラームを理解可能にするという中国化や、対照的にアラビア語・ペルシア語教育に基づく経堂教育の普及によるそれまでの「外国人ムスリム」という属性の重視といった、回民のあり方をめぐるいくつかの試みがなされてきたことがうかがえる。これは漢化政策が推し進められる状況下で、「外国人ムスリム」としてのあり方から、「中国のムスリム」にいかに変わっていくのか、あるいは変わらずにいるのかという回民の中国社会でのあり方の問題に取り組む試みであったといえる。

また、清末から民国期にかけての中国イスラーム新文化運動は、封建的国家体制から国民国家の形成へと向かう近代化の過程において、イスラーム教育と世俗的教育の両立は、国民国家のなかに回民をいかに定位するのかという問題でもあった。これらの事例の差異に目を向けると、彼らの「運動（宗教的であり、政治的であり、社会的であるような）」は単なる宗教的、民族的マイノリティとしての回民の再生産ではなく、歴史的な変化において直面する新たな政治的、社会的状況に即して、いかに自分たちを作り変えていくのかという問題に対する取り組みでもあったことがわかる。

こうした回民ないしは回族の歴史にみられる「運動」と比較して、本書で取り上げた現代中国の都市部における回族のイスラーム運動を捉え直してみると、この運動の持つもうひとつの意味の可能性がみえてくる。それは「回族」と「ムスリム」を異なるカテゴリーとする認識の変化にうかがえる。第一章第四節で示したように、現地において「回族」は民族的属性、「ムスリム」は宗教的属性を表すものとして、異なるカテゴリーとみなされる傾向が強まっている。また、本書で扱った事例において随所に現れるように、イスラーム運動において強調されるのは「ムスリム」という表象である。対して「回族」は否定的な文脈で語られることが多い。

そのため、漢族ムスリムなどイスラームへの改宗者が、「生まれながら」のムスリムである回族よりもその敬虔さという点で高く評価される傾向にある。それは実際に本書で取り上げたイスラーム運動を主導するメンバーに漢族ムスリムが含まれることにも示唆される。確かに第四章第三節で示したように、婚姻など身体的な関係、あるいは個人を超えた社会的な関係の構築において、民族の違いは問題とされる。しかし、一方で敬虔さに基づく「ムスリムであること」が重視されるなか、漢族は潜在的なムスリムとみなされうる状況が生まれている。また、それに伴い、イスラームに改宗すれば漢族との通婚が許容される、あるいはそれほど大きな問題とされない余地が拡大しつつある。

第一章で述べたように、歴史的に回民は他民族との通婚を通じて、その社会を拡充してきた。族内婚の選好に端的に示される回族という「民族集団」の境界は、清末の回民と漢人の対立の激化によって、その当時の数ある対立軸のなかのひとつであったものが実体化し、中国共産党の民族政策と回民の国民国家制度への位置づけを目指す中国イスラーム新文化運動との結びつきにより制度化されたものであった。上記のように「回族」という民族的属性よりも「ムスリム」という宗教的属性が今後も重要視され、回族のイスラーム運動への漢族の参加や漢族との通婚が許容されるとすれば、回族のイスラーム運動はこのように歴史的に構築された回族と漢族とのあいだの境界を、その民族の違いを超えて、再び開かれたものへと変えていく萌芽と捉えることが可能かもしれない。

注

（1） 但し、ここで政府の管理統制下にないというのは、宗教政策との関係においてである。婚姻適齢や当局への婚姻の登録義務など、婚姻も政府の管理下に置かれる［昆明市地方志編纂委員会編 一九九九：一六〇―一六一］。また、出産についても、都市部の回族には漢族と同様に「計劃生育政策（*jihua shengyu zhengce*, 一人っ子政策）」が適用され、産児制限が課せられる［当代中国叢書編輯部編 一九九二：七六］。

（2） 中華人民共和国の民族政策により回族と呼ばれる中国ムスリムは、清代、民国期には回民と呼ばれていた。そのため、本節では便宜的に中華人民共和国建国以前の回族を回民と呼ぶこととする。

あとがき

私がはじめて雲南省を訪れたのは、今から約一三年前の二〇〇二年になる。それは大学三年になる年だった。私は考古学を学びたくて大学に来たのだが、その組織的な研究方法になじめず、考古学を専攻するのを諦めたところだった。大学での目標を失った私は、一年間休学をして、海外でぶらぶらすることにした。その際に立ち寄ったのが雲南省であった。

復学後、私は専攻を決めなければならなかった。当時、私が所属していた筑波大学人文学類では、文化人類学で卒業論文を書くのが最も簡単だという噂があった。学問に対する熱意を失っていた私はちゃっちゃと卒業論文を書いて就職しようと、文化人類学を専攻することにした。しかし、実際はそうではなかった。後に指導教員になっていただく内山田康先生が赴任され、しっかりと現地調査をして卒業論文を書かなくてはならない雰囲気になっていた。それまでまじめに文化人類学を学んでこなかった私は、一発逆転、海外で調査をすれば、多少出来が悪くでも卒業論文を通してくれるだろうと考えた。その結果、選んだ調査地が雲南省であった。滞在費も航空券代も安く抑えられるし、何より過ごしやすい雲南の気候が気に入っていたためだ。三か月ほど大理の市場で調査を行った。市場で野菜売りのおばさんと一緒に野菜を売りながら、市場という商業空間がいかに形成されているのかを調査した。これが思いのほか楽しかった。最初は商人たちが何を行っているのか全くわからず、五里霧中の状態であったが、しばらく調査を続けているうちに、その霧がさーっと晴れていく瞬間があったのだ。それまで理解できなかった人びとの実践が多少なりとも理解できるようになった、あるいはそのような気がしたのである。それは私をとても興奮させる出来事だった。また、調査後、そこで得られた雑多なデータをどのような概念を使って、いかに記述するのかといったことを考えながら、民族誌を書く作業も楽しかった。消極的に選択した人類学に結果的に私はすっかり魅せられてしまった。あのとき感じた楽しさと興奮が今も私の研究を動機づけており、本書もそれに根ざしたものである。

本書は二〇一四年三月に筑波大学大学院人文社会科学研究科に提出した博士論文「現代中国都市部における回族による。イスラーム運動に関する人類学的研究―雲南省昆明市の事例を中心として―」に加筆したものである。博士論文の執筆にあたっては、筑波大学大学院人文社会科学研究科のみなさまからご指導とご助言をいただいた。特に内山田康先生には学部時代に人類学を専攻して以来、一貫してご指導いただいた。私の論文や民族誌の草稿に対して、内山田先生からいただいたコメントに、試行錯誤しながら応えようとしてきた結果が本書である。また、育英短期大学に移られた小野澤正喜先生、筑波大学の木村周平先生、京都大学に移られた風間計博先生、北海道大学に移られたポール・ハンセン先生には博士論文および本書を書き進めるうえで数多くのご助言と叱咤激励をいただいた。

東京外国語大学アジア・アフリカ言語文化研究所の飯塚正人先生、筑波大学の中野泰先生および丸山宏先生には博士論文の副査を引き受けていただいた。それぞれの先生のご専門であるイスラーム研究、民俗学、東洋史の見地から貴重なコメントをいただいた。櫻田涼子さん、山崎寿美子さん、深川宏樹さんをはじめとする筑波大学大学院の先輩方、および同期や後輩の皆さまにも博士論文を執筆するうえで多くのアドバイスと励ましをいただいた。また、博士論文を執筆している期間に参加させていただいた研究会やセミナーの場からも多くの刺激をいただいた。

中国での現地調査は、以下の研究助成により可能となった。旅の文化研究所第一五回公募研究プロジェクト、松下国際財団（現・松下幸之助記念財団）二〇〇八年度研究助成、筑波大学大学院平成二二年度大学院共通科目「国際研究プロジェクト」、日本学術振興会特別研究院奨励費（研究課題「『ムスリムであること』をめぐる人類学的研究―中国雲南省ムスリム社会の事例から」）、りそなアジア・オセアニア財団調査研究・国際交流活動助成、平成二五年度笹川科学研究助成、小林節太郎記念基金小林フェローシップ。ここに記して謝意を示したい。

そしてなによりも、フィールドワークの際に、政治的にデリケートな領域における活動に外国人である私を受け入れてくださった回族の皆さまのご協力なくして、本書はありえなかった。プライバシー保護の観点から実名をあげて、謝意を表することができないのは心苦しいが、この場を借りて心よりの謝意を表したい。

また、本書の出版にあたっては、日本学術振興会による平成二七年度科学研究費補助金（研究成果公開促進費、15HP5113）の交付を受けて可能になった。風響社の石井雅さんには、原稿が遅れ、多大なるご迷惑をおかけしたが、出版にいたるまで多くのご助力をいただいた。厚くお礼申し上げます。

本書を上梓することができたのは、たくさんの人びとからの励ましとご助言があったからである。全ての方々のお名前を挙げることはできなかったが、皆さまに深く感謝したい。

初出一覧

本書は二〇一四年三月に筑波大学大学院人文社会科学研究科に提出した博士論文「現代中国都市部における回族による。イスラーム運動に関する人類学的研究——雲南省昆明市の事例を中心として」に加筆修正したものである。また、各章の内容の一部は、以下の論文として発表している。

第一章

「中国イスラーム少数民族・回族による聖者廟への巡礼——市場経済化とイスラーム復興運動を巡る人類学的研究」『旅の文化研究所研究報告』一八：三五—五一、二〇〇九年。

第二章

Fragmented yet Associated: Waqf Activities in an Urban Hui Muslim Internet Community. *Inter Faculty* 4: 35-58, 2013.

「漢化とイスラーム復興のあいだ——中国雲南省における回族大学生の宣教活動の事例から」『宗教と社会』一九：三三—四七、二〇一三年。

「『国家の余白』としての『宗教的なるもの』——中国雲南省昆明市における回族の結婚活動を事例として」『史潮』七四：五三—七二、二〇一三年。

第三章

A Change in Religious Authority and the Dilemma of Ordinary Muslims: A Case Study of Hui Society in Kunming, Yunnan Province, China. In Heung Wah Wong and Keiji Maegawa (eds.). *Revisiting Colo-nial and Post-Colonial: Anthropological Studies of the Cultural Interface*, pp. 97-128. Los Angeles: Bridge21 Publications, 2014.

「遍在する『周縁』を動く回族―雲南省における地域横断的なイスラーム学習活動の事例から」澤井充生・奈良雅史編『「周縁」を生きる少数民族――現代中国の国民統合をめぐるポリティックス』一〇三―一四三、東京：勉誠出版、二〇一五年。

「動きのなかの自律性――現代中国における回族のインフォーマルな宗教活動の事例から」『文化人類学』八〇（三）：三六三―三八五、二〇一五年。

第四章

「遊走在〝回族〟与〝穆斯林〟之間的宗教性――以雲南省昆明市回族社会為例」『宗教人類学』五：一八九―一九八、二〇一五年。

資料　NGO設立に向けた会議の告知文

【日本語訳】

［表面］

尊敬するムスリム兄弟姉妹のみなさん

サラーム！

最も真摯で、慎み深い態度で、私たちはあなたを「雲南民間ムスリム公益発展報告会」に参加していただきたく、ご招待いたします、会議において私たちは雲南民間ムスリム公益発展組織の設立について議論いたします、私たちが考える当該公益組織の必要性をご覧ください。

第一　民族の多い雲南において、ムスリム人口だけで六五万人以上を占めており、また雲南ムスリムは独自性を持っています、雲南ムスリムは、千年以上もの発展を経て、すでに中華民族の土壌に深々と根付き、中華民族の欠くことのできない一部分となっています。よって、中国民族の振興のため、自己の苦心と労力を尽くすことは、私たち一人一人のムスリムがすべきことであり、私たちは身近なところから始めることができます！

第二　ムスリムの伝統である五行[1]：シャハーダ（*shahāda*, 信仰告白）、サラート（*salāt*, 礼拝）、サウム（*sawm*, 断食）、ザカート（*zakāt*, 義務的喜捨）、ハッジ[2]（*hajj*, メッカ巡礼）におけるザカートは寄贈する必要があるため、イスラーム国家では専門にザカートを徴収し、使用する担当者がいます、しかし、中国ムスリムのザカートは往々にして自ら自由に出したり、使用したりしています。それらを比較してみると、（中国では）多くの混乱をまねき、資金が有効に利用されていません。

第三　実力のある民族企業家たちは、往々にして自ら公益機構を設立しています、しかし、このような「ばらばらな砂（団結していない状態）」の現状は小規模な公益資金の数ばかりを増やすだけでばらばらなままに過ぎず、より良い団結をもたらしはしません。

第四　ムスリムには社会に対する「功修（*gongxiu*, イスラームの教義上、義務として課せられた行為）」の要求があり、ムスリムたちはその要求に応えようと思っても、自分の技術や時間、資金や資源、知識や学術を提供することのできる場所がなく困っています。修行のより良い機会を得られません。

第五　雲南ムスリムの社会団体には専門的な組織の指導および信頼性のある民間におけるプラットホームが欠けており、結果として雲南ムスリムの民間でのザカートの徴収と使用は、うまく発展できません。そのため真にムスリム兄弟姉妹のために事を成すこともできず、真にムスリムの影響力を拡大することもできません。

第六　ムスリムはひとつの社会団体として社会や他の民族との交流をあまり持てていません、そのため、最大の少数民族の団体の一つとして、社会に私たちを知ってもらい、認めてもらうことは非常に重要なことです。

よって、私たちが、ムスリム自身の公益組織を設立することは、必要なことであり、私たちの義務でもあると考えます。

雲南民間ムスリム公益発展報告会中心議題

趣旨説明
名称と位置づけ
章程
系統的な発展戦略
ザカートとその管理
寄贈者と援助の対象
ボランティアの申請
公益プロジェクトのプラットホームと個別グループ一覧
公益基金財務管理規則

発展の方向とその展望　専門的なＮＧＯの公益に向けて発展させていきます。現代的で商業的なやり方で公益機構を運営し、資源を整理してまとめます。また資金は統一して集め、合理的に使用します、さらにグループの設立に力を入れ、社会的弱者に配慮します。一つ一つのプロジェクトによって公益を実現し、社会に役立つという目的を果たします。具体的には、幼児教育、高校や大学の教育支援、独居老人への支援、結婚紹介と職業紹介、病人の支援など、私たちはこの連盟を設置し、一つ一つの細かなプラットホームにしていきます、そして異なる小グループがそれぞれ一つの具体的な事業を担当することを明確にします、そうすることでムスリム公益事業が抱える専門化が困難であるという発展のボトルネックを解決します。

〔裏面〕

会議時間　二〇〇八年一二月二〇日（土曜日）午前八：三〇受付、九：〇〇開始

会議会場　あるビルの会議室(3)

昼食会場　あるモスク

会議参加費　無料！

あなたには真心があり、ムスリム全体の助けになろうという切実な願いがある！　あなたはあなたの時間を提供することを望む、たとえ一時間であろうとも。あなたは自分のお金を寄付することを望む、たとえ一元であろ

うとも。あなたは自分の学術と技術を寄付することを望む、たとえそれが一度の講演であろうとも……。

ここは社会的な功修のプラットホームです、あなたはまだ力ない喚声をあげますか？

【原文】

［表面］

尊敬的穆斯林兄弟姐妹們：

賽倆目！

懐着最誠摯的態度、擁有最謹慎的風格、我們邀請参與〝云南民間穆斯林公益発展報告会〟、在会議裡、我們将討論組建云南民間穆斯林的公益発展組織、請看我們認為成立該公益組織的必要性：

第一：作為民族大省的云南、穆斯林人口就佔了六五万多、云南穆斯林有其独特性、経過上千年的発展已経深深根植于中華民族的土壌成為中華民族不可或缺的一部分。因此、為中国民族的振興尽自己的一分心力是我們每个穆斯林都応該做的一件事情、而我們就可以从身辺做起！

第二：由于穆斯林的伝統五功：認、礼、斎、課、朝中的天課需要捐贈、在伊斯蘭国家裡有専業的天課徴收和使用的工作人員、中国穆斯林的天課却往往自行出散。相較之下会造成很多溷乱、使得資金没有能得到有効利用。

第三：一些有実力的民族企業家、往往自行建立公益機構、這種〝一盤散沙〟的局面使小型公益資金数量多却非常零散、没有得到很好的团結。

第四：処于穆斯林対社会功修的要求、穆斯林們有心却苦于没有地方去捐贈自己的技術和時間、資金和資源、学問和学術。修行得不到更好的機会。

第五：云南穆斯林社团缺乏専業的組織領導以及有公信力的民間平台、使得云南穆斯林民間出散不能順利発展。不能真正地為教門弟兄姐妹做事情、也不能真正的拡大穆斯林的影響力。

第六：穆斯林作為一个社团一定程度上缺乏與社会其他民族的溝通、作為最大的几个少数民族之一的团体、使得社会認識我們、認可我們是非常重要的。

因此、我們認為、有必要、我們也有義務建立穆斯林自己的公益組織。

云南民間穆斯林公益発展報告会中心議題

前言

名称和定位

章程

系統発展戦略

天課和出散的管理

捐贈人和受助者

志願者申請

公益項目平台及細分団隊一覧

公益基金財務管理辦法

発展方向展望：向専業ＮＧＯ的公益方向発展、用現代化的商業操作方式来運転公益機構、整合資源、資金統一募集并最優化使用、注重団隊建設、関注社会弱勢群体、用一个一个実体項目来実現公益及回報社会的目的。具体包括幼儿教育、高中大学助学、孤寡老人救助、婚介和職介、疾病的救助等、我們将這个聯盟設置為一个个細分平台、確定不同的小団隊主攻一个具体方向、以解決穆斯林公益事業難以専業化発展的瓶頚。

［裏面］

会議時間　二〇〇八年一二月二〇日（周六）全天、八：三〇開始簽到、九：〇〇正式開始

会議地点　某棟大厦会議室

中餐地点　某所清真寺

会議費用　免費参加！

您有一顆熱忱的心、您有一分幇助全体穆斯林的迫切意願！　願意捐贈出自己的時間、哪怕只是一个小時；您願意捐出自己的金銭、哪怕只是一塊銭；願意捐出自己的学術和技術、哪怕只是一次演講……

這里是社会功修的平台、您還要蒼白的吶喊嗎

注

（1）当該社会では、五行は、「五大功修（*wuda gongxiu*）」やそれを略した「五功（*wugong*）」などと呼ばれる。五行の項目それぞれについては、シャハーダは「念清真言（*nian qingzhenyan*）」あるいは「念（*nian*）」、サラートは「礼拝（*libai*）」あるいは「礼（*li*）」、サウムは「斎戒（*zhaijie*）」あるいは「斎（*zhai*）」、ザカートは「天課（*tianke*）」あるいは「課（*ke*）」、ハッジは「朝覲（*chaojin*）」あるいは「朝（*chao*）」と呼ばれる。

（2）メッカ（*Makka*）は、イスラーム第一の聖地であり、預言者ムハンマド生誕の地である。メッカは、中国語では「麦加（*maijia*）」と呼ばれる。また、ハッジは、中国語では、「哈吉（*haji*）」と表記される。

（3）中国において宗教が政治的に敏感な問題であることに配慮し、具体的な場所については明記しない。以下の原文も同様である。

参考文献一覧

〈日本語（五〇音順）〉

足羽與志子

二〇〇〇「中国南部における仏教復興の動態――国家・社会・トランスナショナリズム」菱田雅晴編『現代中国の構造変動五――社会―国家との共棲関係』、二三九―二七三、東京：東京大学出版社。

二〇〇三「モダニティと『宗教』の創出」池上良正ほか編『岩波講座　宗教一：宗教とはなにか』、八五―一一五、東京：岩波書店。

渥美堅持

二〇〇一「中国とイスラム――中国にイスラム運動は起きるか」『問題と研究』三〇（一〇）：三八―四八。

新井一寛

二〇〇六「マウリド（聖誕祭）におけるタリーカ（スーフィー教団）の祝祭性と非祝祭性――現代エジプトにおけるジャーズーリーヤ・ジャーズィリーヤ教団の活動状況から」『宗教と社会』一二：三七―六三。

安藤潤一郎

二〇〇二「清代嘉慶・道光年間の雲南省西部における漢回対立――『雲南回民起義』の背景に関する一考察」『史学雑誌』一一一（八）：四六―七一。

二〇〇九「中華民国期における『中国イスラーム新文化運動』の思想と構造」『アジア遊学』一二九：一二三―一四五。

飯塚正人

二〇〇一「ムスリム同胞団と新世代エリート――エジプトの復興運動のゆくえ」『増補イスラームに何がおきているか――現代世界とイスラーム復興』、一〇〇―一一七、東京：平凡社。

石島紀之

二〇〇四『雲南と近代中国――〝周辺〟の視点から』東京：青木書店。

磯前順一
二〇〇〇　「宗教概念および宗教学の成立をめぐる研究概況――欧米と日本の研究のリ・ロケーション」『現代思想』二八（九）：二三〇―二四五。
井筒俊彦訳
一九五八　『コーラン　中』東京：岩波書店。
今永清二
一九六六　『中国回教史序説――その社会史的研究』東京：弘文堂。
岩村　忍
一九四九　『中国回教社会の構造（上）』東京：日本評論社。
一九五〇　『中国回教社会の構造（下）』東京：日本評論社。
ウィルソン、ブライアン
二〇〇二（一九八二）　『宗教の社会学――東洋と西洋を比較して』中野毅／栗原淑江訳、東京：法政大学出版局。
王名・李妍焱・岡室美恵子
二〇〇二　『中国のＮＰＯ――いま、社会改革の扉がひらく』東京：第一書林。
大塚和夫
一九九四　「ファンダメンタリズムとイスラーム」井上順孝・大塚和夫編『ファンダメンタリズムとは何か――世俗主義への挑戦』、七〇―八八、東京：新曜社。
二〇〇〇ａ　『イスラーム的――世界化時代の中で』東京：ＮＨＫブックス。
二〇〇〇ｂ　『近代・イスラームの人類学』東京：東京大学出版会。
二〇〇四　「イスラーム世界と世俗化をめぐる一試論」『宗教研究』七八（二）：六一七―六四二。
大塚和夫ほか編
二〇〇二　『岩波イスラーム辞典』東京：岩波書店。
岡室美恵子
二〇〇八　「現代中国における国家＝市民社会関係の考察――政府の民間組織に対する規制と緩和政策の転換を中心に」『国際開発学研究』七（二）：一―一六。
小河久志

二〇〇八「南タイ・ムスリム村落におけるイスラーム復興の現在――開発と『平等性』をめぐる村人の対応」『東南アジア研究』四五（四）：五三九―五五八。

二〇一二「ダッワの伸展とその諸相――タイ南部におけるムスリム社会とタブリーグ」床呂郁哉・西井涼子・福島康博編『東南アジアのイスラーム』、三一三―三三三、東京：東京外国語大学出版会。

粕谷　元

二〇〇三「トルコのイスラーム潮流――ヌルスィーとギュレン」小松久男・小杉泰編『現代イスラーム思想と政治運動』、六三―八三、東京：東京大学出版会。

片岡一忠

一九七六「『清朝の回民政策』の再検討――清実録記事を中心に」『歴史研究』一三：五九―七九。

加茂具樹

二〇〇六『現代中国政治と人民代表大会――人代の機能改革と「領導・被領導」関係の変化』東京：慶応義塾大学出版会。

川口幸大

二〇一〇「廟と儀礼の復興、およびその周縁化――現代中国における宗教のひとつの位相」小長谷有紀・川口幸大・長沼さやか編『中国における社会主義的近代化――宗教・消費・エスニシティ』、三―二六、東京：勉誠出版。

川名明彦

二〇〇四「ＳＡＲＳ（重症急性呼吸器症候群）」『日本内科学会雑誌』九三（一一）：二三〇九―二三一五

川島　緑

二〇一二『マイノリティと国民国家――フィリピンのムスリム』東京：山川出版社。

神戸輝夫

一九七〇「清代後期の雲南回民運動について」『東洋史研究』二九（二・三）：一〇八―一一三。

一九七八「回民起義――一八四〇―六〇年代の雲南における」野沢豊・田中正俊編『講座中国近現代史：第一巻』、二四三―二六四、東京：東京大学出版会。

ギアーツ、クリフォード

一九八七（一九七三）『文化の解釈学Ⅰ』吉田禎吾ほか訳、東京：岩波書店。

私市正年

二〇一二『原理主義の終焉か――ポスト・イスラーム主義論』東京：山川出版社。

木村　自
　二〇〇九「台湾回民のエスニシティと宗教――中華民国の主体から台湾の移民へ」『国立民族学博物館調査報告』八三：六九―八八。
金吉堂
　一九四〇（一九三五）『支那回教史』外務省調査部訳、東京：生活社。
栗原　悟
　一九九一「清末民国期の雲南における交易圏と輸送網――馬幇のはたした役割について」『東洋史研究』五〇（一）：一二六―一四九。
黒岩　高
　二〇〇二「械闘と謡言――十九世紀の陝西・渭河流域に見る漢・回関係と回民蜂起」『史学雑誌』一一一（九）：六一―八三、一五〇。
黄庭輝
　一九九六（一九八六）「回族」巌汝嫻主編『中国少数民族の婚姻と家族　中巻』江守五夫（監訳）、五―一四、東京：第一書房。
古賀章一
　二〇一〇『中国都市社会と草の根ＮＧＯ』東京：御茶の水書房。
小嶋祐輔
　二〇一〇「ウイグル族の『漢化』：文化の二分法を越えて」小長谷有紀・川口幸大・長沼さやか編『中国における社会主義的近代化――宗教・消費・エスニシティ』、二二一―二四五、東京：勉誠出版。
小杉　泰
　一九九四『中東とイスラーム政治』京都：昭和堂。
　二〇〇一「脅威か、共存か？『第三項』からの問い」『増補イスラームに何がおきているか――現代世界とイスラーム復興』、一六―四一、東京：平凡社。
サーリンズ、マーシャル
　一九八四（一九七二）『石器時代の経済学』山内昶訳、東京：法政大学出版局。
笹島恒輔
　一九七二「文化大革命の中華人民共和国の学校教育・スポーツへの影響」『体育研究所紀要』一一（一）：三一―四七。

里井彦七郎
　一九七二　『近代中国における民衆運動とその思想』東京：東京大学出版社。
澤井充生
　二〇〇二　「中国の宗教政策と回族の清真寺管理運営制度――寧夏回族自治州銀川市の事例から」『イスラム世界』五九：二三―四九。
　二〇一〇　「中国共産党のイスラーム政策の過去と現在――寧夏回族自治区銀川の事例」小長谷有紀・川口幸大・長沼さやか編『中国における社会主義的近代化――宗教・消費・エスニシティ』、五七―八六、東京：勉誠出版。
　二〇一三　「イスラームと現代中国――宗教管理機構と清真寺のポリティクス」川口幸大・瀬川昌久編『現代中国の宗教：信仰と社会をめぐる民族誌』、一二九―一五三、京都：昭和堂。
徐亜文・来島浩
　二〇〇七　「中国における新規大学卒業者の就職難の実態――山東省の事例を中心に」『研究論叢、人文科学・社会科学』五六（一／二）：七七―一〇五。
徐宇珊・李妍焱
　二〇〇八　「中国における草の根NGOの現状」李妍焱編『台頭する中国の草の根NGO――市民社会への道を探る』、三一―一九、東京：恒星社厚生閣。
新免　康
　二〇〇三　「新疆ウイグルと中国政治」『アジア研究』四九（一）：三七―五四。
孫春苗
　二〇〇八　「草の根NGOのメディア戦略」李妍焱編『台頭する中国の草の根NGO――市民社会への道を探る』、九五―一二〇、東京：恒星社厚生閣。
田坂興道
　一九六四　『中国における回教の伝来とその弘通（上下巻）』東京：東洋文庫。
高尾賢一郎
　二〇一一　「ムスリム社会における社会貢献――現代シリアのアブー・ヌールの事例」『宗教と社会貢献』一（二）：一―二一。
高橋健太郎
　二〇〇〇　「回族・漢族混住農村の社会構造と居住地の形態――寧夏回族自治区納家戸村の事例」『地理学研究』一三：六五―

九五。

多和田裕司

一九九三「『イスラーム化』と社会変化――マレー村落の事例から」『民族学研究』五八（二）：一二一―一四一。

二〇一〇「マレーシア・イスラームにおける『イスラーム』と『世俗』――『イスラーム国家』論争を中心に」『人文研究』六一：一四五―一六一

土屋英雄

二〇〇九『現代中国の信教の自由――研究と資料』東京：尚学社。

張承志

一九九三『殉教の中国イスラム――神秘主義教団ジャフリーヤの歴史』梅村坦編訳、東京：亜紀書房。

一九九四「中華文明のなかのイスラーム」板垣雄三編『講座イスラーム世界一：イスラーム教徒の社会と政策』、一五三―一八九、東京：栄光教育文化研究所。

外川昌彦

二〇〇九『宗教に抗する聖者――ヒンドゥー教とイスラームをめぐる「宗教」概念の再構築』京都：世界思想社。

登坂　学

二〇〇七「中国における高等教育普及と就職難」『九州保健福祉大学研究紀要』八：三五―四四。

ドベラーレ、カーレル

一九九二（一九八一）『宗教のダイナミックス――世俗化の宗教社会学』ヤン・スィンゲドー／石井研士訳、東京：ヨルダン社。

中田有紀

二〇〇五「インドネシアにおけるイスラーム学習活動の活性化――大学生の関与とそのインパクト」『アジア経済』四六（一）：三五―五二。

中田吉信

一九五九「同治年間の陝甘の回乱について」『近代中国研究三』、六九―一五九、東京：東京大学出版会。

一九七一『回回民族の諸問題』東京：アジア経済研究所。

西澤治彦

一九九九「回族の民間宗教知識――漢語小冊子に説かれたイスラム教」末成道男編『中原と周辺――人類学的フィールドからの視点』、三一三―三二九、東京：風響社。

二〇〇一　「回族――移住によって形成された『少数民族』」塚田誠之・瀬川昌久・横山廣子編『流動する民族――中国南部の移住とエスニシティ』、二四九―二七一、東京：平凡社。

二〇一二　「都市の再開発と回族コミュニティーの変容――江蘇省南京市の事例を中心に」瀬川昌久編『近現代中国における民族識別の人類学』、一〇五―一三三、京都：昭和堂。

野中　葉

二〇〇八　「インドネシアの学生ダアワ運動の原点」『KEIO SFC JOURNAL』八（二）：一四七―一六〇。

バーガー、ピーター・L

一九七九（一九六七）『聖なる天蓋――神聖世界の社会学』薗田稔訳、東京：新曜社。

広池真一

二〇〇三　「中国の共産主義における『宗教』概念――一九六〇年代牙含章による議論を中心に」『宗教研究』七七（一）：二七―五〇。

傅統先

一九七五（一九四〇）『中国回教史』井東憲訳、東京：原書房。

フーコー、ミシェル

一九八六（一九七六）『性の歴史I　知への意志』渡辺守章訳、東京：新潮社。

二〇〇六（一九九四）『フーコー・コレクション〈4〉権力・監禁』小林康夫・石田英敬・松浦寿輝編、東京：筑摩書房。

深澤英隆

二〇〇四　「『宗教』概念と『宗教言説』の現在」島薗進・鶴岡賀雄編『〈宗教〉再考』、一五―四〇、東京：ペリカン社。

堀池信夫

二〇〇五　「王岱輿について」『哲学・思想論集』三〇：六一―七九。

二〇一二　『中国イスラーム哲学の形成――王岱輿研究』京都：人文書院。

松本耿郎

一九九九　「馬聯元著『天方性理阿文注解』の研究」『東洋史研究』五八（一）：二一一―一七六。

松本ますみ

一九九九　『中国民族政策の研究――清末から一九四五年までの「民族論」を中心に』東京：多賀出版。

二〇〇〇　「中国イスラーム新文化運動とナショナル・アイデンティティ」西村成雄編『現代中国の構造変動三　ナショナリズム：

歴史からの接近』、九九—一二五、東京：東京大学出版会。
二〇一〇　『イスラームへの回帰——中国のムスリマたち』東京：山川出版社。
マルクス、カール
一九七四　『ユダヤ人問題によせて・ヘーゲル法哲学批判序説』城塚登訳、東京：岩波書店。
丸山　宏
一九九五　「宗教・信仰」辻康吾・加藤千洋編『原典中国現代史第四巻　社会』、二八二—三〇六、東京：岩波書店。
見市　建
二〇〇四　『インドネシア——イスラーム主義のゆくえ』東京：平凡社。
二〇一二　「出版業にみる福祉正義党の『市場戦略』」床呂郁哉・西井涼子・福島康博編『東南アジアのイスラーム』、二一七—二三二、東京：東京外国語大学出版会。
三谷　孝
一九七八　「南京政権と『迷信打破運動』（一九二八—一九二九）」『歴史学研究』四五五：一—一四。
村上志保
二〇一〇　「上海におけるプロテスタントの宗教空間——宗教政策と日常的実践のはざまで」小長谷有紀・川口幸大・長沼さやか編『中国における社会主義的近代化——宗教・消費・エスニシティ』、二一七—五五、東京：勉誠出版。
モース、マルセル
二〇〇九（一九二四）　『贈与論』吉田禎吾・江川純一訳、東京：筑摩書房。
毛里和子
一九九八　『周縁からの中国——民族問題と国家』東京：東京大学出版会。
八木久美子
二〇一一　『グローバル化とイスラム——エジプトの「俗人」説教師たち』京都：世界思想社。
横田貴之
二〇〇六　『現代エジプトにおけるイスラームと大衆運動』京都：ナカニシヤ出版。
李光国
二〇〇六　「中国市民社会の現状」『千葉大学人文社会科学研究』一三：一七八—一八七。
劉培峰

二〇〇八　「中国における草の根NGO台頭の社会的背景」李妍焱編『台頭する中国の草の根NGO――市民社会への道を探る』、二一一三三、東京：恒星社厚生閣。

レヴィ＝ストロース、クロード

一九六七（一九五五）　『悲しき熱帯』川田順造訳、泉靖一編『世界の名著五九』、東京：中央公論社。

〈英語（アルファベット順）〉

Abu-Lughod, Lila

1990　The Romance of Resistance: Tracing Transformations of Power through Bedouin Women. *American Ethnologist* 17(1):41-55.

Aburaiya, Issam

2004　The 1996 Split of the Islam Movement in Israel: Between the Holy Text and Israelu-Palestinian Context. *International Journal of Politics, Culture and Society* 17(3): 439-455.

2009　Islamism, Nationalism, and Western Modernity: The Case of Iran and Palestine. *International Journal of Politics, Culture, and Society* 22:57-68.

Anderson, Jon W.

1999　The Internet and Islam's New Interpreters. In Dale F. Eickelman and Jon W. Anderson (eds). *New Media in the Muslim World: the Emerging Public Sphere*. pp. 45-60. Indiana: Indiana University Press.

Asad, Talal

1993　*Genealogies of Religion: Discipline and Reasons of Power in Christianity and Islam*. Baltimore: Johns Hopkins University Press（タラル・アサド、二〇〇四『宗教の系譜――キリスト教とイスラムにおける権力の根拠と訓練』中村圭志訳、東京：岩波書店）.

2003　*Formation of the Secular: Christianity, Islam, Modernity*, Stanford: Stanford University Press, 2003.（タラル・アサド、二〇〇六『世俗の形成――キリスト教、イスラム、近代』中村圭志訳、東京：みすず書房）

Ashiwa, Yoshiko and David L. Wank

2009　Making Religion Making the State in Modern China: An Introductory Essay." In Ashiwa Yoshiko and David L. Wank (eds.) *Making Religion Making the State: The Politics of Religion in Modern China*, pp. 1-21. Stanford: Stanford University Press.

Atwill, David G.

2006 *The Chinese Sultanate: Islam, Ethnicity, and Panthay Rebellion in Southwest China, 1856-1873*. Stanford: Stanford University Press.

Bayat, Asef

1996 The Coming of a Post-Islamist Society. *Critique: Critical Middle Eastern Studies* 5(9):43-52.

2005 Islamism and Social Movement Theory. *Third World Quarterly* 26(6):891-908.

2007 *Making Islam Democratic: Social Movements and the Post-Islamist Turn*. Stanford: Stanford University Press.

Berger, Peter L.

1999 The Desecularization of the World: a Global Overview. In Peter L. Berger (ed.). *The Desecularization of the World: Resurgent Religion and World Politics*, pp. 1-18. Washington, D. C.: The Ethics and Public Policy Center.

Bloch, Maurice

2007 (1989) *Ritual, History and Power: Selected Papers in Anthropology*. Oxford, New York: Berg.

Casanova, José

1994 *Public Religion in the Modern World*, Chicago: University of Chinago Press.（ホセ・カサノヴァ、一九九七『近代世界の公共宗教』津城寛文訳、東京：玉川大学出版部）

Chau, Adam Yuet

2005 The Politics of Legitimation and the Revival of Popular Religion in Shaanbei, North-Central China. *Modern China* 31(2):236-278.

DeAngelis, Richard C.

1997 Muslims and Chinese Political Culture. *The Muslim World* 87:151-168.

Delibas, Kayhan

2009 Conceptualizing Islamic Movements: The Case of Turkey. *International Political Science Review* 30(1): 89-103.

Dickson, Rory

2009 The Tablighi Jama'at in Southwestern Ontario: Making Muslim Identities and Networks in Canadian Urban Spaces. *Contemporary Islam* 3:99-112.

Duara, Prasenjit

1995 *Rescuing History from the Nation: Questioning Narratives of Modern China*. Chicago: University of Chicago Press.

Edelman, Marc

2001 Social Movements: Changing Paradigms and Forms of Politics. *Annual Review of Anthropology* 30:285-317.

Eickelman, Dale F.

2000 Islam and the Languages of Modernity. *Daedalus* 129(1): 119-135.（ダイル・F・アイケルマン、二〇〇二「イスラームと近代性をめぐる言葉」大坪玲子訳、『思想』九四一：三〇―四六）

Eickelman, Dale F. and James Piscatori

1996 *Muslim Politics*. Princeton: Princeton University Press.

Freudenstein, Roland

2011 The Arab Spring: What's in it for us? *European View* 10:67-72.

Gillette, Maris Boyd

2000 *Between Mecca and Beijing: Modernization and Consumption among Urban Chinese Muslims*. Stanford: Stanford University Press.

Gladney, Dru. C.

1996 (1991) *Muslim Chinese: Ethnic Nationalism in the People's Republic* (Second Edition). Cambridge and London: Council on East Asian Studies, Harvard University.

Goossaert, Vincent and David A. Palmer

2011 *The Religious Question in Modern China*. Chicago and London: University of Chicago Press.

Gudeman, Stephen and Alberto Rivera

1990 *Conversations in Colombia: The Domestic Economy in Life and Text*. Cambridge and New York: Cambridge University Press.

Heberer, Thomas

1989 *China and Its National Minorities: Autonomy or Assimilation?*. Armonk, New York: M. E. Sharpe, Inc.

Hoexter, Miriam

2002 The Waqf and the Public Sphere. In Miriam Hoexter and Shmuel N. Eisenstadt and Nehemia Levtzion (eds.). *The Public Sphere in Muslim Societies*, pp. 119-135. New York: State University of New York Press.

Janson, Marloes

2005 Roaming about for God's Sake: The Upsurge of the *Tablīgh Jamā'at* in the Gambia. *Journal of Religion in Africa* 35(4): 450-481.

Jones-Leaning, Melanie and Douglas Pratt

2012 Islam in China: From Silk Road to Separatism. *The Muslim World* 102:308-334.

Kindopp, Jason

2004 Fragmented yet Defiant: Protestant Resilience under Chinese Communist Party Rule. In Jason Kindopp and Carol Lee Hamrin (eds.). *God and Caesar in China: Policy Implications of Church-State Tensions*, pp. 122-145. Washington, D.C.: Brooking Institution Press.

Lipman, Jonathan L.

1997 *Familiar Strangers: A History of Muslims in Northwest China*. Washington: University of Washington Press.

Madsen, Richard.

1998 China's Catholics: Tragedy and Hope in an Emerging Civil Society. California: University of California Press.

Madsen, Richard and Lizhu Fan

2009 The Catholic Pilgrimage to Sheshan. In Yoshiko Ashiwa and David L. Wank (eds.). *Making Religion Making the State: The Politics of Religion in Modern China*, pp. 74-95. Stanford: Stanford University Press.

Mahmood, Saba

2005 *Politics of Piety: the Islamic Revival and the Feminist Subject*. Princeton: Princeton University Press.

McCutcheon, Russel T.

1995 The Category "Religion" in Recent Publication: A Critical Survey. *Newmen* 42(3): 284-309.（ラッセル・T・マッカチオン、二〇〇〇「『宗教』カテゴリーをめぐる近年の議論――その批判的俯瞰」磯前順一・リチャード・カリチマン訳、『現代思想』二八（九）：二二〇―二二九）

1998 Redescribing "Religion" as Social Formation: Toward a Social Theory of Religion. In Thomas A. Idinopulos and Brian C. Wilson (eds.). *What is Religion? Origins, Definitions, and Explanations*, pp. 51-71. Leiden, Boston and Köln: Brill.

McKinnon, Andrew M.

2002 Sociological Definitions, Language Games and the "Essence" of Religion. *Method & Theory in the Study of Religion* 14:61-83.

Nagata, Judith

1982 Islamic Revival and the Problem of Legitimacy among Rural Religious Elites in Malaysia. *Man* (*N.S.*) 17(4):42-57.

Nash, June

2005 Introduction: Social Movements and Global Processes. In June Nash (ed.). *Social Movements: An Anthropological Reader*, pp. 1-26. Malden, Oxford and Carlton: Blackwell Publishing.

Otayek, René and Benjamin F. Soares

2007 Introduction: Islam and Muslim Politics in Africa. In Benjamin F. Soares and René Otayek (eds.). *Islam and Muslim Politics in Africa*, pp. 1-24. Basingstoke: Palgrave Macmillan.

Qi, Gubo, Haimin Wang and Ting Zuo

2008 Farmers' Access to Internet Information: Pathways, Internets and Cost, A Typical Survey in Southern Hebei Province of China. *IFIP Advances in Information and Communication Technology* 259:1155-1168.

Roy, Olivier

1994 *The Failure of Political Islam*. Translated by Carol Volk. Cambridge and Massachusetts: Harvard University Press.

Schielke, Samuli

2009 Being good in Ramadan: Ambivalence, Fragmentation, and the Moral Self in the Lives of Young Egyptians. *Journal of the Royal Anthropological Institute* (*N.S.*) 15:24-40.

Scott, James C.

2009 *The Art of Not Being Governed: An Anarchist History of Upland Southeast Asia* (Yale Agrarian Studies Series). New Haven and London: Yale University Press.（ジェームズ・C・スコット，二〇一三『ゾミア――脱国家の世界史』佐藤仁監訳，東京：みすず書房）

Sharpe, Eric

1986 *Comparative Religion: A History*. Chicago: Open Court.

Sikand, Yoginder

2002 *The Origins and Development of the Tablighi Jama'at (1920-2000): A Cross-country Comparative Study*. Hyderabad: Orient Longman.

2006 The Tablīghī Jamā'at and Politics: A Critical Re-Appraisal. *The Muslim World* 96:175-195.

Smith, Jonathan Z.

1998 Religion, Religions, Religious. In Mark C. Taylor (ed.). *Critical Terms for Religious Studies*, pp. 269-284. Chicago and London: Chicago University Press

Smith, Wilfred Cantwell

1991 (1962) *The Meaning and End of Religion*. Minneapolis: Fortress Press.

Soares, Benjamin and Filippo Osella

2009 Islam, Politics, Anthropology. *Journal of the Royal Anthropological Institute* (*N.S.*) 15:1-23.

Turner, Bryan S.

2008　Introduction: The Price of Piety: A Special Issue of Contemporary Islam on Piety, Politics and Islam. *Contemporary Islam* 2:1-6.

2010　Islam, Public Religion and the Secularization Debate, In Gabriele Marranci (ed.). *Muslim Societies and the Challenge of Secularization: An Interdisciplinary Approach*, pp. 11-30. Dordrecht: Springer.

Vala, Carsten T.

2009　Pathway to the Pulpit: Leadership Training in "Patriotic" and Un Registered Chinese Protestant Churches. In Yoshiko Ashiwa and David L. Wank (eds.). *Making Religion Making the State: The Politics of Religion in Modern China*, pp. 96-125. Stanford: Stanford University Press.

Williams, Gwyn

2008　Cultivating Autonomy: Power, Resistance and the French Alterglobalization Movement. *Critique of Anthropology* 28(1): 63-86.

Yang, Boxu

2008　NPOs in China: Some Issues Concerning Internet Communication. *Knowledge, Technology and Policy* 21(1):37-42.

Yang, Mei-hui Mayfair

2008　Introduction. In Mayfair Mei-hui Yang (ed.). *Chinese Religiosities: Afflictions of Modernity and State Formation*, pp. 1-40. Berkeley, Los Angeles and London: University of California Press.

Zhao, Jinqin

2008　ICT4D: Internet Adoption and Usage among Rural Users in China. *Knowledge, Technology and Policy* 21(1):9-18.

Zheng, Yongnian

2012　China in 2011: Anger, Political Consciousness, Anxiety, and Uncertainty. *Asian Survey* 52(1):28-41.

〈中国語（ピンイン、アルファベット順）〉

白友涛

二〇〇五　『盤根草——城市現代化背景下的回族社区』銀川：寧夏人民出版社。

当代中国叢書編輯部編

一九九二　『当代中国的計劃生育事業』北京：当代中国出版社。

《当代中国的民族工作》編輯部編

一九九三『当代中国的民族工作（上）』北京：当代中国出版社。
高発元主編
二〇〇三『雲南回族五〇年』昆明：雲南大学出版社。
箇旧市沙甸区委・区政府編
一九九六『沙甸的昨天・今天』昆明：雲南民族出版社。
桂　榕
二〇〇九「回族農村的〝権力文化網絡〟――雲南沙甸和諧社会的政治人類学研究」『雲南民族大学学報（哲学社会科学版）』二六（四）：四九―五二。
国務院人口普査辦公室・国家統計局人口和社会科技統計司編
二〇一二『中国二〇一〇年人口普査資料』北京：中国統計出版社
忽文恵
一九八五「昆明回族婚俗」雲南省編輯組編『昆明民族民俗和宗教調査』、七―九、昆明：雲南民族出版社。
虎有澤
一九九七「礼県回族地域内婚調査発微」『回族研究』二八：八五―八八。
《回族簡史》編写組
二〇〇九『回族簡史』北京：民族出版社。
金炳鎬
二〇〇九『新中国民族政策六〇年』北京：中央民族大学出版社。
金吉堂
一九三六「回教民族説」『禹貢半月刊』五（一一）：二九‐三九。
昆明市人民政府主編
一九九〇『昆明年鑑一九九〇』北京：新華出版社。
二〇〇八『昆明年鑑二〇〇八』昆明：雲南民族出版社。
昆明市地方志編纂委員会編
一九九九『昆明市志　第八冊』北京：人民出版社。
昆明市宗教事務局・昆明市伊斯蘭教協会編

二〇〇五『昆明市伊斯蘭教史』昆明：雲南大学出版社。

頼存理
一九八八『回族商業史』北京：中国商業出版社。

李淑蘭・王永亮
二〇〇三「回族教育〝両難選択〟的当代抉択」『回族研究』五〇：一〇〇—一〇六。

良警宇
二〇〇六『牛街——一個城市回族社区的変遷』北京：中央民族大学出版社。

馬平主編
二〇〇六『簡明中国伊斯蘭教史』銀川：寧夏人民出版社。

馬紹美
一九八六「社会主義新時期沙甸経済発展情況」雲南省編輯組編『雲南回族社会歴史調査(三)』、七五—七八、昆明：雲南人民出版社。
一九八八「〝沙甸事件〟概述」沙甸回族史編写組編『沙甸回族史料』、四六—五七、出版社不明。

馬寿栄
二〇〇三「都市回族社区的文化変遷——以昆明市順城街回族社区為例」『回族研究』五一：三三—三八。

馬松亭
一九三六「中国回教與成達師範学校」『禹貢半月刊』五（一一）：一一—一四。

馬　通
一九九二「西北回族穆斯林的過去与未来」『西北民族研究』一一（二）：一五九—一六七。

馬維良
一九九九『雲南回族歴史與文化研究』昆明：雲南大学出版社。

馬宗保・金英花
一九九七「銀川市区回漢民族居住格局変遷及其対民族間社会交往的影響」『回族研究』二六：一九—二〇。

勉維霖主編
一九九七『中国回族伊斯蘭宗教制度概論』銀川：寧夏人民出版社。

民族問題研究会編
一九八〇『回回民族問題』北京：民族出版社。

邱樹森主編
一九九六『中国回族史』銀川：寧夏人民出版社。
宋恩常
一九八五「解放初昆明回族社会経済調査」雲南省編輯組編『雲南回族社会歴史調査（一）』昆明：雲南人民出版社：七六―八八。
王霊桂
二〇一〇『中国伊斯蘭教史』北京：中国友誼出版公司。
王明達・張錫禄
一九九三『馬幇文化』昆明：雲南人民出版社。
王日蔚
一九三六「回族回教辯」『禹貢半月刊』五（一一）：四一―四八。
呉　俊
二〇〇六『清真食品経済』銀川：寧夏人民出版社。
薛文波
一九三二「中国回族的地位和本身応有的認識」『月華』四（一〇―一二）：二八四―二九三。
楊桂萍
二〇一三「当代賽莱菲耶及其対中国穆斯林的影響」『回族研究』八九：七四―八〇。
楊兆鈞主編
一九八九『雲南回族史』昆明：雲南民族出版社。
姚継徳
二〇〇五「鄭和的家世與功績」呉海鷹主編『鄭和與回族伊斯蘭文化』、一五〇―一五八、銀川：寧夏人民出版社。
余振貴
一九九六『中国歴代政権與伊斯蘭教』銀川：寧夏人民出版社。
雲南省地図院
二〇一〇『雲南地図冊』北京：中国地図出版社。
雲南省教育庁編

二〇〇二　『雲南教育五〇年』北京：教育科技出版社。

雲南省人口普査辦公室・雲南省民族事務委員会
二〇〇三　『雲南省二〇〇〇年人口普査資料・民族人口分冊［上］』昆明：雲南民族出版社。

雲南省人口普査辦公室・雲南省統計局編
二〇一二　『雲南省二〇一〇年人口普査資料』、北京：中国統計出版社。

趙振武
一九三六　「三十年来之中国回教文化概況」『禹貢半月刊』五（一一）：一五―二八。

低淑超
一九九二　『中華人民共和国憲法（一九八二）中英俄文対照』北京：法律出版社。

中共中央党校党史教研室選編
一九七九　『中共党史参考資料（三）』北京：人民出版社。

中共中央文献研究室総合研究組・国務院宗教事務局政策法規司編
一九九五　『新時期宗教工作文献選編』北京：宗教文化出版社。

中国伊斯蘭百科全書編輯委員会編
二〇〇七　『中国伊斯蘭百科全書』成都：四川辞書出版社。

周伝斌・馬雪峰
二〇〇四　「都市回族社区結構的範式問題探討――以北京回族社区的結構変遷為例」『回族研究』五五：三三―三八。

朱琳
二〇一一　『回族経済思想研究』銀川：寧夏人民出版社。

〈中国語インターネット資料（ピンイン、アルファベット順）〉

中国共産主義青年団中央委員会、教育部、財政部、人力資源和社会保障部
二〇一一　『関于印発《二〇一一年大学生志願服務西部計画実施方案》的通知』（中青聯発〔二〇一一〕一二号）（http://xibu.youth.cn/zcwj/201105/t20110516_1584429.htm）、最終アクセス日：二〇一二年一〇月一二日。

中華人民共和国国家民族事務委員会
一九九三　『城市民族工作条例』（http://www.seac.gov.cn/gjmw/zcfg/2004-07-23/1168742761849065.htm）、最終アクセス日：二〇一三

年六月二六日。

中華人民共和国国務院
　二〇〇四『宗教事務条例』（国務院令第四二六号）（http://www.gov.cn/test/2006-02/24/content_210351.htm）、最終アクセス日：二〇一三年九月四日。

中華人民共和国国務院辦公庁
　二〇〇三『国務院辦公庁関于做好二〇〇三年普通高等学校卒業生就業工作的通知』（国辦発〔二〇〇三〕四九号）（http://www.gov.cn/zwgk/2005-08/12/content_22200.htm）、最終アクセス日：二〇一二年一〇月一二日。

中国人民共和国中央人民政府
　二〇〇七『中国共産党章程』（http://www.gov.cn/jrzg/2007-10/25/content_786434.htm）、最終アクセス日：二〇一四年三月二八日。

中国互聯網絡信息中心
　二〇〇二『第一八次中国互聯網発展状況統計報告』（http://www.cnnic.cn/hlwfzyj/hlwxzbg/hlwtjbg/201206/t20120612_26709.htm）、最終アクセス日：二〇一二年八月一四日。
　二〇一二『第三〇次中国互聯網発展状況統計報告』（http://www.cnnic.cn/hlwfzyj/hlwxzbg/hlwtjbg/201207/P020120723477451202474.pdf）、最終アクセス日：二〇一二年八月一四日。

中国人民政治協商会議全国委員会
　二〇〇四『中国人民政治協商会議章程』（http://www.cppcc.gov.cn/2011/09/14/ARTI1315980170869872.shtml）、最終アクセス日：二〇一二年一一月一一日。

写真・図表一覧

ヤ・ラ・ワ

ハ

マ

ナ

タ

サ

カ

索　引

著者紹介

奈良雅史（なら　まさし）
1982年北海道生まれ
2014年筑波大学大学院人文社会科学研究科博士課程修了。
博士（文学）。
専攻は文化人類学、イスラーム研究、中国研究。
日本学術振興会特別研究員PD（国立民族学博物館）、ボルドー政治学院Les Afriques dans le monde客員研究員を経て、現在、北海道大学メディア・コミュニケーション研究院助教。
主著書として、『「周縁」を生きる少数民族――現代中国の国民統合をめぐるポリティクス』（勉誠出版、2015年、共編著）、*Revisiting Colonial and Post-Colonial: Anthropological Studies of the Cultural Interface*（Bridge21 Publications, 2014年、共著）、主な論文として、「動きのなかの自律性：現代中国における回族のインフォーマルな宗教活動の事例から」（『文化人類学』80巻3号、2015年）、「漢化とイスラーム復興のあいだ：中国雲南省における回族大学生の宣教活動の事例から」（『宗教と社会』19号、2013年）、「『国家の余白』としての『宗教的なるもの』：中国雲南省昆明市における回族の結婚活動を事例として」（『史潮』74号、2013年）など。

現代中国の〈イスラーム運動〉　生きにくさを生きる回族の民族誌

2016年2月10日　印刷
2016年2月20日　発行

著　者　奈良雅史
発行者　石井　雅
発行所　株式会社　風響社

東京都北区田端4-14-9（〒114-0014）
TEL 03(3828)9249　振替 00110-0-553554
印刷　モリモト印刷

Printed in Japan 2016 © M.Nara
ISBN978-4-89489-220-0 C3039